AF449618

Alimentación, nutrición y salud de poblaciones «vulnerables» en el Estado de México:
nueve estudios de mujeres en las ciencias e interdisciplinariedad

Carmen Liliana Ceballos Juárez
Alejandra Donají Benítez Arciniega
(Coordinadoras)

CADUCEUS

ALIMENTACIÓN, NUTRICIÓN Y SALUD DE POBLACIONES
«VULNERABLES» EN EL ESTADO DE MÉXICO: NUEVE ESTUDIOS
DE MUJERES EN LAS CIENCIAS E INTERDISCIPLINARIEDAD
© Carmen Liliana Ceballos Juárez
© Alejandra Donají Benítez Arciniega

Editado por: Corporación Ígneo, S.A.C.
para su sello editorial Caduceus
José Olaya 169, Ofic. 504, Miraflores. Lima, Perú
Primera edición, enero, 2024

ISBN: 978-612-49439-4-2
Impresión bajo demanda

Hecho el Depósito Legal en la Biblioteca Nacional del Perú N° 2023-12056
Se terminó de imprimir en enero del 2024

www.grupoigneo.com
Correo electrónico: contacto@grupoigneo.com
Facebook: Grupo Ígneo | X: @editorialigneo | Instagram: @grupoigneo

El libro ha pasado por un proceso de dictaminación de pares ciegos externos
solicitados por las coordinadoras-editoras, cuyos ajustes
fueron atendidos por las autoras.

Ilustrador de portada y contraportada:
Humberto Armando Chávez Castañeda

Contenido

Presentación

Ivonne Vizcarra Bordi

Este libro recopila nueve trabajos inéditos que han realizado investigadoras de diversas disciplinas que convergen en temas sociales, alimentarios y nutricionales que pueden reflejarse en el estado de salud de las poblaciones estudiadas en el Estado de México.

Como el título sugiere al entrecomillar «vulnerables», los estudios que se abordan no aluden de ninguna manera a poblaciones con discapacidad para lograr objetivos que buscan satisfacer sus necesidades culturales, económicas y nutricionales, sino que por sus características demográficas y económicas (pobreza, edad, género y etnias), la política social las ha categorizado de esa manera, impidiendo que se reflexione sobre los fenómenos de desigualdades sociales que han condenado a estas poblaciones a vivir en condiciones de desventaja e inseguridad con respecto a otros grupos de la misma entidad y que viven en constante riesgo de sufrir la violación de sus derechos a través de actos discriminatorios, de exclusión o marginación, como son los pueblos indígenas, las mujeres y las infancias, por ejemplo.

Aun así, consideramos incluir el adjetivo en el título para enmarcar el contexto en que se distinguen las poblaciones en las investigaciones socionutricionales, con fines de política alimentaria y de salud pública. En este sentido, son poblaciones que llaman la atención para diseñar programas de intervención, una vez diagnosticadas las situaciones y dificultades socioeconómicas que confrontan para alimentarse, reproducir su cultura, generar o tener acceso a ingresos, o reproducir digna y saludablemente sus modos de vida.

Cabe señalar que este libro fue elaborado por investigadoras, de ahí la segunda parte del título. Ciertamente, no son temas de exclusividad femenina, donde solo las mujeres pueden y deben interesarse en estudiar temas de alimentación, nutrición y salud, pues no es cuestión de una división sexual para abordar problemáticas que capturan la intencionalidad científica según el género. Sin embargo, por alguna razón que apela a la coincidencia, estamos todas involucradas en estos temas y comprometidas con el cuidado y bienestar de las poblaciones estudiadas, tal y como se muestran en los siguientes párrafos.

Los dos primeros capítulos analizan la importancia de la alimentación biocultural en el rescate de una vida sustentable y saludable. De esta manera, el Capítulo I presenta los resultados del proyecto de investigación «Alimentar el cuerpo, la mente y el espíritu: la dieta Milpa-Monte-Traspatio (MMT) en tres localidades indígenas del Estado de México», que se desarrolló bajo la convocatoria de la Comisión Nacional para el Conocimiento y Uso de la Biodiversidad (CONABIO, 2018) de Canastas Alimentarias Regionales. En esta participaron Ivonne Vizcarra Bordi, Katia Yetzani García Maldonado, Tanya Marcela González Martínez, Alma Lili Cárdenas Marcelo, Alejandra Donají Benítez Arciniega, María del Carmen Guzmán Márquez y Ana Paola Balcázar Quiñones, conformando así un equipo interdisciplinario. Su trabajo presenta valiosa información sobre los usos, costumbres y valores culturales que proveen una dieta basada en la conjunción de los tres subsistemas de origen agroecológico MMT, mismos que sostienen con dificultades tres pueblos indígenas del Estado de México: mazahua, matlatzinca y otomí.

Con base en una metodología cualitativa e interdisciplinaria, con gran dinamismo en el trabajo de campo etnográfico, se encontró que entre las tres comunidades se registraron aproximadamente 110 alimentos para las tres regiones, de las cuales el 31% provienen de la milpa, 40% del monte y 35% del traspatio, lo que sugiere que los tres subsistemas son importantes en la dieta cotidiana. Además, son elementos identitarios que nutren no solo los cuerpos, sino que, gracias a la memoria colectiva y las prácticas de conservación tradicionales, también a la mente, en tanto que el espíritu comunitario de pertenencia local y regional lo hace a través de los alimentos simbólicos en las festividades cívicas y religiosas. En todo el proceso de conservar y alimentarse, las mujeres son actoras claves del sostenimiento de la biodiversidad alimentaria que se registró en las canastas. Se concluye que una canasta alimentaria compuesta por ingredientes MMT locales, provee los nutrimentos necesarios y equilibrados que requiere una dieta adecuada y de calidad, aunque no suficiente para todo el año.

Por su parte, el Capítulo II es una investigación que se derivó del proyecto anterior. Con el título «El papel de los alimentos bioculturales en las fiestas

cívico-religiosas otomíes en contextos de transición alimentaria nutricional»,
Ana Maria Cortez Hernández, Ivonne Vizcarra Bordi y Angélica Espinoza
Ortega, identificaron el papel social (revalorización y resignificación) que juegan los alimentos bioculturales en las fiestas cívico-religiosas en el período
posconfinamiento de la pandemia por COVID-19.

A través de la metodología cualitativa, que privilegió las entrevistas y la
observación participante, se estudiaron 20 hogares indígenas de San Pedro
Arriba, comunidad del municipio de Temoaya, Estado de México. La mayoría de las entrevistadas fueron mujeres de entre 30 y 45 años de edad. El
trabajo etnográfico se basó en las fiestas de los meses de septiembre (Día de
la Independencia), octubre-noviembre (Día de Muertos) y diciembre (Santo
Patrono San Pedro) de 2022, recolectando información acerca del consumo
de alimentos (locales) en las fiestas y significados que designan a ciertos alimentos representativos en cada celebración.

Entre sus resultados se destaca que el consumo de alimentos en la festividad, en torno al Día de Muertos, tuvo un apego biocultural. En cambio, los
alimentos que se consumieron en las festividades de septiembre y diciembre
de 2022 presentaron un proceso de hibridación al combinar los alimentos
bioculturales con los ultraprocesados, destacando un alto consumo de estos
últimos. Cabe señalar que la continuidad de tradiciones alimentarias en festividades se encuentra constantemente amenazada por factores económicos
y falta de interés en el relevo generacional. Esta última, se observa en las preferencias alimentarias ultraprocesadas de las y los jóvenes, en dedicar menos
tiempo en las labores agrícolas y de recolección, y en falta de motivación para
involucrarse en la preparación de alimentos tradicionales.

Los Capítulos III y IV hacen énfasis en cómo se perciben las políticas de
intervención alimentaria en dos grupos de poblaciones indígenas, por mujeres y por niñas y niños. Así, en el Capítulo III, elaborado por Katia Yetzani
García Maldonado, se observan «Los efectos de los programas de abasto de
alimentos en las prácticas alimentarias matlatzincas». En este estudio se analizó la influencia de los programas de abasto de alimentos que siguen la lógica
de la modernización en los patrones de alimentación matlatzinca, a partir del
enfoque centrado en el actor e implemento de métodos de corte etnográfico. Las mujeres miembros de la comunidad de San Francisco Oxtotilpan de

origen matlatzinca, gestionaron e incorporaron a su cultura alimentaria los nuevos productos proporcionados por los programas de abasto de alimentos. La autora concluye que la modernidad alimentaria, promovida por estos programas fue reconfigurada y adaptada localmente de acuerdo con su cotidianidad y manera de vivir.

En tanto, el Capítulo IV que exhibe Ana Karen Vázquez Hernández «Entre la milpa y la intervención estatal alimentaria: una aproximación a la perspectiva infantil mazahua desde el dibujo», resalta la importancia que tienen niños y niñas sobre los cambios que ha sufrido la agricultura de su comunidad, así como su experiencia alimentaria frente a distintas intervenciones educativas y asistenciales.

El registro etnográfico de los quehaceres infantiles y sus prácticas alimentarias, también incluye el análisis de los dibujos realizados por niñas y niños de 8 y 9 años de edad que cursaban tercer y cuarto grado de primaria. Los principales resultados muestran las posibilidades heurísticas y metodológicas que representan la inclusión del dibujo al análisis antropológico de la comida y la importancia de vincular a los sujetos sociales infantiles en la reflexión sobre el sistema alimentario actual de sus comunidades, ya que ellos reconocen aspectos importantes sobre la demarcación territorial, los cambios en la composición de la milpa y la centralidad del maíz, entre otros.

Los capítulos siguientes presentan resultados de investigaciones en las ciencias de la nutrición en diálogo con las ciencias sociales, los cuales revelan las consecuencias de la malnutrición y de las deficiencias y excesos de nutrimentos en las dietas de madres, hijas e hijos en edad escolar y los que, de alguna manera, reflejan ciertos fracasos de las intervenciones gubernamentales.

De esta manera, los Capítulos V y VI forman parte de un estudio más extenso sobre el estado de nutrición de las mujeres que participan en programas alimentarios dirigidos a comunidades indígenas. El Capítulo V que presentan Lizbeth Morales González, Ivonne Vizcarra Bordi, Alejandra Donají Benítez Arciniega, Teresa Ochoa Rivera y María del Carmen Guzmán Márquez con el título «Malnutrición y hambre oculta en mujeres matlatzincas», analizó la ingestión de macro y micronutrimentos, además de las características sociodemográficas de un grupo de mujeres indígenas matlatzincas. En el estudio participaron 73 mujeres de San Francisco

Oxtotilpan, que fueron divididas en dos grupos de edad: 47 jóvenes (19 a 50 años) y 26 mayores (≥ 51 años).

Con la ayuda de seis recordatorios dietéticos de 24 horas (R-24) aplicados a estas mujeres en diferentes días de la semana durante 10 meses de 2016, se evaluó su dieta y se obtuvieron los patrones de consumo alimentario. Además de obtener datos sociodemográficos sobre estado civil, número de hijos y nivel de ingresos familiares, así como gasto en alimentación, en el análisis también se calculó el índice de masa corporal (IMC), el índice cintura-cadera (ICC) y el porcentaje de grasa corporal. Los datos resultantes se compararon por grupo de edad. El estudio muestra que tanto mujeres jóvenes como mayores viven con sobrepeso y obesidad, debido a que su dieta se caracterizó por el consumo de una gran cantidad de hidratos de carbono (HCO). No obstante, el grupo de mujeres mayores fueron quienes tenían menor estatura y a pesar del consumo adecuado de energía, mostraron consumos insuficientes de todos los nutrimentos inorgánicos que se exploraron, excepto de sodio, presentando características del fenómeno del hambre oculta.

En esta comunidad de San Francisco Oxtotilpan, el estudio dio continuidad dos años más tarde (2019-2020) con el mismo equipo de investigación, pero liderado por María del Carmen Guzmán Márquez, Alejandra Donají Benítez Arciniega, Ivonne Vizcarra Bordi, Teresa Ochoa Rivera y Lizbeth Morales González, dando como resultado el Capítulo VI titulado «Indicadores de riesgo cardiometabólico y evaluación de la dieta en mujeres pertenecientes a una comunidad rural». En esta ocasión se tuvo como objetivo evaluar el riesgo cardiometabólico, el cual es caracterizado por la presencia de obesidad, siendo este un factor de riesgo para el desarrollo de enfermedad cardiovascular y resistencia a la insulina. Asimismo, se estimó cómo las deficiencias y excesos de macro y micronutrimentos en sus dietas contribuyen al desarrollo de dichas enfermedades.

En la investigación se incluyeron a 83 mujeres matlatzincas (70% de ellas ya habían participado en el estudio anterior, Capítulo V), quienes también fueron divididas en dos grupos de edad (19-45 años y >45 años). Con los indicadores antropométricos IMC, ICC, índice cintura-estatura (ICE) e índice de conicidad (IC), se identificaron diversas alteraciones metabólicas y riesgo de enfermedades crónicas no transmisibles. Con la misma evaluación de la dieta (Capítulo V) se identificó una ingestión menor, de acuerdo con las recomendaciones para la población mexicana de proteína, fibra, calcio, hierro, sodio y vitamina B12. Fueron las mujeres mayores de 45 años quienes presentaron cifras más elevadas en los cuatro indicadores antropométricos. El estudio concluye que los indicadores de riesgo cardiometabólico presentan relación inversa con los componentes de la dieta, a excepción de los HCO, donde la relación es positiva.

En el Capítulo VII, Carmen Liliana Ceballos Juárez, Alejandra Donají Benítez Arciniega, Ivonne Vizcarra Bordi, Adriana Zambrano Moreno y Raquel Escobar González, hacen énfasis en la «Calidad de la dieta y sobrepeso-obesidad en escolares de poblaciones vulnerables mexiquenses», ya que el exceso de peso es uno de los principales problemas de salud pública a nivel mundial en la población infantil, que compromete su futuro en múltiples sentidos. Uno de los más importantes factores de riesgo es la malnutrición, la cual se relaciona con la calidad de la dieta (CD), que se ha afectado por cambios en los patrones dietéticos tradicionales.

El estudio asoció la CD con sobrepeso-obesidad (Sp-Ob) de 504 niños de 5 a 12 años de edad de escuelas públicas de educación primaria del Estado de México. Con múltiples registros de consumo de alimentos de 3 días (R3) de cada escolar, se realizó el análisis de la CD. Con las mediciones antropométricas de estatura y circunferencia de cintura de los escolares se obtuvo el ICE. Los cálculos estadísticos que se realizaron incluyeron con las pruebas de ANOVA y Ji-cuadrado. Los análisis permitieron concluir que el ICE es un indicador confiable para realizar diagnósticos rápidos sobre el estado nutricional de escolares. Aquí se muestra que a menor CD, mayor ICE.

Ciertamente, la presencia de Sp-Ob infantil en poblaciones vulnerables es preocupante por ser un problema creciente a nivel mundial por lo que el estudio que se desarrolla en el Capítulo VIII, por Raquel Escobar González, Ivonne Vizcarra Bordi, Alejandra Donají Benítez Arciniega, Teresa Ochoa Rivera y Carmen Liliana Ceballos Juárez, con el título «Ingestión de sodio-potasio en el consumo de alimentos ultraprocesados en escolares pobres rurales y urbanos con sobrepeso-obesidad», se interesó en mostrar cómo el desplazamiento de alimentos mínimamente procesados con contenido en potasio por alimentos ultraprocesados con alto contenido en sodio puede ser considerado como un factor de riesgo para el Sp-Ob en esta edad. Bajo este contexto, el estudio logró asociar el consumo de alimentos según su grado de procesamiento, con énfasis en la ingestión de sodio-potasio, con el Sp-Ob en escolares rurales y urbanos en condiciones de pobreza.

En este estudio participaron 168 niños (81 rurales y 87 urbanos) que completaron los R3 y a quienes se les realizaron mediciones antropométricas, además de que se les recolectó su orina de 24 horas en 2019. Con base en la clasificación NOVA, el consumo de alimentos se agrupó como: mínimamente procesados, procesados (incluyen ingredientes culinarios procesados) y ultraprocesados. Se evaluaron los macronutrimentos, la ingestión de sodio y potasio y el índice sodio-potasio (Na:K) por grupo, además se analizó su asociación con la prevalencia de Sp-Ob por contexto. En este estudio se utilizó ANOVA, ANCOVA, prueba de Ji-cuadrado (p<0.05) y odds ratio (intervalo de confianza del 95%).

Se identificaron 250 alimentos consumidos habitualmente, los cuales se clasificaron en tres grupos de alimentos (GA). Los alimentos mínimamente procesados y ultraprocesados fueron consumidos mayoritariamente por los niños urbanos, mientras que los niños rurales prefirieron los alimentos procesados. El índice Na:K fue >1.0 en todos los GA en ambos contextos. Debido a que se encontraron ingestiones elevadas de sodio y bajas de potasio en todos los niños, independientemente de los GA consumidos y del contexto, este estudio demuestra el poder de las grandes campañas de alimentos ultraprocesados para seducir el paladar de los escolares. De hecho, las y los niños urbanos con elevado consumo de alimentos ultraprocesados presentaron mayor riesgo de Sp-Ob.

Entre las investigaciones recientes que conforman esta obra, además del Capítulo II que se llevó a cabo después del confinamiento, el Capítulo IX titulado «Durante la pandemia de COVID-19: angustia emocional materna y calidad de la dieta en escolares del Estado de México» se realizó durante la pandemia por COVID-19. Sus autoras Jacqueline Hernández Ramírez, Ivonne Vizcarra Bordi, Alejandra Donají Benítez Arciniega, María del Carmen Guzmán Márquez y Katia Yetzani García Maldonado, mostraron preocupación por conocer la salud mental expresada por la angustia emocional (AE) materna durante este fenómeno. Se sabía que el estrés se incrementó durante la pandemia por COVID-19, pero se ignoraba cómo este estado emocional afectaba la CD de la familia.

Como ya se mostró en este libro, la CD está determinada por circunstancias políticas, ambientales, culturales y sociales, pero este capítulo hace énfasis en los factores emocionales y psicológicos. La mayoría de las autoras son madres y saben que el ejercicio de la maternidad es un indicador social-nutricional poco estudiado que refleja las prácticas alimentarias en los hogares y se asocia con el estado de nutrición de niñas y niños. Con una encuesta vía remota, mediante Google Forms, incluyendo el Índice de Malestar Peritraumático por COVID-19 (CPDI) para evaluar la angustia emocional de las madres, así como una frecuencia de consumo de alimentos familiares, este capítulo muestra los resultados de la investigación donde participaron 267 madres de familias del Estado de México y 223 hijas e hijos en edad escolar (6 a 11 años). Resultó que el 97% de las madres tenían AE durante la contingencia por COVID-19.

Con la evaluación de la CD mediante *el Healthy Eating Index* (HEI), fue posible observar que las madres con hijas e hijos en el cuartil más bajo del HEI, tienen la mayor AE. La AE de las madres estaba inversamente relacionada con la CD de los escolares (p= 0.036). Todo ello indicó que, durante la pandemia, la baja CD de escolares se relacionó con mayor AE de sus madres.

Capítulo I

Canastas alimentarias indígenas del Estado de México: alimentar el cuerpo, la mente y el espíritu en el rescate de la dieta Milpa-Monte-Traspatio

Ivonne Vizcarra Bordi,
Katia Yetzani García Maldonado,
Tanya Marcela González Martínez,
Alma Lili Cárdenas Marcelo,
Alejandra Donají Benítez Arciniega,
Maria del Carmen Guzmán Márquez
y Ana Paola Balcázar Quiñones

Introducción

La alimentación de los pueblos indígenas y de los campesinos está viviendo aceleradas transformaciones en las últimas tres décadas debido en gran parte, al menos, a tres fenómenos relacionados con la transición nutricional: la globalización alimentaria que difunde patrones de consumo deslocalizados y favorece la expansión de la producción agroindustrial oligopólica para satisfacer esos patrones (Rubio, 2013); la dependencia de ingresos para acceder a esos alimentos y otros que han dejado de producir por múltiples factores asociados a las crisis del campo mexicano y a los efectos del cambio climático; y, recientemente, la pandemia por COVID-19, que ratificó el mal estado general de salud relacionado con la malnutrición de la población mexicana (SSA, 2020).

La incertidumbre acecha cualquier alternativa, sobre todo si se desconoce cómo están enfrentando estos fenómenos aquellas poblaciones con mayores desigualdades sociales como son las comunidades indígenas y, dentro de ellas, las mujeres. Ante ello y paralelamente, tanto en foros sociales como académicos y políticos, se ha manifestado la preocupación por revalorar la alimentación de los pueblos indígenas basada en la conservación de la biodiversidad (CONABIO, 2016).

La Organización de las Naciones Unidas para la Agricultura y la Alimentación (FAO) desde 2011 ha estado trabajando en la elaboración de una estrategia que centre los esfuerzos en promover la conservación y de un amplio reservorio de diversidad biológica (animales, plantas, bosques, organismos acuáticos, microorganismos, suelos), ya que se reconoce esencial para la seguridad alimentaria-nutricional y la lucha contra el hambre, pues garantiza la variedad, variabilidad y sostenibilidad ecosistémica, a la vez que aumenta la disponibilidad y la producción de alimentos (FAO, 2011).

De esa manera, en 2017 la FAO lanzó la Plataforma para la Integración de la Biodiversidad para extender puentes entre sectores, determinar sinergias, armonizar los objetivos y elaborar enfoques intersectoriales integrados, con miras a incorporar la conservación, gestión y uso sustentable de la diversidad biológica en los sectores de la agricultura, la silvicultura y la pesca (FAO, 2017). En su avance por sumar esfuerzos y debido al fracaso del plan de la Naciones Unidas por lograr el progreso de los países a través de sus Objetivos del Milenio, los nuevos 17 Objetivos de Desarrollo Sustentable (conocidos como los ODS 2030) se articulan entre sí en un eje estratégico de bienestar humano y planetario: la conservación de la biodiversidad (ONU, 2018), el cual ya se había puesto de manifiesto central en la Conferencia de las Naciones Unidas sobre Medio Ambiente y Desarrollo de Rio de Janeiro, Brasil, celebrada en 1992.

Como parte de los esfuerzos de los Estados nación que se han suscrito a esa estrategia, desde el año 2000 México ha elaborado varias propuestas que no se han traducido en acciones afirmativas, de ahí que la Estrategia Nacional sobre Biodiversidad de México (ENBioMex) y Plan de Acción 2016-2030, encomendada a la Comisión Nacional para el Conocimiento y Uso de la Biodiversidad (CONABIO, 2016), constituyen un gran proyecto interinstitucional para el logro de sus objetivos.

En la ENBioMex se establecen seis ejes estratégicos con 24 líneas de acción que responden, de alguna manera, al gran compromiso por ampliar el reservorio de la diversidad biológica al ser uno de los cinco países que albergan la mayor biodiversidad en el mundo. Dentro de los ejes estratégicos, se subraya el uso y manejo sustentable con tres líneas de acción: aprovechamiento sustentable; generación, fortalecimiento y diversificación de cadenas productivas y de valor agropecuarias, silvícolas, pesqueras y acuícolas; y creación y fortalecimiento de instrumentos para el uso sustentable, aunado al reparto justo y equitativo de los beneficios, teniendo como uno de sus fundamentos: el reconocer que «es imprescindible rescatar y fomentar los conocimientos y los usos tradicionales sustentables de la biodiversidad en un contexto que incorpore el conocimiento y las tecnologías actuales para encontrar alternativas de uso. La agrobiodiversidad nativa, resultado del manejo tradicional de plantas comestibles (incluyendo sus parientes silvestres) representa una importante oportunidad para contribuir a la seguridad alimentaria de manera diversificada y sustentable» (CONABIO, 2016).

Si bien la elaboración de canastas alimentarias basadas en la biodiversidad regional no es una acción dentro de esta gran estrategia, sí puede ser prevista para las próximas agendas de resguardo de la biodiversidad y el logro de la soberanía alimentaria en México, con un gran componente de la sustentabilidad: la agroecología. En ese tenor, atinadamente la CONABIO lanzó en abril de 2018 una convocatoria pública con el interés de impulsar la integración de información para la elaboración de las canastas regionales del bien comer en México.

Este capítulo presenta los resultados del proyecto que participó en esta convocatoria, cuyo título fue «Alimentar el cuerpo, la mente y el espíritu: la dieta Milpa-Monte-Traspatio en tres localidades indígenas del Estado de México».

Además de contribuir con la elaboración de canastas alimentarias regionales, aquí se presenta valiosa información sobre los usos, costumbres y valores culturales que provee una dieta basada en la conjunción de los tres subsistemas de origen agroecológico: la milpa, el monte y el traspatio (MMT) (Guzmán et al., 2018), mismas que sostienen con dificultades tres pueblos indígenas del Estado de México como: mazahua, matlatzinca y otomí.

La hipótesis que guio el trabajo de investigación fue que las canastas alimentarias en las que predomina la biodiversidad cultural representada en la dieta MMT ofrecen mejores beneficios en el estado nutricional de quienes la consumen y, al mismo tiempo, impulsa a la reflexión y las acciones que conducen a la conservación de la biodiversidad local. Las metodologías están basadas en una perspectiva interdisciplinaria en las que se conjugan técnicas de investigación socionutricional. El trabajo se realizó con los hogares que decidieron participar, pertenecientes a tres comunidades indígenas del Estado de México: Santa Ana de Ixtlahuaca, cuya población es de origen mazahua; San Francisco Oxtotilpan, donde habita población de origen matlatzinca y San Pedro Arriba en Temoaya con población de origen otomí.

Antecedentes

Políticas alimentarias antes y durante la pandemia por COVID-19

Ante el retiro del Estado en materia de políticas de desarrollo rural, desde la década de los 90 del siglo pasado, se ha visto un aumento en el empobrecimiento de los hogares que subsistían solo de sus sistemas de producción campesina para autoabastecerse. Paralelamente, los alimentos industrializados modernos —ajenos a la cultura local— y tradicionales (como frijoles enlatados) comenzaron a introducirse en las dietas de los hogares rurales desde la década de los 80, al mismo ritmo que se ampliaban las redes de comunicación y transporte en toda la República Mexicana (Aguirre et al., 1998), transformando de alguna manera las dietas de los habitantes rurales desde tempranas edades (preescolares), tal y como lo refleja el estudio de González-Castell et al. (2007).

Como consecuencia, una gran parte de los hogares rurales ahora dependen del ingreso monetario para tener acceso a los alimentos. Sin embargo, lo que ha predominado en el medio rural es la falta de empleos, por lo que hombres y jóvenes de ambos sexos de hogares campesinos e indígenas han tenido que emigrar en busca de ellos, siendo esta estrategia la fuente más segura de conseguir dinero para sus hogares de origen (Vizcarra y Lutz, 2010). Otra fuente de acceso monetario para comprar alimentos u obtenerlos por medio de canastas alimentarias básicas han sido los programas alimentarios gubernamentales que inciden en la vida cotidiana de los pueblos indígenas y comunidades rurales pobres (Pérez-Izquierdo et al., 2012).

Para subsanar los problemas de desnutrición y malnutrición relacionados con la inseguridad alimentaria, en México existe una vigorosa política social de combate a la pobreza dirigida a las poblaciones rurales, indígenas y marginadas, dentro de las cuales se incluye una serie de programas alimentarios nacionales y estatales orientados a poblaciones infantiles, familias y población mayor de 65 años. El más conocido fue el Programa de Educación, Salud y Alimentación (Progresa), vigente de 1997 a 2002, retomado como Oportunidades (2002-2014) y que en el gobierno de Enrique Peña Nieto se convirtió en el Programa de Inclusión Social Prospera (2014) dentro del marco de una estrategia nacional que poco duró debido a problemas de gobernabilidad federal, la Cruzada Nacional contra el Hambre. En lugar de programas destinados a vigorizar la producción alimentaria campesina y a excepción del Programa de Apoyos Directos al Campo (Procampo), otorgado a productores posesionarios (agrarios) para la compra de fertilizantes, en 2012 casi uno de cada cuatro hogares en México indicó recibir beneficios de uno o más programas de desarrollo social, o de nutrición con componente alimentario o nutrimental, o con transferencias económicas dirigidas a mejorar la alimentación (INSP, 2012).

Las directrices de estas políticas y programas rescatan la objetivación de las mujeres al colocarlas como las responsables directas de la alimentación de sus hogares. Ellas, además de tener ese papel de asignación de roles de género para administrar los recursos que entran en el hogar y transformarlos en alimentos para sus miembros o familia, deben responder a los condicionamientos que les impone el programa, causando nuevas relaciones de poder sobre ellas y generando nuevas desigualdades de género al no tener acceso a otros recursos que les provean de empoderamiento femenino, como es el acceso a la tierra, créditos y proyectos propios (Vizcarra, 2008).

Las canastas alimentarias regionales, locales e indígenas apenas comenzaron a ser preocupación de la CONABIO (2018). Con el nuevo gobierno 2018-2024 de Andrés Manuel López Obrador, la canasta básica amplía el número de productos de 23 a 40, pero aún no se vislumbra cómo la biodiversidad de la que disponen las comunidades indígenas formará parte de las estrategias de seguridad y soberanía alimentaria de la anunciada Cuarta Transformación (4T).

Canastas alimentarias

Las canastas alimentarias se han constituido con varios propósitos. Uno de ellos está relacionado con la práctica internacional difundida en la década de los años 60 con la realización de la Encuesta Nacional de los Hogares, dentro de las cuales el costo de la canasta básica se convirtió en un elemento de referencia imprescindible, entre otros factores, para fundamentar el nivel de ingreso monetario mínimo y ser el instrumento que se utiliza en la actualidad para fijar la línea de pobreza y estimar el porcentaje de población en situación de pobreza de ingresos (Hernández, 2004).

Por su parte, el Consejo Nacional de Evaluación de la Política de Desarrollo (CONEVAL) ha mostrado las limitaciones de calcular el umbral de la pobreza a través del valor de las canastas alimentarias. Una de ellas es la confusión derivada de ese proceso, pues el valor de la canasta es solo para determinar una definición de ingresos bajos para, luego, determinar porcentajes de pobreza, pero no para sugerir que la misma es la recomendable para la sociedad.

El seguimiento del costo promedio de una canasta básica también puede ser un indicador de inflación y sus variaciones sugieren la corrección de políticas de desarrollo para atenuar los diferentes niveles de pobreza, siendo la más grave la pobreza alimentaria (CONEVAL, 2018).

En términos de bienestar, la canasta alimentaria es empleada como básica y, en ocasiones, como mínima recomendable para que un hogar promedio (padre, madre y dos hijos) tengan acceso a un conjunto de alimentos que, en determinada cantidad, es considerada suficiente para satisfacer mínimamente las necesidades de kilocalorías y proteínas. El propósito de estas canastas alimentarias básicas es garantizar alimentos para que los hogares no caigan en necesidades insatisfechas, por lo que de ninguna manera se pueden considerar como dietas ideales que contemplen todos los nutrimentos requeridos para llevar una vida saludable (CONEVAL, 2012).

En tanto, como derecho humano, Calderón (2014) desarrolló una metodología para construir canastas básicas que cumpla con los elementos que definieron el derecho humano a la alimentación. Las normativas que se derivaron de su propuesta sirven tanto para la medición de la pobreza y el bienestar como para la valoración de las condiciones alimentarias de la población, donde de alguna manera el hambre, la desnutrición, la malnutrición y la inseguridad alimentaria salen a relucir en contextos rurales y de pobreza en México. Calderón (2014) apunta que:

> El Derecho Humano a la Alimentación en la legislación internacional rechaza claramente el hambre y la desnutrición, pero implica mucho más. El derecho a la alimentación significa garantizar una alimentación nutritiva, suficiente, inocua, equilibrada, variada y sabrosa que favorece la buena salud y la capacidad física, mental y emocional de las personas. Resulta central evitar los desequilibrios alimenticios que favorecen condiciones de consumo excesivo que derivan en malnutrición, obesidad y enfermedades degenerativas (...) implica las condiciones de consumo de los alimentos, ya que deben ser condiciones de higiene y dignidad (...) supone acceso constante a los alimentos con la garantía de que en el futuro también se podrá acceder a ellos (p. 21).

Varias leyes en México retoman algún o varios aspectos de la normatividad para garantizar una canasta alimentaria adecuada a cada región cultural, siendo esta, precisamente, la menos atendida, es decir, la que se refiere a la diversificación cultural. Esto, a pesar de que la Ley General de Salud estableció la Norma Oficial Mexicana NOM-043-SSA2-2005 Servicios Básicos de Salud. Promoción y Educación para la Salud en Materia Alimentaria. Criterios para Brindar Orientación, actualizada en 2012, como el referente para definir los componentes específicos de la alimentación o dieta correcta para la población mexicana:

- **Completa**: que contenga todos los nutrimentos. Se recomienda incluir en cada comida alimentos de los tres grupos.
- **Equilibrada**: que los nutrimentos guarden las proporciones apropiadas entre sí.
- **Inocua**: que su consumo habitual no implique riesgos para la salud porque está exenta de microorganismos patógenos, toxinas y contaminantes, y se consume con moderación.

- **Suficiente**: que cubra las necesidades de todos los nutrimentos, de tal manera que el sujeto adulto tenga una buena nutrición y un peso saludable. En el caso de los niños, que crezcan y se desarrollen de manera correcta.
- **Variada**: que incluya diferentes alimentos de cada grupo en las comidas.
- **Adecuada**: que esté acorde con los gustos y la cultura de quien la consume y ajustada a sus recursos económicos, sin que ello signifique que se deban sacrificar sus otras características.[1]

La NOM 043[2] no hace referencia a la canasta alimentaria como un conjunto de alimentos requeridos para tener una dieta que conlleve a una vida saludable y, pese a que se ha creado para tener una buena alimentación mexicana a través del Plato del Bien Comer, necesariamente no constituye una norma jurídica por sí misma, aunque sí es un instrumento que mide la satisfacción de las necesidades alimenticias. Por otro lado, son evidentes las limitaciones de la Ley General de Salud en cuanto a que no establece las responsabilidades de las diferentes instancias para garantizar una canasta alimentaria que provea los alimentos del Plato del Bien Comer (Calderón, 2014).

La homologación de las recomendaciones del Plato del Bien Comer para toda la población mexicana niega el último componente de la misma normatividad, «adecuada a cada región cultural». Aun en los ámbitos en los que la ley sí se refiere a cuestiones alimentarias, como la lactancia infantil o los programas de educación nutricional, es notable el acotamiento de la responsabilidad del sector salud a los grupos vulnerables, pobres e indígenas.

Transformaciones de las dietas tradicionales

Si bien la alimentación en México ha sufrido una serie de cambios a lo largo de la historia y es muy probable que la primera modificación en los patrones dietéticos se diera durante la conquista y colonización española, debido a la introducción de nuevos alimentos a la dieta, no es hasta en las últimas décadas que el análisis del contexto socioeconómico del país permite identificar y comprender a los

---

1   Véase Norma Oficial Mexicana NOM-043-SSA2-2005

2   http://dof.gob.mx/nota_detalle.php?codigo=5285372&fecha=22/01/2013.

impulsores de los cambios en los patrones alimenticios, ocasionando un cambio conductual en el consumo de determinados alimentos (Moreno et al., 2014).

A este fenómeno se le ha llamado transición alimentaria, el cual tiene como consecuencias alteraciones en el estado de nutrición de la población (Fávaro et al., 2015; Popkin, 2015). En este se destaca la doble carga de malnutrición, haciendo referencia a la coexistencia de carencias y excesos en la ingestión de energía proveniente de diversos componentes nutricios, lo que originará desnutrición o bien sobrepeso y obesidad (Solomons, 2009; Shrimpton, 2015; Wong et al., 2015).

La presencia de la subalimentación y sobrealimentación está teniendo lugar en los países en desarrollo al volverse más prósperos y urbanizados, cuyas características se observan en menor movimiento corporal y mayor consumo de alimentos altamente industrializados (Popkin et al., 2004). Tal es el caso de México, donde se ha constatado que a partir de la década de los 80 la dieta tradicional ha tenido una transformación hacia una más variada y comercial, con alto contenido en grasas saturadas, sodio y azúcares simples, imitando un mal patrón de la occidental (Ezzati et al., 2013; Hill et al., 2013; Ortiz et al., 2006).

En el estudio de Moreno-Altamirano et al., se hace referencia a los cambios en la composición de los patrones alimentarios de 1961 a 2009 en México donde, a través de un enfoque ecológico y utilizando la información de las Hojas de Balance de los Alimentos que la FAO proporcionaba, se construyeron tres patrones dietéticos para luego analizarlos por conglomerados. Se concluyó que la energía derivada de cereales y leguminosas, como el frijol, tuvo una reducción considerable a través del tiempo, mientras que, de manera simultánea, la energía procedente de azúcares, alimentos de origen animal y grasas se vio aumentada (Moreno et al., 2014).

Biodiversidad cultural

Es sabido que México destaca por su diversidad cultural que está de manera inherente relacionada con la biodiversidad, además de ser reconocido como centro de origen, diversificación genética y domesticación de por lo menos 100 especies cultivadas (Perales et al., 2008; Bellón et al., 2009). Muchas de ellas son de gran importancia mundial como el maíz, las calabazas, el frijol, el aguacate, los nopales, el cacao, la vainilla, entre otras. A esta diversidad modificada por los seres humanos, se le conoce también como biodiversidad humanizada o cultural, la cual juega un papel fundamental en la vida diaria (Perales et al., 2008).

Sin embargo, la NOM 043 sobre el Plato del Bien Comer no solo ignoraba los usos, costumbres, tradiciones y ceremonias alimentarias de los pueblos originarios, sino que desconocía los recursos para fines alimentarios que potencialmente pueden proveer los ecosistemas en los que habitan, a través de los subsistemas de producción que se conservan ancestralmente y que, de hecho, constituyen el predominio de las dietas tradicionales regionales.

En efecto, gracias a la disponibilidad de diferentes alimentos de acuerdo con el tipo de ecosistema, las cocinas tradicionales mexicanas conservan y modernizan los ingredientes y formas de preparación de sus recetas para adaptarse al gusto culinario de diferentes regiones. A los componentes de platillos y otros alimentos que constituyen el consumo habitual en un día se le ha denominado dieta tradicional. Es evidente que, para conservar usos y costumbres, la dieta cambia de cultura en cultura y de ecosistema en ecosistema. Pese a ello, se ha señalado que presenta ventajas y beneficios reconocidos al mostrar que cuenta con variedad de elementos —al consumirse en cantidades suficientes— para considerarse como una dieta completa y diversa (Gaona et al., 2012).

En términos nutricionales, se caracteriza por ser buena fuente de energía, proteínas e hidratos de carbono; estos últimos, provenientes de las distintas razas de maíz que se combinan con algunas leguminosas y alimentos de origen animal, rica en vitaminas, nutrimentos inorgánicos y fibra —si hay adecuada ingestión de frutas y verduras—, así como baja en grasas por sus formas de preparación originales que incluyen hervidos, asados y cocidos (Bertrán, 2010).

Reflexionar acerca de la importancia de conservar los alimentos de la dieta tradicional y no perder el equilibrio al cual el organismo se adaptó fisiológica y genéticamente durante siglos, es hablar de las adaptaciones evolutivas acordes a los alimentos, por ejemplo, el maíz y el frijol aportaron aminoácidos esenciales para la síntesis de proteínas, así como el almidón resistente que cumple la función protectora contra algunos tipos de cáncer.

La fibra soluble del nopal favorece la homeostasis de lípidos y glucosa; las semillas de calabaza, chía y amaranto son ricas en ácidos grasos, omega 3 y 6 que actúan como moduladores de la respuesta inflamatoria, además del aporte de ácido fólico de todas las especies de quelites (Gaona et al., 2012; Román et al., 2013; Kennedy, 2014).

La dieta Milpa-Monte-Traspatio (MMT)

Se puede decir que la importancia cultural y alimentaria de esta dieta radica, principalmente, en que engloba los alimentos propios de la milpa, un sistema complejo y diverso que incluye una vasta cantidad de especies comestibles con diferentes aportes en cuanto a componentes nutricionales se refiere, tal es el caso de las verdolagas, frijoles, quelites, habas, flor de calabaza, huauzontles, huitlacoche y, por supuesto, el maíz (Aguirre et al., 1998; Bertrán, 2010; Gaona et al., 2012). En el traspatio, donde se cría por lo general el ganado menor y hasta vacuno, se cuidan hortalizas y huertos frutales, en tanto que el monte provee de hongos, frutos, plantas y animales silvestres que complementan una alimentación diversa (Guzmán et al., 2018).

Esta dieta tiene como base un complejo socioecosistema, donde interactúan interdependientemente tres subsistemas: la milpa, el monte y el traspatio. Berkes et al. (1998), refirieron los socioecosistemas como un concepto holístico, sistémico e integrador del «ser humano en la naturaleza». El concepto permite el análisis de las relaciones entre los sistemas sociales y ecológicos con un enfoque centrado en las dinámicas de las interacciones entre los ecosistemas o subsistemas, los conocimientos locales o tradicionales que se reflejan en las prácticas de gestión y conservación, y entre las instituciones sociales, políticas y económicas que intervienen (Berkers et al., 2003).

Por tanto, se entiende como un sistema complejo y adaptativo en el que la gestión de los ecosistemas no se centra en distintos componentes del propio sistema sino en las relaciones culturales, políticas, sociales, económicas, ecológicas y tecnológicas que están interactuando y retroalimentándose en diferentes niveles de la realidad (local-regional-nacional-global) y a diferentes escalas de tiempo (Janssen et al., 2006).

Metodología

Cuatro etapas fueron necesarias para el logro del objetivo.

Recopilación de información secundaria de especies y variedades en el socioecosistema MMT

De junio a septiembre de 2018, se elaboró una base de datos con la información disponible en la literatura científica, artículos de divulgación, tesis de licenciatura y de grado, recetarios y diccionarios. Debido a que estos documentos se realizaron con varias técnicas de investigación biológica, antropológica y socioambiental, así como otras de documentación, fue necesario elaborar fichas bibliográficas por campos de conocimiento. Ello permitió sistematizar información sobre biodiversidad, alimentación y nutrición, buscando especial énfasis en las tres comunidades, dirigido a valorar la cultura alimentaria de pueblos indígenas de la región.

Trabajo de campo

De julio a octubre de 2018, se llevaron a cabo 30 recorridos de campo etnográficos alimentarios: 10 para cada una de las tres localidades seleccionadas, incluyendo los mercados regionales para registrar los alimentos disponibles y accesibles que conforman la dieta habitual MMT y para identificar la obtención, preparación y consumo de alimentos —entre semana, fines de semana, festivos—, así como el nombre (fonético) en lengua indígena con que se les denomina a las especies. Como parte del registro, se tomaron fotografías de cada uno de los alimentos disponibles en esa época del año. Además, se realizaron actividades de observación participante, documentación del papel de los alimentos provenientes de la dieta MMT en las tres localidades, tanto en la alimentación como en su vida cotidiana, signo de identidad, conservación de tradiciones y el idioma.

En esta etapa se sostuvieron 10 entrevistas con mujeres de las tres localidades y en el mercado de Ixtlahuaca (cuatro de origen mazahua, cuatro matlatzinca y dos otomí) para conocer su papel en la conservación de la dieta MMT y las conexiones entre los tres subsistemas.

Análisis de la información

Durante septiembre y octubre del mismo año, en una hoja de Excel se elaboraron las fichas técnicas de los alimentos. La información se ordenó distinguiendo los tres subsistemas: MMT. En cada uno se colocó el nombre común del alimento, nombre científico, grupo de alimentos al que pertenece (de acuerdo con la clasificación de la NOM 043 y de la FAO), forma de consumo, actividad de la que proviene el alimento, temporada en la que se obtiene (seca, lluvias o ambas), componentes nutricionales, referencias y nombre en la lengua indígena (mazahua, matlatzinca y otomí).

Asimismo, con números de identificación por alimento, se conformó un archivo con fotografías de la mayoría de los alimentos registrados y dos carpetas más de fotografías: una ilustra las actividades de donde provienen en cada subsistema, la otra de los platillos más representativos de la dieta MMT.

Elaboración de canastas alimentarias MMT

Paralelamente al análisis de la información y con base en el Sistema Mexicano de Alimentos Equivalente (SMAE) (Pérez et al., 2014), se realizó un cálculo propio de proporciones y aportes nutrimentales de los alimentos locales que no se encuentran en el SMAE y que corresponden a la riqueza de la biodiversidad alimentaria indígena de las localidades estudiadas. Con ello se propuso la dieta para una persona adulta sana basada en 2000 kcal por día, con los porcentajes adecuados de hidratos de carbono, proteínas y lípidos, apegados a las recomendaciones del Plato del Bien Comer (NOM 043). A partir de estos cálculos dietéticos, se realizó una tabla con el número de raciones por grupos alimenticios para cada tiempo de comida y una lista de equivalentes por grupos de alimentos locales.

Con lo anterior se pretendió reconocer la biodiversidad de los alimentos locales indígenas de estas tres regiones que no han sido contemplados por el SMAE y dar la opción de la construcción de una gran diversidad de menús al gusto o preferencia de las personas de estas comunidades, a partir de los ingredientes que puede proporcionar la biodiversidad presente en sus ecosistemas. Además, a manera de ejemplos, se construyeron propuestas de menús caseros locales (uno entre semana, uno de temporada y uno festivo) que incluyen tiempos de comida principales y colaciones.

Resultados

Tres pueblos y tres culturas en tres comunidades de estudio

La dieta indígena-campesina, compuesta por los alimentos que provee el complejo socioecosistema MMT, constituye paisajes alimentarios[3] que predominan en varias regiones del poniente del Estado de México, lo que inspiró a realizar el presente proyecto titulado «Alimentar el cuerpo, la mente y el espíritu: la dieta MMT en tres localidades indígenas del Estado de México».

De los cinco pueblos originarios que se reconocen en el Estado de México (Nahua, Otomí, Mazahua, Matlatzinca y Tlahuica), el proyecto se realizó en tres localidades donde habita mayoritariamente población perteneciente a ellos: Santa Ana Ixtlahuaca (mazahua), San Francisco Oxtotilpan (matlatzinca) y San Pedro Arriba (otomí) (Figura 1).

---

3   Los paisajes alimentarios son entendidos como territorios limitados por espacios sociogeográficos que conforman el marco de vida donde interactúan los sistemas productivos, distributivos, comerciales y de consumo de alimentos, pero que a la vez definen el espacio contextual, vivencial y experiencial de los grupos sociales donde se reproducen social y culturalmente en constante tensión ambiental, política y económica (Mata, 2008; Vizcarra, 2018).

Figura 1. Localización de comunidades en la región de estudio.
Fuente: Ávila Akerberg, V., con base en imágenes del ESRI (INEGI), 10 nov. 2018.

Son pueblos que están confrontando cambios que modifican sus estilos de vida, comenzando con los procesos de residencialización de las localidades estudiadas que vienen acompañados de servicios e infraestructura urbana (carreteras, luz, agua), facilitando el acceso al transporte, telecomunicaciones (telefonía internet, cable), planteles educativos de diferentes niveles de educación, clínicas de salud y tiendas de abarrotes, puestos de alimentos y bebidas procesados, ambulantaje de venta de comida y golosinas, y hasta tortillerías de harina de maíz industrializado.

Todo ello, aunado a otros fenómenos relacionados con las tendencias al monocultivo, bajo o con nulo apoyo gubernamental para incentivar la producción agroalimentaria campesina, la migración de hombres y jóvenes de ambos sexos en búsqueda de ingresos, etc., han traído como consecuencia que se observe un proceso de transición alimentaria que, poco a poco, va ganando terreno en el paisaje alimentario, en detrimento de una dieta basada en la biodiversidad del socioecosistema MMT (Hernández, 2016; González y Reyes, 2014; Guzmán et al., 2018; Mora-Torres et al., 2015; Segundo, 2014).

Las mujeres indígenas juegan un papel crucial en la composición de las dietas MMT (Guzmán et al., 2018), así como en la conservación de la biodiversidad, pero también son las que mayores riesgos confrontan para desarrollar enfermedades relacionadas con la doble carga de la malnutrición, precisamente por las condiciones de vulnerabilidad en las que viven (Morales, 2017).

Santa Ana Ixtlahuaca (Mazahua)

Santa Ana Ixtlahuaca (SAI), perteneciente al municipio de Ixtlahuaca, Estado de México, se ubica a una latitud 19°34'57.665" N y longitud 99°53'17.458" W, con una altitud de 2655 metros sobre el nivel del mar (msnm) (INEGI, 2020). Colinda al norte con San Isidro Boxipé y San Pedro el Alto, al sur con la Guadalupana, San Miguel el Pedregal, al este con Santa Ana la Ladera, y el Sauco se encuentra al oeste. El clima predominante es templado subhúmedo, presenta una temperatura media anual de 14.8° C, con precipitaciones promedio de 868 mm. La Figura 2 muestra las características geográficas de la localidad, en el cual predomina la parcelación destinada a la agricultura, matorrales y laderas. En los montes aún se logra ver bosque frente a la urbanización.

Figura 2. Fotografía aérea de SAI, Ixtlahuaca, Estado de México.
Fuente: Google Earth. Captura de pantalla el 23 de octubre 2018.

La comunidad forma parte de la gran etnorregión *mazahua*, que que en náhuatl significa gente del venado (Segundo, 2014). En 2020, la comunidad contaba con 4,385 habitantes de los cuales 2,388 (53.8%) son mujeres y 2,027 (46.20%) hombres. El 22.6% del total de la población habla mazahua (INEGI, 2020). Las festividades más importantes de esta comunidad se muestran en la Tabla 1.

Tabla 1. Calendario de festividades de Santa Ana Ixtlahuaca

Fecha	Festividades importantes
1° de enero	Cambio de mayordomos
2 de febrero	Bendición de las semillas
19 de marzo	Bendición del fogón, inicio de las siembras
Marzo o abril	Semana Santa
3 de mayo	Santa Cruz
26 de julio	Fiesta patronal de Santa Ana
14 y 15 de agosto	Se pide permiso para ir por los elotes tiernos
1 y 2 de noviembre	Día de Muertos
12 de diciembre	Celebración a la Virgen de Guadalupe

Fuente: González et al. (2014) e información verbal de la población local, 10 de octubre de 2018.

San Francisco Oxtotilpan (Matlatzinca)

San Francisco Oxtotilpan (SFO) se ubica en el municipio de Temascaltepec, Estado de México, en las faldas del volcán Nevado de Toluca. Se sitúa en las coordenadas longitud 99°54'06.329" W, latitud 19°10'06.258" N, a 40 km al sudoeste de Toluca. Se extiende en un valle a 2,643 msnm (INEGI, 2020). Sus colindancias son: al norte con Santa María del Monte, al sur con La Comunidad, al este con Mesón Viejo, al oeste con San Miguel Oxtotilpan, al sudoeste con San Mateo Almomoloa y al noroeste con Corral de Piedra (Hernández, 2016). Tiene clima templado subhúmedo y semifrío C (w2) y temperatura promedio anual de 12° C debido a su altitud (Borboa, 1999).

La temporada de lluvia va de mayo a noviembre, aunque en los últimos años pueden adelantarse a marzo o atrasarse a junio por variaciones climáticas asociadas al calentamiento global (Rincón-Rubio, 2016). La precipitación pluvial es de 800 a 1,200 ml (Borboa, 1999). Durante la temporada de lluvias se puede tener lluvia horizontal (neblina) y es posible que granice (López, 2015).

En la Figura 3 se observan las características geográficas, dentro del cual es notable la preponderancia del bosque gestionado por bienes comunales dentro del ejido. Se percibe la distribución de parcelas a lo largo de arroyos. Asimismo, se observa la poca residencialización de la localidad.

Figura 3. Fotografía aérea de SFO, Temascaltepec, Estado de México.
Fuente: Captura de pantalla el 23 de octubre 2018.

Matlatzinca es un término náhuatl que significa «los que hacen redes», refiriéndose a la red con la cual desgranaban el maíz, pescaban y realizaban sacrificios (CDI, 2009). Según el último censo (2020), hay una población total de 1,506 personas: 798 (53%) mujeres y 708 (47%) hombres. Del total de la población, solo el 22.6% aún habla la lengua matlatzinca (INEGI, 2020). Las festividades más importantes de esta comunidad se muestran en la Tabla 2.

Tabla 2. Calendario de festividades de San Francisco Oxtotilpan

Fecha	Festividades importantes
1° de enero	Cambio de mayordomos
2 de febrero	Bendición de las semillas
19 de marzo	Quinto sol, fuego nuevo, celebración de San José
Marzo o abril	Semana Santa
3 de mayo	Santa Cruz
15 de mayo	San Isidro Labrador
8 de agosto	Se pide permiso para ir por los elotes tiernos
4 de octubre	Fiesta patronal de San Francisco de Asís
1 y 2 de noviembre	Día de Muertos
12 de diciembre	Celebración a la Virgen de Guadalupe

Fuente: Hernández, 2016.

San Pedro Arriba (Otomí)

San Pedro Arriba (SPA) pertenece al municipio de Temoaya, con latitud 19° 29'2.82" N y longitud 99°33'47.35" O, a una mediana altura de 2,780 msnm. Se sitúa a 38 km al noreste del centro de Toluca y a 5 km de la cabecera municipal Temoaya (Figura 4). Colinda al suroeste con San Pedro Abajo, es una de las cuatro comunidades más importantes del municipio donde habitan principalmente hablantes de la lengua otomí, que en náhuatl significa «quien camina con flechas» o «flechador de pájaros», haciendo referencia a la cacería, una las actividades principales (Cedipiem, 2018).

El clima predominante es templado subhúmedo con lluvias en verano, presenta una temperatura media anual de 13.4° C, con máximas de 35.5° C y mínimas de 9° C. La Figura 4 muestra las características geográficas del paisaje alimentario donde predominan las milpas, laderas y casas, y un proceso de desmonte confinando en áreas pequeñas el bosque.

Figura 4. Fotografía aérea de SPA, Temoaya, Estado de México.
Fuente: Google Earth. Captura de pantalla el 23 de octubre 2018.

Según el censo del INEGI (2020) hay 7,476 habitantes, de los cuales 3,752 son mujeres y 3,724 (49.8%) hombres. A pesar de que el 89.72% de la población es indígena de origen otomí, el 41.7% de la población habla la lengua otomí (INEGI, 2020). Las festividades más importantes de esta comunidad se muestran en la Tabla 3.

Tabla 3. Calendario de festividades de San Pedro Arriba	
Fecha	**Festividades importantes**
1º de enero	Cambio de mayordomos
2 de febrero	Bendición de las semillas
Marzo o abril	Semana Santa
3 de mayo	Santa Cruz
29 de junio y del 4 al 7 de diciembre	Fiesta Patronal de San Pedro
1 y 2 de noviembre	Día de Muertos
12 de diciembre	Celebración a la Virgen de Guadalupe

Fuente: Información verbal de la población local, 12 de octubre de 2018.

La Dieta Milpa-Monte-Traspatio (MMT)

Las tres localidades presentan similitudes en las características ecosistémicas y geográficas, a pesar de pertenecer a pueblos indígenas diferenciados por sus propios procesos de identidad. Se ubican a una altitud promedio por arriba de los 2600 msnm y predomina un clima templado subhúmedo, con una temperatura media anual de 13° C (Figura 1). En general, entre las localidades de estudio se registraron 110 especies, de las cuales muchas se producen y obtienen de la conexión de los tres subsistemas MMT. Su disponibilidad está distribuida de la siguiente manera: 31% de la milpa, 40% del monte y 35% del traspatio, lo que sugiere que los tres son importantes en la dieta. Solo el 10% de las especies se obtiene en ecosistemas particulares a cada localidad.

Las tres localidades sostienen a la milpa como principal actividad agrícola, su cultivo depende del temporal y de la organización familiar. Es el subsistema ancestral donde producen, domestican y adaptan el maíz y sus diferentes variedades nativas o criollas. Como cultivo rector del resto de los cultivos y principal fuente de energía de la dieta familiar, también constituye la estrategia de seguridad alimentaria de la mayoría de los hogares.

El maíz es consumido de forma cotidiana a través de su transformación nixtamalizada: tortillas, memelas, tlacoyos, tamales, atoles. Sus aportes nutricionales son hasta del 50% de las kilocalorías diarias requeridas para un individuo. Junto con los maíces, se produce frijol, haba, calabazas y una gran diversidad de quelites. En general, la milpa provee el 31% del total de las especies disponibles de la dieta MMT.

Las mujeres tienen una participación dinámica en el sostenimiento de la milpa: siembran el maíz, deshierban a mano, cuidan que los quelites se reproduzcan y cosechan. Pese a su dinamismo, ellas tienen acceso limitado a la tierra, pues solo el 17% es posesionaria de las parcelas. Por esa razón, tampoco tienen apoyo gubernamental para la producción y mucho menos si se realizan prácticas agroecológicas para asegurar la biodiversidad de las milpas (Rincón-Rubio, 2016).

Complementan sus alimentos con la recolección, caza y pesca que les provee el monte (bosque, matorrales, laderas, arroyos y lagunas cercanas o circundantes). De ahí obtienen una gran diversidad de hongos, frutos y frutas, animales silvestres y recursos acuáticos. El 40% del total de las especies proceden de este subsistema, aunque muchas de ellas solo están disponibles en época de lluvia. El monte también les provee de leña y agua para cocinar, además de recursos maderables y no maderables para la construcción de casas, elaboración de muebles y artesanías, obtención de plantas medicinales, etc.

Cabe mencionar que, si bien el monte provee muchos beneficios colectivos y a los hogares, las mujeres tienen acceso restringido a ellos. Dependen casi siempre de los hombres que conforman las asambleas de los bienes colectivos para acceder al agua, la leña e inclusive para obtener peces en épocas permisibles. Para colectar hongos y plantas deben, por lo general, ir acompañadas por un hombre o en grupos familiares como estrategia de seguridad.

El traspatio juega un papel fundamental en la economía alimentaria y solidaria de los hogares. Es un espacio donde se realizan diversas actividades femeninas relacionadas con la producción pecuaria (gallinas, pollos, huevos, conejos, borregos, vacas, cerdos, etc.), de hortalizas, frutas, magueyes, nopales y otras plantas de usos alimentarios, medicinales y ceremoniales, entre otros más que dignifican la biodiversidad y que dan cuenta de la riqueza alimentaria. El traspatio es considerado como espacio feminizado porque las mujeres manejan casi todas las actividades que ahí se reproducen, incluyendo la selección de semillas de maíz, crianza de sus hijos, el baño, reuniones familiares, etc.

Muchos de los animales que ahí se crían, también son consideradas como ahorro familiar. Aunque proveen la fuente de proteínas de origen animal, no son suficientes para el consumo diario de la familia, sin embargo, cumplen con la función comunitaria pues de ahí sostienen el aporte para las ceremonias y rituales, y en casos de emergencias por enfermedad o problema legal, se venden para resolverlas. Además, en el traspatio se maneja el huerto familiar donde se obtienen frutos y leguminosas, y de esta manera aporta el 35% de las especies de la dieta MMT.

Cuerpo, mente y espíritu

En la declaratoria de Atitlán, producto de una convención de pueblos indígenas de América llevada a cabo en Guatemala en 2002, se subrayó que la presión de los mercados agroalimentarios estaba negando el derecho a la alimentación de los pueblos indígenas: «No solo nos niega nuestra supervivencia física, sino también nuestra organización social, nuestras culturas, tradiciones, lenguas, espiritualidad, soberanía e identidad totales; es una negación de nuestra existencia indígena colectiva» (Declaración de Atitlán, Guatemala, 17 al 19 de abril de 2002).

En efecto, cada vez es más difícil conservar los patrones de consumo alimentarios tradicionales, por lo que algunas mujeres mayores de 50 años expresaron su preocupación durante el trabajo de campo, pues de perder tan rápido sus costumbres, platillos y comida, también se perderán algunas actividades en las parcelas o la milpa, además de los conocimientos de la comunidad que han ilustrado la relación con su entorno natural y que forman parte de su acervo cultural. Asimismo, asociaron que la comida nueva no solo conlleva a la pérdida de prácticas culinarias, sino también al desarrollo de enfermedades que antes no tenían como la diabetes *mellitus* y la hipertensión arterial.

Por su parte, los productos de recolección y caza del monte representan aún legados valiosos de la alimentación de los tres pueblos indígenas: mazahua, matlatzinca y otomí, cuya persistencia se debe a la cohesión social de los pueblos y a la activa transmisión de conocimientos intergeneracionales. Ahí se reproduce el sentido cultural de los derechos colectivos, de los cuidados al bosque y sus especies; se mitifican leyendas y se cultivan los beneficios espirituales.

A pesar de ello, dos de las tres localidades presentan serias dificultades para sostener esta relación con el subsistema monte. SAI y SPA están viviendo un acelerado proceso de residencialización y urbanización rural (introducción de actividades urbanas como los café internet y tiendas de autoabasto), comprometiendo actividades de desmonte y desforestación. Si bien el monte contribuye con el 41% de las especies, este proceso de pérdida limita la suficiencia de fuentes de alimentación tradicional.

La contención de sus bosques, laderas y matorrales evidencia una lucha interna y de resistencia para seguir preservándolos. En la disputa interna y con otras instituciones locales, estatales y nacionales, se observó que una de las formas de contención es la transmisibilidad de los conocimientos en la práctica de la recolección de hongos y plantas, sobre todo cuando se realiza como una actividad recreativa de las familias, las que al mismo tiempo van acompañadas de la transmisión oral de leyendas y mitos ancestrales en torno al bosque. Así, entonces, se encuentra entre las generaciones jóvenes referir al monte o al maíz como un legado sagrado, a pesar de que sus comportamientos alimentarios reflejen preferencias por productos procesados e industrializados.

Dada cuenta de la importancia que tiene conservar la biodiversidad dirigida a la alimentación y la cultura, las canastas alimentarias MMT de la región no solo constituyen una fuente importante de nutrimentos sino que, a través de la transmisión del conocimiento tradicional, se mantienen los derechos colectivos y beneficios espirituales al considerar al maíz nativo y otras plantas como sagradas o curativas, y otras especies que abrigan otras prácticas.

Limitaciones y recomendaciones

La cantidad de información recolectada sugiere la conveniencia de ampliar el estudio de los alimentos que componen las tres áreas de la canasta alimentaria (MMT) y el refuerzo de su pertinencia, tanto cultural como ambiental. La alta contribución del monte a la riqueza biológica —entendida como el número de especies diferentes— de la canasta, muestra la relevancia de investigar con mayor profundidad el aporte específico de este subsistema al mantenimiento tanto de la salud de las comunidades humanas como de sus conocimientos y tradiciones. Constituye, al mismo tiempo, un argumento a favor de la conservación de la biodiversidad de las áreas naturales silvestres colindantes a los poblados rurales.

La producción, preparación y consumo de los diferentes alimentos del socioecosistema MMT están estrechamente ligados a las condiciones ambientales de cada temporada del año, así como a los usos y costumbres de las comunidades de estudio, ya que estas pueden variar a pesar de pertenecer a un mismo grupo indígena, lo cual dificultó la recolección de las fotos de todos los alimentos incluidos en la canasta, sobre todo que siguieran las características solicitadas. Sin embargo, se recabó la mayor parte de estas.

Un estudio con mayores capacidades presupuestales y prolongación del tiempo permitiría profundizar en los aspectos temporales de la producción de alimentos, estableciendo relaciones importantes como: ampliación del reporte de especies comestibles con alta representatividad (ej. hongos, insectos, té de monte), tanto en el medio ambiente como en el menú diario; valor nutricional de una misma especie comestible en diferentes etapas de su ciclo fenológico o de las diferentes partes que se consumen; cantidad de macro y micronutrimentos disponibles en el ambiente a lo largo del año, lo que permitiría tener acceso a fotografiar de manera pertinente diferentes ángulos y etapas de cada especie.

Otra limitante del estudio fue que en el SMAE no están incluidos todos los alimentos que forman parte de la canasta. Esto se traduce en un vacío de información, en cuanto a la biodiversidad presente en los aspectos nutrimentales de los alimentos que las y los mexicanos consumen en las diferentes regiones y que la canasta busca fomentar, lo cual dificultó que se incluyeran los aportes nutrimentales específicos de cada alimento, pero se tomaron como referencia los mismos valores establecidos en el SMAE para todas las variedades de quelites, hongos y tés de cada comunidad.

Este proyecto ha permitido un primer acercamiento a los nombres en tres lenguas indígenas mexiquenses de cada alimento, lo cual consistió en un trabajo exhaustivo de campo para poder conseguir el mayor número posible de nombres indígenas de los alimentos, conversando con personas que conservan estas lenguas en las comunidades, con el fin de mantener y fomentar sus lenguas indígenas para reconocer su gran valor en el mundo actual, siendo esta una de las mayores aportaciones del proyecto. Sin embargo, hace falta comparar estos datos con expertos en lenguas indígenas para corroborar las variaciones dentro de una misma lengua, puesto que en la canasta se pusieron los nombres de manera fonética, dado que las personas de las comunidades reconocían su dominio de la lengua hablada pero su gran dificultad para poder escribirlas.

También se recomienda ampliar los recetarios, listados de fiestas y celebraciones especiales, así como comprobar cuántos de los alimentos que se consumen de forma cotidiana en la comunidad provienen de la biodiversidad local y cuántos son de otro ecosistema, además de qué proporción corresponde a alimentos industrializados o ultraprocesados para determinar el grado de modificación y/u homogenización de las dietas.

Si bien no se estableció la frecuencia de consumo de alimentos debido a que su realización implica mayor tiempo de trabajo de campo y análisis de la información con métodos estadísticos, el estudio presentó la temporalidad (lluvias y secas) de cada uno de los alimentos, así como su contenido nutrimental, a pesar de no ser un requisito obligatorio.

De igual forma, se reconoce que en la canasta no se incluyeron una gran variedad de platillos, pero se llevó a cabo una lista de alimentos equivalentes locales que no están incluidos en el SMAE y que pueden servir de guía para todas las familias pertenecientes a estas comunidades para que creen, por ellos mismos, los menús de sus preferencias, que incluyan los platillos y bebidas a sus gustos pero que, además, cumplan con los requerimientos nutrimentales para tener una dieta saludable, completa, variada, equilibrada e inocua, lo cual se considera que es una aportación muy valiosa del estudio.

Finalmente, cabe mencionar que el 22 de mayo de 2023 se publicó la nueva versión del Plato del Bien Comer y las Guías Alimentarias, las cuales hacen un llamado a adaptar las recomendaciones anteriores, al revalorar las dietas de cada región.

Conclusiones

El presente proyecto realizó una vasta colecta de información sobre las especies de tres subsistemas (MMT) que coexisten en una dinámica cultural (costumbres, gustos, ceremonias, etc.) propia de los pueblos indígenas del norponiente del Estado de México. Pese a las limitantes encontradas para realizar un trabajo valorativo en todas sus dimensiones científicas, sociales, económicas e institucionales, el proyecto logró elaborar una Canasta Alimentaria Regional que refleja la complejidad del socioecosistema MMT, a través de conjuntar la diversidad biológica alimentaria en tres localidades que pertenecen a distintos pueblos indígenas de la entidad: SAI (mazahua), SFO (matlatzinca) y SPA (otomí).

Es una canasta que podría alimentar todos los días el cuerpo (nutrición), la mente (conocimientos) y el espíritu (ser) de los pueblos mazahua, matlatzinca y otomí, si la producción de la agricultura indígena sentada en el subsistema milpa fuera suficiente y se realizaran prácticas sustentables o agroecológicas; si se reforestarán áreas y se diera un manejo adecuado del subsistema monte (bosque, matorrales, laderas, arroyos, bordos y lagos) para asegurar que las actividades de recolección, caza y pesca con una perspectiva ecológica; y si el manejo de una economía feminizada y solidaria del traspatio fuera el principio de la equidad de género y justicia social que se expandiría no solo al resto de los subsistemas, sino a la comunidad entera. Todo ello sin duda brindaría más autonomía y seguridad para resguardar la biodiversidad como un mecanismo de resistencia a los contextos que los empujan a cambiar sus dietas y estilos de vida, en detrimento de sus medios de subsistencia.

Finalmente, la Canasta Alimentaria MMT de promoverse para la conservación de la biodiversidad, eliminar el hambre y lograr la seguridad alimentaria de las comunidades y pueblos indígenas rurales, puede contribuir a defender el derecho humano a la alimentación porque cumple con las normativas de ofrecer una alimentación nutritiva, suficiente, inocua, equilibrada, variada, festiva, sabrosa y adecuada culturalmente, que favorece la buena salud y la capacidad física, mental y emocional de las personas, y cultiva la espiritualidad como parte del bienestar colectivo y el respeto a la naturaleza por tener características generalmente agroecológicas.

Literatura citada

Aguirre, J., Escobar, M. y Chávez, A. (1998). Evaluación de los patrones alimentarios y la nutrición en cuatro comunidades rurales. Salud Publ Mex, 40:398-407.

Bellón, M. R., Barrientos-Pliego, A. F., Colunga, P., et al. (2009). Diversidad y conservación de recursos genéticos en plantas cultivadas en: Capital natural de México, vol. II: Estado de conservación y tendencias de cambio, 355-382, CONABIO, México.

Berkes, F. y Folke, C. (1998). Linking social and ecological systems for resilience and sustainability. En Berkes, F. y Folke, C. (Eds.). Linking social and ecological systems: management practices and social mechanisms for building resilience (1-26). Cambridge University Press, Cambridge, UK.

Berkes, F., Colding, J. y Folke, C. (2003). Introduction en Berkes, F., Colding, J., Folke, C. (Eds.). Navigating Social-Ecological Systems: building resilience for complexity and change (1-30). Cambridge University Press, New York.

Bertran, M. (2010). Acercamiento antropológico de la alimentación y salud en México en Revista de Saude Coletiva, 20(2):387–411.

Borboa, A. (1999). Temascaltepec, Monografía municipal. Gobierno del Estado de México, Instituto Mexiquense de Cultura.

Calderón, M. (2014). Metodología para la construcción de la canasta alimentaria desde la perspectiva del derecho humano a la alimentación: los casos de México y El Salvador. Cepal, Santiago de Chile. https://repositorio.cepal.org/bitstream/handle/11362/27177/LCMEXL1136Rev%201s_es.pdf?sequence=1&isAllowed=y

CEDIPIEM (Consejo Estatal para el Desarrollo Integral de los Pueblos Indígenas) (2018). Evaluación de consistencia y resultados programa presupuestario: 02030701 Pueblos Indígenas. Ejercicio 2018.

CONABIO (Comisión Nacional para el Conocimiento y Uso de la Biodiversidad) (2016). Estrategia Nacional sobre Biodiversidad de México y Plan de Acción 2016-2030. México: Gobierno de la República. CONABIO, México. https://www.biodiversidad.gob.mx/pais/ENBM.html

CONABIO (Comisión Nacional para el Conocimiento y Uso de la Biodiversidad) (2018). Convocatorio para la integración de información y elaboración de canastas regionales del bien comer. CONABIO, México.

CONEVAL (Consejo Nacional de Evaluación de la Política de Desarrollo Social) (2018). Canastas alimentarias y no alimentarias, observadas y normativas. https://www.coneval.org.mx/SalaPrensa/Documents/Lineas-de-bienestar.pdf

CONEVAL (Consejo Nacional de Evaluación de la Política de Desarrollo Social) (2012). Construcción de las líneas de bienestar, documento metodológico. México, D.F., 79. http://www.coneval.gob.mx/Informes/Coordinacion/INFORMES_Y_PUBLICACIONES_PDF/Construccion_lineas_bienestar.pdf

Ezzati, M. y Riboli, E. (2013). Behavioral and Dietary Risk Factors for Noncommunicable Diseases. N Engl J Med, 369(10):954-64.

FAO (Organización Mundial para la Alimentación y la Agricultura) (2011). Biodiversity for Food and Agriculture Contributing to food security and sustainability in a changing world. http://www.fao.org/fileadmin/templates/biodiversity_paia/PAR-FAO-book_lr.pdf

FAO (Organización Mundial para la Alimentación y la Agricultura) (2017). Plataforma para la integración de la biodiversidad. http://www.fao.org/about/meetings/multi-stakeholder-dialogue-on-biodiversity/biodiversity-mainstreaming-platform/es/

Fávaro, T. R., Santos, R. V., Cunha, G., et al. (2015). Obesidade e excesso de peso em adultos indígenas Xukuru do Ororubá, Pernambuco, Brasil: magnitude, fatores socioeconômicos e demográficos associados. Cadernos de Saude Publica. Escola Nacional de Saúde Pública, Fundação Oswaldo Cruz, 31(8):1685-1697.

Gaona, M. N. y Cuevas, R. T. (2012). Historia y mestizaje de México a través de su gastronomía en Revista Virtual especializada en Gastronomía, 2:30–58. http://web.uaemex.mx/Culinaria/culinaria_historia/cuatro_ne/pdfs/historia_del_mestizaje.pdf

González-Castell, D., González-Cossío, T., Barquera, S., et al. (2007). Alimentos industrializados en la dieta de los preescolares mexicanos. Salud Publ Mex, 49:345-356.

González, A., Reyes, M. L. (2014). El conocimiento agrícola tradicional, la milpa y la alimentación: el caso del Valle de Ixtlahuaca, Estado de México en Revista de Geografía Agrícola, 52-53:21-42.

Guzmán, M. C., Benítez, A. D., Vizcarra, I., et al. (2018). La dieta viva de las mujeres matlatzincas: Milpa-Monte-Traspatio en Vizcarra, I. (coord) Volteando la Tortilla. Género y maíz en la alimentación actual de México, 85-106. Juan Pablos Editores y Universidad Autónoma del Estado de México, México.

Hernández, C. D. (2016). El relevo generacional y las estrategias de conservación de maíces nativos entre los hogares productores matlatzincas en el Estado de México. Tesis de maestría en Ciencias Agropecuarias y Recursos Naturales (inédita), Universidad Autónoma del Estado de México.

Hernández, J. (2004). Aspectos metodológicos sobre la determinación de la Dieta Básica Promedio -DBP- y la Canasta Básica Alimentaria (CBA), Mecovi/Cepal, Talleres Regionales «La construcción de líneas de Pobreza en América Latina: Metodología y Práctica». Lima, Perú. http://www.eclac.cl/deype/mecovi/docs/TALLER13/13.pdf

Hill, J. O., Galloway, J. M., Goley, A., et al. (2013). Scientific Statement: Socioecological Determinants of Prediabetes and Type 2 Diabetes. Diabetes Care, 36(8):2430–9.

INEGI (Instituto Nacional de Estadística y Geografía) (2020). Principales resultados por localidad (ITER), 2020. Censo de población y vivienda 2010. https://www.inegi.org.mx/consultado en abril de 2016. http://www.censo2010.org.mx/

INSP (Instituto Nacional de Salud Pública) (2012). Encuesta Nacional de Salud y Nutrición,2012, Resultados Nacionales (ENSANUT 2012). INSP, México. https://ensanut.insp.mx/encuestas/ensanut2012/doctos/informes/ENSANUT2012ResultadosNacionales.pdf

Janssen, M. A. y Ostrom, E. (2006). Governing social-ecological systems. Handbook of Computational Economics, Elsevier, 2:1465-1509.

Kennedy, D. (2014). Boletín de prensa: Las raíces de la Cocina Mexicana. CONABIO, México, 157:1–3.

López, L. Á. (2015). Sendero interpretativo del paisaje alimentario matlatzinca. Trabajo terminal de grado de maestría en Agroindustria Rural, Desarrollo Territorial y Turismo Agroalimentario (inédito). Universidad Autónoma del Estado de México.

Mata, R. (2008). El paisaje, carácter y percepción del territorio. La contribución del Convenio Europeo del Paisaje. Arbor Ciencia, Pensamiento y Cultura. CLXXXIV 729:155-172.

Mora-Torres, M. y Villar-García, M. G. (2015). Los efectos de la globalización en la identidad cultural de la etnia mazahua del Estado de México. Caso: Jiquipilco. Una aportación desde la disciplina del diseño en Pasado, presente y futuro de las regiones en México y su estudio. Asociación Mexicana de Ciencias para el Desarrollo Regional A.C.

Morales, L. (2017). Patrones dietéticos y consumo de maíz como factores protectores de obesidad, dislipidemias y alteraciones de la glucosa en mujeres matlatzincas. Tesis de maestría en Ciencias de la Salud. Facultad de Medicina, Universidad Autónoma del Estado de México.

Moreno, L., Hernández, D., Silberman, M., et al. (2014). La transición alimentaria y la doble carga de malnutrición: cambios en los patrones alimentarios de 1961 a 2009 en el contexto socioeconómico mexicano. Alan, 64(4). https://www.alanrevista.org/ediciones/2014/4/art-2/

Norma Oficial Mexicana NOM-043-SSA2-2012, Servicios básicos de salud. Promoción y educación para la salud en materia alimentaria. Criterios para brindar orientación. http://www.dof.gob.mx/nota_detalle.php?codigo=5285372&fecha= 22/01/2013

ONU (Organización de las Naciones Unidas) (2018). Objetivos de Desarrollo Sostenible. México. Disponible en: http://www.onu.org.mx/agenda-2030/objetivos-del-desarrollo-sostenible/. Fecha de consulta: octubre de 2018.

Ortiz, L., Delgado, G. y Hernández, A. (2006). Cambios en factores relacionados con la transición. GMM, 142(3):181–93.

Perales, H. R. Aguirre, J. R. (2008). Biodiversidad humanizada en Capital natural de México, vol. II: Conocimiento actual de la biodiversidad. 565-603. CONABIO, México.

Pérez, O., Nazar, A., Salvatierra, B., et al. (2012). Frecuencia del consumo de alimentos industrializados modernos en la dieta habitual de comunidades mayas de Yucatán, México. Estudios sociales. 20(39):155-184. http://www.scielo.org.mx/scielo.php?script=sci_arttext&pid=S0188-45572012000100006&lng=es&tlng=es

Popkin, B. M. (2015). Nutrition Transition and the Global Diabetes Epidemic. Current Diabetes Report, Springer, 15(9):1-8.

Popkin, B. M. y Gordon, P. (2004). The nutrition transition: worldwide obesity dynamics and their determinants. IJO, 28:S2-9.

Román, S., Ojeda, C. y Panduro, A. (2013). Genética y evolución de la alimentación de la población en México. Endocrinol Nutr, 21(1):42-51.

Rincón-Rubio, A. G. (2016). Relaciones de género y etnia en la producción de maíz nativo en San Francisco Oxtotilpan, Estado de México. Tesis grado de doctorado en Ciencias Agropecuarias y Recursos Naturales (inédita), Universidad Autónoma del Estado de México.

Shrimpton, R. (2015). Uma necessidade imperativa em âmbito global - como se lidar com a carga dobrada da má nutrição ao longo do curso da vida. Ciencia Saude Coletiva, 20(8):2300–2300.

Solomons, N. W. (2009). La malnutrición en los países en vías de desarrollo: un cambio de apariencia. Annales Nestlé, 67(2):74–86.

SSA (Secretaría de Salud) (2020). Comunicados Técnicos Diarios COVID 19. https://www.gob.mx/salud/documentos/comunicados-tecnicos-diarios-covid19

Segundo, E. B. (2014). En el cruce de los caminos. Etnografía mazahua. Ciepes, Gobierno del Estado de México.

Vizcarra, I. (2008). Entre las desigualdades de género: un lugar para las mujeres pobres en la seguridad alimentaria y el combate al hambre. Alteridades UAM X, 21(57):141-170.

Vizcarra, I. (2018). Valoración de los servicios socioecosistémicos, culturales y alimentarios en la conservación de maíces nativos en México. Documento en discusión. Universidad Autónoma del Estado de México.

Vizcarra, I. y Lutz, B. (2010). Globalisation et crisis alimentaires: remesas, securité alimentaire et pauvreté dan l'État de Mexico en Labrecque, M.F., Boulane, M. y Diyon, S. (coords.) Migration, environnement, violence et mouvements sociaux au Mexique. Dynamiques régionales en contexte d'economie globalisé. pp. 69-98. Edit. Press de l'Université Laval, Quebec.

Wong, C. Y., Zalilah, M. S., Chua, E. Y. y Siti Nur'Asyura, A. (2015). Double-burden of malnutrition among the indigenous peoples (Orang Asli) of Peninsular Malaysia. BMC Public Health, 15(1):680.

Capítulo II

El papel de los alimentos bioculturales en las fiestas cívico-religiosas otomís, en contextos de transición alimentaria nutricional

Ana María Cortez Hernández,
Ivonne Vizcarra Bordi
y Angélica Espinoza Ortega

Introducción

En los últimos años se ha incrementado el interés por estudiar la alimentación biocultural desde la inter y la transdisciplinariedad y, en especial, la comida que integra estos alimentos en los pueblos indígenas (Swiderska et al., 2022). Es decir, además de las disciplinas reconocidas que lo abordan como la historia, la antropología, la ecología, el turismo, la nutrición y la gastronomía, los propios pueblos indígenas participan en estos estudios. En conjunto, buscan la recuperación de tradiciones, saberes y sabores, no solo para ofrecer una mayor comprensión sobre el conjunto de elementos que conforman cada comida, sino para subrayar la importancia que estos tienen en la reconfiguración de sus identidades en contextos de globalización, crisis de subsistencia y transición alimentaria y nutricional (Pelto et al., 2012).

La preocupación general que predomina en estos estudios está relacionada con la pérdida de la biodiversidad y cultivos tradicionales que proporcionan alimentos saludables y sostienen a los sistemas agroecológicos, pero otra tiene que ver con las enfermedades que afectan la salud humana como consecuencia de la malnutrición, como son la obesidad, la diabetes *mellitus* tipo 2 y la hipertensión arterial.

Particularmente, el fenómeno de la transición alimentaria y nutricional afecta más a las poblaciones pobres, ya que corresponde al paso de una dieta deficitaria que genera desnutrición, alta en hidratos de carbono y grasas, asociada a la incorporación de alimentos ultraprocesados con altos costes que genera la malnutrición (Popkin, 2014 y 2015; Khonje et al., 2019).

Para el centro de México, la importancia de conocer el uso y difundir los alimentos que aún se producen y recolectan en comunidades indígenas se vincula con dos fenómenos que coexisten: uno, es la persistencia de la agricultura tradicional basada en tres socioecosistemas que sostienen todavía relaciones dinámicas socioculturales campesinas-indígenas (la milpa, el monte y el traspatio; véase Capítulo I de este libro); otro, referente a la incorporación de rasgos culturales occidentales, urbanos y globales que perturban la alimentación obtenida de esta agricultura tradicional y ocasiona malnutrición en varios grupos de población indígena (Ceballos et al., 2012).

Es cierto que los patrones de consumo de los pueblos originarios han sido constantemente redefinidos por la acelerada difusión de estilos de vida urbanos, acompañados de conductas alimentarias ajenas a las locales —generalmente a través de la nuevas tecnologías de comunicación como son las redes sociales— por la incorporación de alimentos ultraprocesados o industrializados, por la dependencia de ingresos para comprar alimentos y por el desinterés generacional por conservar las agriculturas, tradiciones alimentarias y comida que se ofrenda en rituales y se consume en festividades cívicas y religiosas (Vetter et al., 2019).

De aquí surge la inquietud de conocer si los alimentos bioculturales referidos como alimentos locales —obtenidos de la agricultura tradicional o de los subsistemas milpa, monte y traspatio— siguen siendo parte de las ceremonias, rituales y festividades de los pueblos indígenas, y cómo ellos pueden formar parte de las estrategias para salvaguardar la biodiversidad en contextos de transición alimentaria y postconfinamiento causado por la pandemia por COVID-19.

Para dar respuesta, este estudio toma como referencia tres fiestas cívico-religiosas de la comunidad de San Pedro Arriba del municipio de

Temoaya, Estado de México: el aniversario de la Independencia de México (15 y 16 de septiembre); Día de Muertos (del 28 octubre al 2 de noviembre) y el santo patrono San Pedro (del 4 al 18 de diciembre). El estudio se inscribió dentro de la antropología alimentaria, que privilegia la metodología cualitativa mediante el método etnográfico, observación participante y entrevistas a profundidad.

Antecedentes

Patrones de consumo alimentarios desde la perspectiva antropológica

Desde las ciencias de la nutrición, las dietas alimentarias se analizan para conocer los problemas de salud y sociales asociados a los hábitos de consumo y con ello determinar si existen situaciones de malnutrición, hambre y desnutrición, las cuales se relacionan, por lo general, con la reducida posibilidad de obtener alimentos con nutrimentos capaces de garantizar un óptimo funcionamiento del organismo.

A pesar de que la alimentación ha sido poco interpretada como un fenómeno cultural intangible y se ha privilegiado para diagnosticar el estado de salud con fines de control sanitario, en contextos culturales, en la definición etnográfica de la alimentación, se describen de forma meticulosa elementos innovadores, internos y externos, que modifican los diferentes sistemas de alimentación y el papel que desempeñan los factores en tiempo y espacio de producción, pasando por una dimensión material y simbólica, hasta la definición de los patrones de consumo que a través del tiempo se han presentado como costumbres en la alimentación (Meléndez et al., 2010; Aguilar-Piña, 2001).

En tiempos de crisis climáticas, ambientales, humanitarias y económicas, resurge el interés por la alimentación y su relación con la salud del planeta. De aquí el auge que ha revestido a la antropología alimentaria-nutricional desde de los años 60, sobre todo han surgido de manera reciente proyectos interdisciplinarios, que indagan la transmisión cultural de las costumbres alimentarias y sus impactos de nuevas tecnologías productivas en sistemas alimentarios locales y en la salud de las poblaciones (Carrasco, 2007).

Cierto que, desde sus inicios, la antropología siempre ha estado interesada en conocer cómo la alimentación define rasgos culturales de un pueblo, ya que la misma se ha considerado un hecho social que permite explicar todo lo que acontece en el movimiento de la producción y el consumo para alimentar, comer y nutrir el cuerpo, la familia, la comunidad y su cultura material y simbólica (Álvarez, 2002).

Así, por ejemplo, Strauss (1986) afirma que, desde el paradigma estructural, su análisis se ubica en el ámbito de lo simbólico y antropológico de la alimentación contemporánea, los patrones de consumo alimentario definen los rasgos identitarios al ser considerada como un medio por el cual se rigen las costumbres y hábitos alimenticios de una comunidad (Aguilar-Piña, 2001).

Se sabe que la identidad cultural encierra un sentido de pertenencia a un grupo social o colectivo con el que se comparten rasgos como costumbres, valores y creencias pero, a su vez, la vinculada a un territorio es un marcador de diferenciación y reafirmación frente al otro (Molano, 2007). Entre las manifestaciones culturales donde se expresan el sentido de identidad están: la lengua, la poesía, la música, la danza, el ritual, la gastronomía —a través de los alimentos—, la vestimenta, etc.

En específico, según Amon et al. (2005), la alimentación tiene el poder de transmitir significados, pudiendo ser parte de la manifestación de personas y grupos (citado por Binz et al., 2019). De esta manera, los comportamientos y las prácticas alimentarias marcan las semejanzas como las diferencias étnicas y sociales, jerarquizan a las personas y la manera de concebir al mundo (Contreras et al., 2005).

En este sentido, las prácticas alimentarias que forman parte de los patrones de consumo también reflejan el dinamismo cultural de las cocinas tradicionales. Estas últimas son parte importante de la identidad cultural, pues comprenden, a su vez, otras manifestaciones culturales incrustadas en fiestas, rituales y ceremonias que implican la reproducción de tradiciones, saberes y costumbres, las cuales son transmitidas por generaciones (Meléndez y Cañez, 2010).

Sistemas de producción de alimentos bioculturales

Si bien en las cocinas tradicionales y prácticas culinarias los alimentos de un territorio se acompañan de historias, ritos, ritmos y elecciones (Rodríguez, 2012, citado en Centurión et al., 2021), la disponibilidad de estos alimentos supone una organización social productiva, transformativa y distributiva que asegure por generaciones la conservación de esas cocinas tradicionales (Meléndez et al., 2010).

Se trata de relaciones sociales de sustento con manifestaciones basadas en la gastronomía sustentable[4] (Binz et al., 2019), donde la relación entre los alimentos disponibles y conservados territorialmente están relacionados con saberes ancestrales de cuidado, reciprocidad y armonía con la naturaleza que les provee el sustento (Argumedo et al., 2020). De ahí la denominación de alimentos bioculturales: son alimentos que se producen en sistemas sociales (locales) vinculados de forma estrecha al territorio y a las creencias que proporciona importantes aspectos de identidad sociocultural (Contreras et al., 2005).

Con el arribo de tecnologías modernas de producción y difusión de patrones de consumos occidentales, ancladas al modelo neoliberal de los sistemas agroalimentarios (Otero, 2006), en la última década la antropología alimentaria está interesada en estudiar cómo las cocinas tradicionales se encuentran en constante tensión para conservar esas relaciones con los alimentos bioculturales (Swiderska et al., 2022), sobre todo, si esas tensiones provienen de las adecuaciones que los hogares realizan con alimentos industrializados de rápida adquisición y consumo para tratar de conservar las cocinas tradicionales. Son tensiones que transforman las relaciones socioculturales, pues estos alimentos son producidos por empresas transnacionales o multinacionales —con fines mercantilistas—, que promueven el abandono o la reinvención

---

4   La Organización de las Naciones Unidas (ONU, 2022) define esta gastronomía sustentable como la promoción de la diversidad natural y cultural del planeta, además de fomentar e impulsar el consumo de alimentos responsable con el medio ambiente, que contribuye a la seguridad alimentaria, la producción responsable y protege la biodiversidad. https://www.un.org/es/observances/sustainable-gastronomy-day

de tradiciones alimentarias y son sustituidas por costumbres poco saludables (Pérez et al., 2010).

Con la «modernidad alimentaria» (Fischler, 1995, Camacho et al., 2019) junto con el cambio climático, el proceso de globalización ha generado un dominio de la agroindustria capitalista sobre el sistema de producción de alimentos locales en países en desarrollo, provocando así que los alimentos industrializados sustituyan a los alimentos bioculturales, transformando los sistemas de producción locales y trastocando las cocinas de los hogares rurales, sosteniéndoles a diseñar estrategias de resiliencia para lograr su seguridad alimentaria (Argumedo et al., 2021).

La dieta Milpa-Monte-Traspatio (MMT),[5] que caracteriza a las cocinas indígenas y tradicionales del centro de México, es uno de los mejores ejemplos para reflexionar sobre esas estrategias que buscan relaciones estrechas que se producen entre los socioecosistemas de producción agroalimentarias para mantener una cierta seguridad alimentaria y las trasformaciones en los hábitos alimentarios que tienden a desplazar los alimentos bioculturales de esa dieta e incorporar los de «caja» o comprados, remplazando también la manera que eran preparados, perdiendo muchas veces la conexión con el campo y el valor simbólico de ello (Aguilar-Piña, 2014).

Transición alimentaria

En los últimos años, las transformaciones socioculturales que afectan los patrones alimentarios en México están referidas por la incorporación de rasgos culturales basados en el consumo de masas y estilos de vida globales. Entre ellos, destacan los gustos y preferencias de los consumidores por ingerir bebidas y alimentos ultraprocesados de fácil acceso, listos para comer y ricos en nutrimentos pocos favorables para la salud (grasas saturadas, azúcares, sodio, entre otros aditivos).

---

5   En el Capítulo I en esta obra se analiza cómo se conforma esta dieta en el centro de México, a partir de tres socioecosistemas de producción (milpa, monte y traspatio) que los pueblos mazahua, otomí y matlatzinca conservan en sus cocinas tradicionales (véase Guzmán et al., 2018).

Junto con el incremento de su consumo, también han aumentado las enfermedades crónico-degenerativas y cardiovasculares que tienen relación con la malnutrición como son la obesidad, diabetes *mellitus* tipo 2 e hipertensión arterial (Caballero et al., 2002; Ibarra, 2016). Es una realidad que no solo ha venido a cambiar el modo de vida de las grandes urbes, sino también —y como ya se ha mencionado— la vida del medio rural y de pueblos indígenas (Meléndez et al., 2010).

En efecto, el cambio de esta transición alimentaria ha permanecido vigente en estas dos últimas décadas, donde una vida acelerada ha permitido el desplazamiento de una dieta tradicional por una dieta occidental. Tal es el caso de la dieta de la milpa, que lucha por rescatar la herencia culinaria y ancestral, dejando huella en los saberes y sabores de los alimentos prehispánicos considerados ricos en nutrimentos, proteína y bajos en grasa (Pérez et al., 2010).

El peligro de esta defensa cotidiana se observa en el riesgo de perder el conocimiento sobre el significado cultural de nutrir a la milpa para nutrir el cuerpo pues, junto con los alimentos ultraprocesados que llegan a las cocinas rurales, ha incrementado la contaminación del suelo (paisajes y parcelas) y el agua por exceso de basura no reciclable (Gaona et al., 2012). En suma, la transición alimentaria no solo afecta a la salud humana sino también a la salud ambiental, incrementando el riesgo de la pérdida de la biodiversidad agroalimentaria (Argumedo et al., 2021).

La comida en las fiestas, ceremonias y rituales

La comida integra un sistema cultural que abarca religión, ritos, conocimiento del medio ambiente, costumbres sociales y familiares, así como la cultura nutricional, señalando al maíz como eje de la cultura y a la tortilla como producto primario.

Desde una mirada antropológica, los alimentos tienen historias asociadas con el pasado de quien lo come, cuáles son las técnicas de producir y procesar, cómo se sirven y se consumen, además de que varían culturalmente y siempre están condicionadas por el significado que comunican simbólicamente (Garza, 2011).

Esta mirada antropológica no solo ofrece acercamientos para conocer la cocina tradicional cotidiana —la que se consume habitualmente, según la disponibilidad de alimentos de temporada— sino que también permite distinguir dentro se las mismas poblaciones, las diversidades de cocinas con diferentes propósitos. Uno de ellos es la cocina ritual o ceremonial que se prepara especialmente para una festividad religiosa o cívica (López y et al., 2016).

Si bien, la comida mexicana ha venido evolucionando a través del tiempo, la dieta tradicional de las culturas prehispánicas sigue siendo la base alimentaria de la vida cotidiana y de los rituales de muchas comunidades indígenas, donde el maíz permanece como el principal ingrediente, seguido del frijol, la calabaza y el chile (Aguilar-Piña, 2014).

Se sabe que después de la llegada de los españoles, la combinación de ingredientes dio lugar a nuevos platillos propios y tradicionales de México, sin embargo, el protagonismo del maíz, el frijol y la calabaza seguían reforzando las identidades indígenas al darle continuidad a las tradiciones de ofrendas a las divinidades, santos o patrones. Algunos de esos nuevos platillos, tomaron forma para construir identidad de patriotismo y muchos otros platillos que requieren mayor elaboración se ofrecen en ceremonias o festividades de cohesión de lazos de parentesco, entrega de cargos y mayordomías, entre otros (Good, 2011).

En efecto, la comida que comúnmente se muestra en las ceremonias, ofrendas, festividades y rituales es una de las prácticas más conocidas en México, y no solo para agasajar a los asistentes en las fiestas del pueblo para reunirse, divertirse y comer, sino que hacen un llamado a la colaboración donde mujeres y hombres de la comunidad trabajan de forma colectiva para hacer posible la celebración. Son fiestas religiosas que normalmente se relacionan con los santos que se encuentran en el calendario y las responsabilidades y organización se realiza a través de las mayordomías; en celebraciones cívicas-religiosas como bodas, bautizos, sepelios, entre otros, se requiere de la participación de familiares (Good, 2011).

Las cocinas en ceremonias o rituales de comunidades indígenas pueden ser expresión de estas acciones, más allá de contribuir a una celebración colectiva, y es un espacio que dialoga con el respeto a la tradición, a las jerarquías y a la organización interna en torno a la preparación de la comida (Meléndez et al., 2010). De tal forma, que su carga simbólica delimita el espacio territorial que abona a la práctica de una celebración colectiva bajo el marco de un ritual (Good, 2011).

Según Tello (2022), los atributos de estudiar las cocinas ceremoniales y comunitarias se centran en que se asocian a una temporalidad especial entre lo público y lo privado (fiestas, ferias, festivales, rituales mortuorios o ceremonias, etc.). Por sus dimensiones, se montan en espacios exteriores y en lugares específicos de la casa, al tratarse de altares en días de muertos.

En esta cocina colectiva se requiere de colaboración para lograr la gran escala en la lógica de otorgar-donar-compartir, la comida adquiere un atributo de «especial» y respeto a las recetas tradicionales, por lo que se convierte en momentos de transmisión de sabores y de saber hacer, sobre todo entre mujeres.

En este tenor, la lista de elementos que se requieren para preparar esas comidas especiales tiene una relación estrecha con la disponibilidad de recursos locales y de los sistemas de producción como la milpa, que conforman el entramado de la bioculturalidad (Hernández, 2016). Elementos que se conservan no solo como productos consumibles, sino que, en celebraciones especiales, se convierten en ofrendas y símbolos de identidad y cohesión social que acompañan fielmente a los sistemas de cargos (Vogt, 1993).

Con el arribo de los procesos de transculturización en los hábitos alimentarios y la pérdida de la biodiversidad alimentaria, muchas veces las comidas ceremoniales pueden ser las únicas estrategias de persistir como pueblo originario y resignificar simbólicamente aquellos elementos sustituidos o bien recuperarlos, como son los alimentos bioculturales (Unigarro, 2015).

Metodología (etnografía alimentaria)

La investigación se realizó en la comunidad de origen otomí de San Pedro Arriba, perteneciente al municipio de Temoaya, Estado de México, ubicada a 2780 msnm. Cuenta con 1,537 viviendas, donde habitan 7,476 habitantes de los cuales el 51% son mujeres y el 87% se considera indígena del pueblo otomí (INEGI, 2020).

Debido al clima subhúmedo que prevalece, con dos épocas marcadas (secas y lluvias), al menos en más de la mitad de los hogares aún se conservan tres subsistemas socioecológicos (MMT) que les proveen de alimentos bioculturales, agua y leña. Como parte de sus actividades socioeconómicas y alimentarias, predomina el cultivo de maíz, quelites, plantas medicinales, entre otras derivadas de la milpa y el cuidado del traspatio, así como la recolecta de hongos de temporada, insectos, hojas, raíces para tés y frutos del monte (Véase Capítulo I de esta obra).

El estudio se inscribió dentro del campo de la antropología alimentaria, la cual resalta al método etnográfico de la alimentación como un hecho social, por lo que permite estudiarlo como fuerza impulsora de la sociabilidad y la construcción de la identidad, de aquí su peculiaridad (Haller, 2011). De hecho, la etnografía alimentaria es una herramienta para comprender los patrones de consumo, construidos dinámica y culturalmente, la cual permite recuperar conocimientos y experiencias cotidianas en los procesos de resignificación, valorización y recuperación de alimentos en riesgo de pérdida biocultural.

El método se desarrolló a través de veinte entrevistas a mujeres de la comunidad y la observación participante fue durante tres festividades-ceremonias. Las entrevistas se guiaron con preguntas abiertas, dando hincapié al significado que tienen para ellas y sus familias el consumo de los alimentos durante las festividades cívico-religiosas del año 2022, poniendo énfasis en que se trata de un período postpandemia COVID-19. Las entrevistas se realizaron en vísperas de tres celebraciones: aniversario de la Independencia de México (15 de septiembre), Día de Muertos (1 y 2 de noviembre) y del santo patrono San Pedro (del 4 al 18 de diciembre). Asimismo, la etnografía descriptiva se apoyó con recursos visuales a través de fotografías que capturan cada ceremonia.

Cabe señalar que la etnografía alimentaria refleja una temporalidad y espacialidad amplia para una reflexión transversal etnológica de las localidades (Alonso et al., 2020). Es por ello, que se retomó la memoria individual y colectiva de las personas entrevistadas para referir a un tiempo determinado y retrospectivo, refiriendo recordar estas festividades en el período de confinamiento de la pandemia (2020 y 2021) y comparándola con estas festividades en el 2022.

La Tabla 1 muestra el calendario de festividades que se celebran en San Pedro Arriba durante el año.

Tabla 1. Calendario de festividades comunitarias en San Pedro Arriba

Fecha	Festividades importantes	Ceremonias con mayordomías	Comidas ceremoniales y rituales
2 de febrero	Bendición de semillas y frutas. Bendición de la figura del Niño Dios	Celebración encabezada por los mayordomos	Ritual: ofrecen la fruta al Niño Dios
7 al 14 febrero	Peregrinación anual rumbo a la Basílica de Guadalupe	Celebración encabezada por los mayordomos	Ceremonia o celebración de misa en la Basílica
21 al 28 febrero	Peregrinación anual rumbo a Santuario del Señor de Chalma	Cambio de mayordomía cada tres años	Mayordomos ofrecen comida a las personas que los acompañan
Marzo o abril	Semana Santa. Representación del viacrucis	Acompañamiento de los mayordomos:	Se ofrece comida para las personas que participaron en la representación
3 de mayo	Santa Cruz	Mayordomos ofrecen atole y bolillos para los que asisten a escuchar misa	Ceremonial, celebración de la misa de la Santa Cruz
29 de junio	Fiesta «chiquita» dedicada a San Pedro (por lluvias se cambió al 4 de diciembre)	Mayordomos solo realizan adorno significativo y sencillo para la iglesia	Se celebra una misa en la Iglesia de San Pedro
13 de agosto	San Agustín (santo que ayuda a la cosecha)		Ceremonia. Se realiza una misa y se ofrecen flores amarillas (pericón) al maíz como símbolo de la cosecha. Se adorna la iglesia con esas flores y también se ofrecen tamales a los asistentes

Tabla 1. Calendario de festividades comunitarias en San Pedro Arriba (Cont.)

Fecha	Festividades importantes	Ceremonias con mayordomías	Comidas ceremoniales y rituales
15 de septiembre	Fiesta cívica por el grito de Independencia		Celebración masiva en la que se comercializan antojitos y bebidas mexicanas en puestos ambulantes
1 y 2 de noviembre	Día de Muertos		Celebración en los hogares con comida para ofrenda
4 al 18 de diciembre	Fiesta Patronal dedicada a San Pedro	Trabajo colectivo de sistema de cargos. El señor fiscal es quien organiza a los mayordomos para la organización de la fiesta	Celebración de misa. Recorrido por las 6 secciones y preparación de comida para los peregrinos
12 de diciembre	Celebración a la Virgen de Guadalupe	Mayordomos son los encargados del adorno de la virgen de Guadalupe	Celebración de misa en la Iglesia

Fuente: Información verbal de los habitantes locales durante estas festividades (2022).

Durante todo el año 2022 se hicieron visitas, de forma paulatina, a diferentes hogares. Al inicio fueron escogidos al azar y después se recurrió a la técnica bola de nieve. Se detuvieron el número de las entrevistas y visitas cuando se consideró llegar al punto de saturación o repetición de datos y experiencias alimentarias. En los recorridos de campo para hacer la observación participante se dio prioridad a participar en actividades que realizan en los subsistemas socioecológicos (MMT), así como en las cocinas tradicionales para aprender sobre la gastronomía local que se ofrece en cada ceremonia.

Ahí fue posible intercambiar percepciones sobre la importancia de preservar alimentos bioculturales.

Por otro lado, el confinamiento por la pandemia por COVID-19 —declarado por la por la Organización Mundial de la Salud (OPS-OMS, 2020)— duró alrededor de dos años. Entre las medidas sanitarias para evitar los posibles contagios del virus SARS-CoV-2, el gobierno mexicano implementó una política de distanciamiento social, prohibiendo eventos masivos, lo que orilló a la cancelación de eventos públicos, religiosos y civiles. Asimismo, se restringió la movilidad de la población, invitándola a reducir sus números de salidas de casa y se cerraron escuelas, así como establecimientos no esenciales.

En San Pedro Arriba cerraron lugares donde la población acostumbraba a abastecerse de insumos, como es el mercadito que se realiza cada miércoles en la comunidad y el tianguis que cada domingo se coloca en la cabecera de Temoaya. Sin embargo, las tienditas de la comunidad permanecían abiertas.

De igual manera, suspendieron las celebraciones de Semana Santa, el 'Grito'[6] de Independencia y las festividades religiosas como el día de San Pedro y las peregrinaciones a la Basílica de Guadalupe en la CDMX y a Chalma en el Estado de México (visita al señor de Chalma). Fue hasta el año 2022 que estos eventos se restablecieron, al igual que las festividades y actividades públicas y privadas, cívicas, deportivas y religiosas. En este contexto, se estudiaron tres eventos para valorar el papel de los alimentos bioculturales en cada uno de ellos.

Resultados

Aniversario de la Independencia de México (15 y 16 de septiembre)

Para celebrar el 'Grito' de Miguel Hidalgo como símbolo del acontecimiento que dio inicio a la insurgencia de la Independencia de México en 1810, las

---

6   En México se reconoce esta celebración como el Grito, refiriéndose al discurso de la Independencia (Viva México) que dio el cura Miguel Hidalgo el 15 de septiembre de 1810.

autoridades políticas de la comunidad organizaron una gran fiesta el día 15 de septiembre por la tarde noche, la cual fue animada con música en vivo (banda) y bailes. En las calles centrales donde se realizó el evento, hubo puestos de comida donde algunas familias locales ofrecían a la venta los platillos típicos de la ocasión, muchos de ellos se consumen en el centro del país como parte de los símbolos patrios, a los que también se les llaman antojitos mexicanos (pambazos, pozoles, tacos dorados, etc.; Foto 1).

Las mujeres, con ayuda de sus hijas, hijos o parejas, comenzaron a preparar los platillos para la venta y aunque algunos se elaboraron ahí mismo se requieren muchos ingredientes preelaborados, tenerlos listos para su incorporación en el momento (como pollo y carne cocida y deshebrada; tortillas; tostadas; salsas; lechuga y cebolla picada; tamales; atoles, etc.). Las mujeres entrevistadas afirmaron que, al menos un par de días antes de la fiesta, comienzan con los preparativos en sus cocinas. Si bien la mayoría de los ingredientes son comprados en la misma comunidad y en el tianguis dominical de Temoaya, otros se obtienen de las producciones de las milpas y traspatios de los propios hogares oferentes.

La Tabla 2 muestra los alimentos bioculturales que integran los platillos de esta festividad. Entre los más populares se observaron varios puestos de pambazos de longaniza o papa; tacos dorados de papa; pollo en tinga o requesón; quesadillas de chicharrón prensado; hongos; mole o huitlacoche; pozole con maíz de cacahuazintle y pollo; tamales de dulce; frijol y chile verde, además de elotes y esquites. En esta misma tabla, se incluyen alimentos introducidos a los sistemas de producción (milpa, monte, traspatio o huerto) y que han tenido un proceso de bioculturalización en su patrones de consumo, tales como lechuga, papa, naranja, mandarinas, limones, jícama, manzana, cilantro y cebollas.

Tabla 2. Lista de alimentos que se consumen durante celebraciones de fiestas cívicas y religiosas

Alimentos que se consumen en celebración del 'Grito'	Bioculturales	Introducidos (comprados)	Simbólicos
Pambazos (puesto)	Papa, lechuga	Pan, guajillo, crema y queso	*
Tacos dorados (puesto)	Maíz	Pollo, queso y crema	*
Tamales chile y dulce (puesto)	Maíz	Pollo, azúcar, manteca	*
Atole	Maíz (molido o en masa)	Pinole, masa, canela, azúcar	
Quesadillas	Tortilla	Queso, chicharrón	*
Pozole	Maíz cacahuaziltle	Guajillo, pollo	*
Pulque	Pulque		*
Alimentos que consumen en el Día de Muertos	**Bioculturales**	**Introducidos**	**Simbólicos**
Caldo de papocha	Pescado frito, papas	Guajillo	**
Caldo de haba	Haba deshecha o amarilla, epazote, cebolla		Es lo que comen los niños
Tamales	Maíz	Pollo, hoja de tamal	**
Tortillas	Maíz blanco y azul	Tortilla de harina	«Para acompañar su guisado»

Simbología: *Comida preferida de los difuntos. Por tradición o es lo que se consume en estas fechas **Comida o bebida preferida de los difuntos. ***Comida ofrecida por los mayordomos a los peregrinos. ****Alimentos de los puestos encontrados en la feria o fiesta patronal.

Fuente: Trabajo de campo en la comunidad de San Pedro Arriba, Méx.

Tabla 2. Lista de alimentos que se consumen durante celebraciones de fiestas cívicas y religiosa (Cont.)

Alimentos que se consumen en celebración del Día de Muertos	Bioculturales	Introducidos (comprados)	Simbólicos
Pan		Pan de muerto	Representan a los difuntos ya que traen manitas
Pan blanco		Bolillos	Acompañante para el guisado
Pan de muerto azucarado		Hojaldra	**
Mole verde y rojo	Tomate, pepita, chiles, cilantro, epazote	Guajillo, chile ancho, pollo, poblano	**
Arroz	Jitomate, cebolla, ajos	Arroz	**
Frijoles	Epazote, cebolla	Frijoles	**
Caldo de res con chilacayote	Jitomate, chilacayote		**
Pambazos	Papa, lechuga	Pan, guajillo, crema y queso	**
Fruta	Manzana, mandarina, manzana, lima, jícama, naranja, ciruela, guayaba, caña	Plátano, plátano rojo	**

Simbología: *Comida preferida de los difuntos. Por tradición o es lo que se consume en estas fechas **Comida o bebida preferida de los difuntos. ***Comida ofrecida por los mayordomos a los peregrinos. ****Alimentos de los puestos encontrados en la feria o fiesta patronal.

Fuente: Trabajo de campo en la comunidad de San Pedro Arriba, Méx.

Tabla 2. Lista de alimentos que se consumen durante celebraciones de fiestas cívicas y religiosa (Cont.)

Alimentos que se consumen en celebración del Día de Muertos	Bioculturales	Introducidos (comprados)	Simbólicos
Dulce de calabaza	Calabaza	Canela, azúcar	* **
Atole pinole o de masa	Maíz (molido o en masa)	Azúcar	**
Sal		Sal	Purificación, para que regrese con bien
Caldo de chilacayote	Chilacayote, epazote, sal		Se asocia a los parientes difuntos de mayor edad
Nopales con longaniza	Nopales	Longaniza de cerdo	**
Verduras	Guajes, calabaza, camote		**
Charales en chile guajillo	Papas, cebolla,	Aceite, charales, guajillo, ajonjolí	**
Gelatinas		Gelatina para hacer	Para el niño
Calaveras		Amaranto, chocolate	Muy pocos las coloca

Simbología: *Comida preferida de los difuntos. Por tradición o es lo que se consume en estas fechas **Comida o bebida preferida de los difuntos.
***Comida ofrecida por los mayordomos a los peregrinos. ****Alimentos de los puestos encontrados en la feria o fiesta patronal.
Fuente: Trabajo de campo en la comunidad de San Pedro Arriba, Méx.

Tabla 2. Lista de alimentos que se consumen durante celebraciones de fiestas cívicas y religiosa (Cont.)

Artículos para adornar y alimentos que se consumen en celebración del Día de Muertos	Bioculturales	Introducidos (comprados)	Simbólicos
Velas		Velas y veladoras	Representan la luz que ilumina su camino
Flores	Cempasúchil, flor silvestre, alcatraz		Guían su camino
Agua con chocolate		Chocolate canela	**
Té	Monte	Canela, azúcar	**
Pulque		Pulque	**
Refresco		Coca cola	*Prestígio*
Papitas o botanas		Frituras por bolsa	Chatarra que encanta
Bebidas alcohólicas		Tequila-, cerveza	**
Alimentos en la fiesta del Santo Patrono	**Bioculturales**	**Introducidos (comprados)**	**Simbólicos**
Arroz	Jitomate, ajo, cebolla	Arroz	***

Simbología: *Comida preferida de los difuntos. Por tradición o es lo que se consume en estas fechas **Comida o bebida preferida de los difuntos. ***Comida ofrecida por los mayordomos a los peregrinos. ****Alimentos de los puestos encontrados en la feria o fiesta patronal.

Fuente: Trabajo de campo en la comunidad de San Pedro Arriba, Méx.

Tabla 2. Lista de alimentos que se consumen durante celebraciones de fiestas cívicas y religiosa (Cont.)

Alimentos que se consumen en celebración del Santo Patrono	Bioculturales	Introducidos (comprados)	Simbólicos
Salsas	Verde: tomate, cebolla, ajo. Roja: jitomate, chiles verdes, ajo, cebolla		***
Nopales fritos, limones, cebolla, cilantro picado	Nopales, cebolla, cilantro, limones	Aceite	***
Aguas frescas		Jamaica, arroz	***
Carnitas	Naranjas, cebollas, ajos	Manteca de cerdo, carne de puerco, sal,	***
Tortillas		Tortillas de Maseca	***
Refrescos		Coca-Cola, jarritos, Red-Cola	***
Algodones de azúcar		Azúcar, colorantes	
Botanas		Chicharrones preparados, gomilocos, frituras;	****

Simbología: *Comida preferida de los difuntos. Por tradición o es lo que se consume en estas fechas **Comida o bebida preferida de los difuntos. ***Comida ofrecida por los mayordomos a los peregrinos. ****Alimentos de los puestos encontrados en la feria o fiesta patronal.

Fuente: Trabajo de campo en la comunidad de San Pedro Arriba, Méx.

Tabla 2. Lista de alimentos que se consumen durante celebraciones de fiestas cívicas y religiosa (Cont.)

Alimentos que se consumen en celebración del Santo Patrono	Bioculturales	Introducidos (comprados)	Simbólicos
Sopas instantáneas	Limones	Salsa valentina	****
Pan, gorditas de trigo		Pan de fiesta de nuez y pasas, harina de trigo	****
Pescado frito y pambazos	Mojarras, papas	Aceite, huevo, harina, pan, chilaca	****
Tacos de carnitas, bistec, cecina, longaniza y papas y cebollas fritas	Carne de cerdo, res, papas, cebollas	Tortillas, aceites	****
Bebidas embriagantes	Pulque	Cervezas, tequila, vodka	****

Simbología: *Comida preferida de los difuntos. Por tradición o es lo que se consume en estas fechas **Comida o bebida preferida de los difuntos. ***Comida ofrecida por los mayordomos a los peregrinos. ****Alimentos de los puestos encontrados en la feria o fiesta patronal.
Fuente: Trabajo de campo en la comunidad de San Pedro Arriba, Méx.

Muchos de los puestos vendían también bebidas gaseosas o refrescos, observando la ausencia de aguas frescas de sabor típicas de estas fiestas (jamaica, tamarindo y horchata). Otros puestos solo vendían cervezas y pocos incluían bebidas espirituosas, como tequila y pulque. Además, abundaban puestos de botanas preferidas por niñas y niños, que son productos industrializados que combinan frituras, picantes, golosinas con azúcares y bebidas (dorilocos, gomiboings, chicharrones preparados). Solo se encontró un puesto tradicional de algodones de azúcar.

Las personas de los puestos comentaron que esta celebración no es tan popular, pero después del confinamiento se atrevieron a organizarla con mayor participación de la comunidad. Por lo general, la gente solo iba a escuchar el grito y regresaba a sus casas a cenar sus antojitos mexicanos o, bien, ya llegaban cenados al 'Grito', pero en esta ocasión las bandas animaron la fiesta y las bebidas y comida «si se vendían».

Foto 1. Fiestas patrias durante las celebraciones cívicas en septiembre, en San Pedro Arriba. Fuente: Fotografía de Cortez, durante el trabajo de campo, 2022.

Día de Muertos (1 y 2 de noviembre)

Debido a sus orígenes prehispánicos, la celebración del Día de Muertos representa para la población mexicana y en especial para los pueblos indígenas la más importante del año y la que mayor genera unidad cultural en la búsqueda de la identidad mexicana. De hecho, ha sido incluida como parte del Patrimonio Oral e Inmaterial de la Humanidad de la Organización de las Naciones Unidas para la Educación, la Ciencia y la Cultura en 2003 (UNESCO).[7]

Por el sincretismo que se vivió durante la colonia, la festividad arraigada a honrar a los ancestros familiares y sus transitorios retornos del inframundo coincide con el calendario litúrgico del Día de Todos los Santos (1 y 2 de noviembre) y con el fin del ciclo productivo de maíz e inicio de sus cosechas. A pesar de la diversidad de festejos regionales, por lo general, las celebraciones de los pueblos indígenas y campesinos suelen ser acompañados de manifestaciones culinarias de los gustos y sabores de las y los difunto. Así, diferentes platillos y bebidas se ofrendan en altares dentro de las casas y sobre las tumbas en los panteones. En su composición, las plantas y los alimentos bioculturales disponibles en estas fechas han sido protagonistas de la elaboración de platillos y de productos que adornan la ofrenda (flor de cempasúchil, calabazas, cacao, maíz, pulque, mole con guajolote, caña de azúcar, naranjas, etc.), muchos de ellos cargados de símbolos para respetar a la muerte (Arango, 2013) (Foto 2).

Foto 2. Platillos y productos que adornan una ofrenda en los hogares otomíes de San Pedro Arriba. Fuente: Fotografía de Cortez, durante el trabajo de campo, 2022.

---

7   https://es.unesco.org/news/dia-muertos-regreso-lo-querido-0

Según el antropólogo Sergio Sánchez (Baltazar-Flores, 2021), con las crisis económicas que ponen en riesgo la reproducción de los hogares campesinos e indígenas, cada vez en estos altares se han incorporado alimentos y productos que provienen de mercados industrializados. Atoles y pulque se remplazaron por refrescos y cervezas (Tabla 2). Ello no implica que la esencia original de la motivación de la celebración se perturbe, solo se adapta a las condiciones que imponen las crisis, incluida la transición alimentaria.

En esta expresión cultural de adaptación para permanecer, en San Pedro Arriba las preparaciones y decoraciones de los altares comienzan el 28 de octubre. Las primeras ofrendas se dedican a niñas y niños para celebrar su muerte el 1º de noviembre. Los últimos toques culinarios se ofrendan el mismo día para celebrar a los difuntos adultos el 2 de noviembre: «Para que regresen con fuerzas al panteón» (Lucía, 48 años). Además, las flores y la veladoras siempre deben estar en los altares y, al final de las celebraciones, solo se quedan las flores en las respectivas tumbas.

Las singularidades de las ofrendas otomíes tienen arraigos familiares maternos, aprendidos de las abuelas. Tradicionalmente, las mujeres están encargadas de la organización, compras, preparación de alimentos y adorno en la colocación (Foto 3). Cabe señalar que cada ofrenda se realizó de acuerdo con los presupuestos de cada hogar.

Es una tradición que lucha por conservarse en la familia y en la comunidad: «Cuando mamá vivía la ofrenda la ponía más grande y llena de comida (platillos o guisos) desde mediodía, muchos de ellos son naturales y originarios de la zona. Ya no la ponen igual porque se desperdiciaba mucha comida y el gasto era mayor» (Erika, 35 años) (Foto 4).

Es «un acercamiento y convivencia más cercana con mis seres queridos que ya fallecieron» (Bety, 36 años). Algunas la colocan en una mesa con un mantel blanco, otras en el piso sobre un petate «porque así es la costumbre, desde siempre ha sido, mi abuelita la ponía así» (Roberta, 45 años) (Foto 5).

Foto 3. Mujer preparando los guisos para la ofrenda.
Fuente: Fotografía de Cortez, durante el trabajo de campo, 2022.

Foto 4. Colocación de ofrenda estilo más moderno.
Fuente: Fotografía de Cortez, durante el trabajo de campo, 2022.

Foto 5. Colocación de ofrenda sobre el petate, estilo más tradicional.
Fuente: Fotografía de Cortez, durante el trabajo de campo, 2022.

Lo primero que se coloca es un copal como incienso para atraer a las almas de los difuntos. En algunos altares se ponen imágenes religiosas o solo las fotografías de sus fieles difuntos (Foto 6). Las velas y veladoras representan las almas de los difuntos transgeneracionales, y significan la luz que van a tener durante el recorrido que hacen ida y vuelta al panteón: «Nuestras velas van marcadas y dedicadas con el nombre de cada uno de nuestros muertitos para que cada uno tome su vela, y se colocan sobre una penca de maguey» (Berenice, 25 años) (Foto 7).

También se coloca pan de muerto que elaboran en un poblado cercano, San Andrés, donde se han especializado a su confección con características particulares otomíes, distinguiéndose de otras culturas: «Tienen forma humana con ojos y manitas que representa a cada uno de los difuntos, los chicos son los niños y los grandes los adultos» (Yasmín, 35 años) (Foto 8). Asimismo, es importante colocar este pan de muerto con una taza de chocolate disuelto en leche o en agua para los niños y, en el caso de los adultos, café con leche o con agua.

Foto 6. Copal e imágenes religiosas.
Fuente: Fotografía de Cortez, durante el trabajo de campo, 2022.

Foto 7. Velas marcadas con nombres de los difuntos.
Fuente: Fotografía de Cortez, durante el trabajo de campo, 2022.

Foto 8. Pan de muerto artesanal.
Fuente: Fotografía de Cortez, durante el trabajo de campo, 2022.

Entre los elementos bioculturales que prevalecen en los altares se encuentran las flores de cempasúchil o de muerto, el alcatraz y la flor de terciopelo que se cultivan en los traspatios, y otras silvestres que son recolectadas de la milpa y el monte. Con las flores de cempasúchil forman un caminito desde la calle a la entrada de la puerta principal de las casas, lo que «significa el camino que va a guiar a las almas hasta su ofrenda con el olor que la caracteriza» (Elda, 32 años) (Foto 9). La mayoría de los altares colocan montones de frutas de temporada disponibles en el huerto o traspatio: caña de azúcar, ciruelos, manzanas, guayabas y peras, también ponen camotes cocidos en dulce y otras verduras y frutas compradas en el tianguis como jícamas, naranjas, mandarinas, plátanos tabasco y rojos.

Entre otros alimentos característicos de las ofrendas, está la sal que significa purificación y el vaso de agua porque «es la que beberán porque llegan sedientos» (Laura, 42 años). «Las almas comienzan a llegar a partir de mediodía, y porque están cansados se les pone agüita para que se refresquen» (Francisco, 45 años).

El guisado que prevaleció en la mayoría de las ofrendas dedicadas a las y los niños tiene como base el haba amarilla o blanca, de preferencia hervida con agua y epazote, tal cual era su alimento saludable (Foto 10). Muy pocos altares colocan calaveras de chocolate, caramelos, gelatina de agua, frituras y hojaldras, para honrar las almas de las y los niños.

Foto 9. CEl camino que guía a las almas se realiza con flor silvestre y cempasúchil en el altar.
Fuente: Composición de fotografía de Cortez, durante el trabajo de campo, 2022.

Foto 10. Ofrenda dedicada a los niños muestra una hibridación en los alimentos (chicharrones, calaveritas y sopa de haba blanca).
Fuente: Composición de fotografía de Cortez, durante el trabajo de campo, 2022.

El día 1° de noviembre por la tarde, comienza el cambio de altares hacia le celebración de los adultos: «Les preparé la comida que más les gustaba en vida a mis familiares» (Roberta, 45 años).

Por su parte, los platillos los sirven de manera individual en jarros y platos (Foto 11). Para la mayoría de las familias es una fiesta que se disfruta al reunirse todos: «Cuando nos sentamos a comer les servimos su taco a cada difunto, para convivir con ellos. Pensamos que están aquí cerquita con nosotros» (Berenice, 25 años). Si bien es una fiesta para difuntos, la cocina se extiende hacia la familia que celebra, por eso las mujeres preparan porciones que alcancen para todos los miembros del hogar. Preparan, principalmente, tortillas, mole rojo y verde con pollo, arroz y frijoles (Foto 12).

Otros de los platillos que se cocinan como parte de la ofrenda, que se sirven a la hora de la comida y conforman alimentos bioculturales, son: el pescado seco o papocha; guisado en salsa roja de guajillo molido con una bolita de masa de maíz; caldo de res con chilacayote en jitomate; longaniza con nopales; frijoles cocinados en olla de barro; charales con papas guisadas con chilaca y ajonjolí; mole de olla con carne de res y pulque. Por la noche, para la merienda, las familias acostumbran a poner chocolate, té o café con azúcar y bolillos para las y los difuntos.

Foto 11. Platillos servidos individualmente para cada difunto.
Fuente: Composición de fotografía de Cortez, durante el trabajo de campo, 2022.

Foto 12. Guisados representando la celebración.
Fuente: Fotografía de Cortez, durante el trabajo de campo, 2022.

Muchos alimentos bioculturales que se identifican en estos altares, tienen una asignación de acompañamiento de ingredientes disponibles en los subsistemas agroecológicos (Cortez-Hernández et al., 2022) como son: papas, chilacayote blanco, calabazas, hongos silvestres, cebolla, camote morado, tomates, jitomates, zanahorias, chile verde, nopales, té de monte, guajes, epazote, perejil, yerbabuena, maíz cacahuazintle, tortillas de maíz y de trigo hechas en casa y frijoles fritos. Otros alimentos bioculturales comprados en las tienditas son pepita verde, chile ancho, chile guajillo, ajonjolí, carne de res, carne de pollo, longaniza de cerdo, aguacate, arroz y canela (Foto 13).

Foto 13. Algunos ingredientes para los platillos ofrendados.
Fuente: Composición de fotografías de Cortez, durante el trabajo de campo, 2022.

El 2 de noviembre, las mujeres colocan por la mañana guisados de hongos en jitomate y huazontles hervidos, junto con café, té de canela o de monte o chocolate y un bolillo remojado «para que aguanten el regreso» (Juana, 60 años).

Pasado el mediodía, los vivos parientes desayunan con sus fieles difuntos y terminan la celebración llevando las flores que se colocaron en el altar hacia el panteón.

Existe un arraigo de tradiciones en cuanto a los alimentos y la forma en que algunos colocan sus ofrendas, así como de los sentimientos y la nostalgia que provoca el ir colocando cada uno de los productos.

Cabe señalar que la participación de organización, preparación y colocación del altar y sus ofrenda involucra, además de las mujeres adultas, a niñas y niños para que a través de la tradición oral y visual aprendan lo significados de los altares y la importancia de los alimentos que gustaban a los difuntos.

En suma, se puede decir que en las ofrendas se refleja un proceso de hibridación alimentaria donde se combinan alimentos bioculturales, comprados o no, y alimentos industrializados o ultraprocesados que pueden o no haber sido preferidos por los difuntos al incluir refrescos (Coca-Cola y Jarritos), tequila y algunas calaveritas de chocolate y pan hojaldra, pero que no transforman su esencia de celebración sino que eso les permite arraigo y continuidad con vigencia.

Aunque cabe destacar que de las familias de los hogares que se entrevistaron, el 60% presentó una resignificación al mostrar en sus ofrendas, mayormente alimentos bioculturales, ya sea de subsistemas MMT o comprados, puesto que las personas a las que les dedicaban su ofrenda eran mayores que acostumbraban a comer todo lo que ofrecía la naturaleza, sin embargo, hubo la colocación de pan y café.

Santo patrono San Pedro

En la mayoría de los pueblos de México encontramos festividades cuyo eje central está dado por el santo patrono o la santa patrona (Arzate et al., 2000), cuyo nombre corresponde al del pueblo y el día de su veneración está inscrito en el calendario santoral de la religión católica. Por su carácter de protector del pueblo, ese día se realiza un gran festejo comunitario, donde el sincretismo se observa en las formas donde convergen todas las relaciones sociales, siendo la base de la organización el complejo sistema de cargos o mayordomías. Junto con las representaciones de danzas y rituales ancestrales, como la cacería de algún animal emblemático, estas festividades se han convertido en el «corazón del pueblo», conformándose así un elemento clave de la identidad.

Pese a las costumbres de festejar al santo patrono en su día santoral, en San Pedro Arriba, según ese calendario, la fecha marcada de San Pedro y San Pablo es el 29 de junio. Si bien ese día la comunidad organiza una «fiesta chiquita» porque solo ofrece una misa, se queman cuetes y adornan de manera modesta la iglesia. La fiesta más grande de San Pedro se celebra del 4 al 7 de diciembre, aunque puede durar dos semanas: «Es el mes que llueve mucho y decidieron cambiarla para diciembre, además de que coincidía con la misma fiesta de San Pedro Abajo» (Amada, 36 años).

La organización está comandada principalmente por el fiscal mayor de la iglesia, quien dirige al resto de los mayordomos que representan las seis secciones que conforman la comunidad, cargos que duran tres años y que se otorgan en el mes de febrero de manera voluntaria en la peregrinación que realizan a Chalma, Estado de México.

La gran fiesta comienza con una «procesión» de los mayordomos, vecinos y familiares a partir de las 12 horas del día 4 de diciembre. Acompañados por un cuetero y banda de música, recorren cada una de las seis secciones, cargando grandes imágenes de San Pedro. Caminan más o menos dos horas hasta llegar a la Iglesia de San Pedro a escuchar misa y bendecir las imágenes religiosas (Foto 14).

Foto 14. Misa dedicada a los peregrinos e imágenes por bendecir.
Fuente: Composición de fotografísa de Cortez, durante el trabajo de campo, 2022.

Al final de la misa se realiza un convivio dirigido por los mayordomos junto con el comité organizador que sostiene el sistema de cargos se recibe la cooperación, según la voluntad y posibilidades económicas de quienes participan. Las mujeres de los mayordomos y otros familiares son parte esencial de la organización, pues en ellas recae la preparación de alimentos y la distribución de ellos durante el convivio (Foto 15). Así, se ofrece comida y bebidas a los peregrinos e invitados, principalmente sirven arroz (en jitomate), carnitas de cerdo con verdura (cebolla y cilantro) y mole rojo con pollo. Muchos de los ingredientes con los que se cocinan son bioculturales (Tabla 2).

Foto 15. Convivencia con peregrinos después de recorrer las secciones
de San Pedro Arriba.
Fuente: Coposición de fotografías de Cortez, durante el trabajo de campo, 2022.

En las mesas donde se distribuye la comida se encuentran diferentes salsas y paquetes de tortillas, botellas de refrescos y jarras de aguas frescas de Jamaica y horchata. Es importante señalar que por la gran convocatoria que tiene la fiesta: «Ya no alcanza el tiempo para echar tortilla para tanta gente, así que mejor se compra la tortilla de las que se venden en la tortillería… Y ni modo, con la Maseca se come» (Amada, 36 años).

También se compran casi todas las flores que se requieren para adornar dos de los tres arcos que alegran la entrada de la iglesia. Principalmente compran rosas de diferentes colores para adornar dos arcos de más o menos tres metros de ancho por tres de altura. El tercer arco es decorado con pocas flores porque su principal elemento es el alimento, aunque no todos provienen de los socioecosistemas MMT. Este arco se adorna con verduras y frutas (limones, cebollas, guayabas, jitomates, manzana roja y amarilla, mandarinas, plátanos), los cuales pueden ser arrancados por los visitantes como un gesto de compartir la «abundancia» del pueblo. Aunque en un tiempo solo se adornaba con alimentos bioculturales, en esta ocasión se apreciaban otros alimentos comprados que no se producen en la comunidad como guayabas, mandarinas y plátanos (Foto 16).

Foto 16. Arcos decorados con flores y con frutas y verduras en la entrada de la Iglesia de San Pedro. Iglesia decorada con flores.
Fuente: Composición de fotografías de Cortez, durante el trabajo de campo, 2022.

A partir del día 5 de diciembre se instalan puestos de venta de comidas y bebidas. En su variedad se refleja la gran influencia de la comida rápida urbana, recreando procesos de hibridación en la cultura alimentaria: tacos de carnitas, bistec y longaniza, pambazos, tacos dorados, sopas instantáneas, pan de feria, pescados fritos, dulces tradicionales, algodones de azúcar, donas, pizzas, bebidas alcohólicas (incluido el tradicional pulque, tequila, vodka y cervezas) refrescos, jugos y bebidas azucaradas y embotelladas, y otros puestos de de *snacks* (Foto 17).

Foto 17. Comida ofrecida durante la fiesta de San Pedro.
Fuente: Composición de fotografías de Cortez, durante el trabajo de campo, 2022.

La concurrencia es atraída por juegos mecánicos y diferentes eventos, por ejemplo, en la plaza de toros se presenta jaripeo, cabalgatas y corrida de toros, las cuales la llenan de visitantes de otras partes (Jiquipilco, Toluca, Lerma, CDMX y comunidades cercanas) (Foto 18).

Foto 18. Diversiones para los visitantes a la feria: juegos mecánicos y jaripeo.
Fuente: Fotografía de Cortez, durante el trabajo de campo, 2022.

En suma, los alimentos bioculturales están presentes en el convivio que da inicio a la festividad de San Pedro, donde las familias de los mayordomos ofrecen comida a los peregrinos. Aunque cada vez compran más alimentos para preparar la comida, los platillos que se ofrecen son parte de la gastronomía local. En cambio, respecto a la comida que se vende a partir del 5 de diciembre, en el marco de la feria, los alimentos bioculturales se diseminan ante la abrumadora presencia de la comida de influencia urbana.

Conclusiones

En esta investigación etnográfica se tuvo un acercamiento con la población de origen otomí, lo que permitió conocer comportamientos alimentarios en tres festividades cívicas y religiosas de San Pedro Arriba, en las que las mujeres juegan un papel importante en el mantenimiento de las tradiciones arraigadas y costumbres prehispánicas.

Sus conocimientos culinarios transgeneracionales son clave para sostener las tradiciones culinarias y, aunque cada vez se ven más productos comprados para darles continuidad, los alimentos bioculturales siguen teniendo un papel protagónico en las fiestas apegadas a los rituales prehsipánicos, como es el Día de Muertos. Al tratar de respetar lo más fiel de esas tradiciones, las flores y alimentos bioculturales constituyen el 60% de elementos que conforman los altares y ofrendas, mismos que se obtienen de los subsistemas MMT de la comunidad. Aunque no todos son producidos por los hogares, su disponibilidad a través de la compra, trueque o intercambio, valora la continuidad de las tradiciones, lo que permite el arraigo ancestral.

Ciertamente, el resto de los alimentos y elementos que se integran a las ofrendas provienen de los sistemas de producción agroindustriales y regionales. Sin embargo, su incorporación refleja la adaptación a los cambios de las dinámicas alimentarias de las comunidades sin que se interrumpan los significados de estas celebraciones. Así, por ejemplo, además de colocar panes ultraprocesados, golosinas y calaveritas de chocolate, el arroz se compra y aunque se prepare con sazonadores industrializados, en el altar simboliza un platillo de gran preferencia para alguno de los difuntos. Lo mismo con las bebidas industrializadas (refrescos de cola, cervezas, tequilas, etc.) que remplazan las bebidas tradicionales o, bien, que se incorporaron en los gustos de los difuntos.

En este sentido, podría decirse que la celebración del Día de Muertos es un enclave de revaloración biocultural en procesos de transición alimentaria. Las adaptaciones para continuar con los profundos significados de estos festejos permiten explorar nuevos campos de recuperación de la dieta MMT, a medida que las nuevas generaciones se involucren en mantener el origen de esta tradición.

De alguna manera, en el comienzo de la fiesta del santo patrono, después de la procesión, se pudo observar la combinación de alimentos bioculturales con los ultraprocesados en la comida que les ofrecieron los mayordomos a los peregrinos y que, junto con los arcos de flores y frutas que adornan la entrada de la iglesia, tratan de mantener una continuidad de la gastronomía local. No obstante, debido a que la cantidad que se prepara y reparte cada vez es mayor, se rebasan las capacidades económicas de las y los organizadores, por lo que muchos alimentos industrializados sustituyen los ingredientes bioculturales para cumplir con los compromisos dentro del sistema de cargos, como son la compra de refrescos y las tortillas elaboradas con harina de nixtamal Maseca.

La opción de dar y compartir como lazo de comunalidad, se da durante la comida que se comparte a los peregrinos, junto con la fruta y flores que se colocan en la entrada y que los asistentes pueden tomar. Una vez que estas celebraciones se convierten en fiestas masivas del pueblo, como es el Día de la Independencia, y se instala la feria con puestos de comida y juegos mecánicos en la fiesta del santo patrono (del 5 al 14 de diciembre), la gente convierte los espacios cívicos en tiempos de esparcimiento y diversión, de tal forma que el consumo de alimentos tradicionales no se suma a la recreación festiva. Cuando estas festividades se convierten en espacios de excesos, la transición alimentaria se expresa en el acceso de alimentos ricos en grasas y azúcares, así como de bebidas alcohólicas.

En este caso se pudo observar que el fenómeno de hibridación alimentaria, ligada al consumo de comida elaborada con alimentos bioculturales y productos ultraprocesados, es ya una realidad en las comunidades indígenas. De no intervenir en procesos de recuperación y revaloración de alimentos producidos en los subsistemas MMT, existe el riesgo de desplazar los alimentos bioculturales de las dietas tradicionales otomíes, perder la biodiversidad y aumentar las enfermedades que se asocian a las dietas ricas en hidratos de carbono, azúcares y grasas trans.

Literatura citada

Aguilar-Piña, P. (2001). Por un marco teórico conceptual para los estudios de antropología de la alimentación. An Antropol, 35(1).

Aguilar-Piña, P. (2014). Cultura y alimentación. Aspectos fundamentales para una visión comprensiva de la alimentación humana. An Antropol, 48(1):11-31.

Alonso, M., Gutiérrez, J., Ledesma, F., et al. (2020). Etnografía de los procesos alimentarios y el poder en regiones indígenas de Chiapas. Estud de Cult Maya, 56(2):261-291. doi: https://doi.org/10.19130/iifl.ecm.2020.56.2.0010

Álvarez, M. (2002). El gusto es nuestro. Modelos alimentarios y políticas de patrimonialización en Conferencia dictada en la sesión Patrimonio, culturas nacionales y turismo del II Congreso Internacional Cultura y desarrollo, La Habana, 3 a 7 de junio de 2001. Catauro Revista Cubana de Antropología, 3(5).

Amon, D., Guareschi, P. y Maldavsky, D. (2005) Paladar e emoção em cozinhas dos cozinheiros. Centro de Estudios Psicanalíticos de Porto Alegre, 12:17-32

Arango, L. (2013). El Alimento y la muerte en la festividad de Día de Muertos en México. Trabajo de grado. http://hdl.handle.net/10230/21229 Màster en Estudis Comparatius de Literatura, Art i Pensament. Curs 2012-2013 Universitat, Pampeu Fabra, Barcelona.

Argumedo, A., Song, Y., Khoury, C. K., et al. (2020). Support indigenous food system biocultural diversity. Lancet Planet, Health 4: E554. doi: 10.1016/S2542-5196(20)30243-6

Argumedo, A., Song, Y., Khoury, C. K., et al. (2021). Biocultural Diversity for Food System Transformation Under Global Environmental Change. Frontiers in Sustainable Food Systems, 5:685299. doi: 10.3389/fsufs.2021.685299

Arzate, F. y Gutiérrez, A. (2000). La confirmación de identidad en el municipio de Malinalco a partir de las fiestas populares religiosas: El caso del barrio de San Martín. Tesis de licenciatura, Universidad Autónoma del Estado de México. Facultad de Antropología.

Baltazar, N. A. (2021). Sincretismo en tradición de color: Día de Muertos en México. Entrevista al Dr. Sergio Sánchez. Gaceta 3(33). Universidad Autónoma del Estado de Hidalgo. https://www.uaeh.edu.mx/gaceta/3/numero33/noviembre/dia-de-muertos.html

Binz, P. y De Conto, S. M. (2019). Gestión de la gastronomía sustentable: Prácticas del sector de alimentos y bebidas en hospedajes. Est perspect tur, 28(2):507-525. Consultado el 16 de noviembre de 2022 http://www.scielo.org.ar/scielo.php?script=sci_arttext&pid=S1851-17322019000200014&lng=es&tlng=es.

Caballero, B. y Popkin, B. M. (2002). The Nutrition Transition. Diet and Disease in Developing Word. Academic Press-Elsevier Science. Food Sci Technol. International Series.

Camacho, J. H., Cervantes, F., Cesín, A., et al. (2019). Los alimentos artesanales y la modernidad alimentaria. Revista de Alimentación Contemporánea y Desarrollo Regional, 19(53). doi: https://dx.doi.org/10.24836/es.v29i53.700 PII: e19700

Carrasco, N. (2007). Desarrollos de la antropología de la alimentación en América Latina: hacia el estudio de los problemas alimentarios contemporáneos. Estudios sociales, 15(30):80-101. Recuperado en 05 de marzo de 2023, de http://www.scielo.org.mx/scielo.php?script=sci_arttext&pid=S0188-45572007000200003&lng=es&tlng=es.

Ceballos, C. L., Vizcarra, I., Diego, L., et al. (2012). Sobrepeso y obesidad en preescolares y escolares de una comunidad periurbana de origen otomí del Valle de Toluca, México. PSM, 10(1)1:1-23.

Centurion, D. (2021). Comidas y bebidas en celebraciones y ritos como rasgo de identidad cultural tabasqueña. Revista de Alimentación Contemporánea y Desarrollo Regional, 31(57). doi: https://dx.doi.org/10.24836/es.v31i57.1055 e211055

Contreras, J. y Gracia, M. (2005). Alimentación y cultura. Perspectivas Antropológicas. ISBN: 84-244-2223-9

Cortez-Hernández, A. M., Vizcarra-Bordi, I., Espinoza-Ortega, et al. (2022). Importancia de la disponibilidad y consumo de alimentos bioculturales en las dietas de las familias otomíes, durante el confinamiento de la pandemia Covid-19. Ensayos de Antropología de la Alimentación. Colegio Nacional sobre la Antropología de la Alimentación. BUAP.

Fischler, C. (1995). Gastronomía y gastroanomía: sabiduría del cuerpo y crisis biocultural de la alimentación contemporánea en J. Contreras (Comp.), Alimentación y Cultura: necesidades gustos y costumbres, 357-380. Barcelona, España: Universitat de Barcelona.

Gaona, M. y Cuevas, R. (2012). Historia y mestizaje de México a través de su gastronomía. Revista Virtual Especializada en Gastronomía, 4:30-58.

Garza, R. M. (2011). Comida ritual del día de muertos en Culhuacán e Ixtapalapa, pueblos originarios de la Ciudad de México. Comida, Cultura y Modernidad en México. Perspectivas antropológicas e históricas. Instituto Nacional de Antropología e Historia. México.

Good, E. C. (2011). Perspectivas antropológicas sobre la comida y la vida ceremonial en el México moderno. En Good E. y Corona de la Peña, L. E. (Coords.). Comida, Cultura y Modernidad en México. Perspectivas antropológicas e históricas: 39-56. INAH, México.

Guzmán, M. C., Benítez, A. D., Vizcarra B., I. y Moralez G., L. (2018). La dieta viva de las mujeres matlatzincas: Milpa-Monte-Traspatio en Vizcarra Bordi, I. (Coord.), Volteando la tortilla: género y maíz en la alimentación contemporánea de México, 214-232. Juan Pablos Editores y la Universidad Autónoma del Estado de México. México.

Haller, D. (2011). Akal-Atlas de etnología. España: Akal.

Hernández, M. C. (2016). Los alimentos en la vida ritual de los nahuas de San Juan Tetelcingo, Guerrero. Un elemento a considerar dentro del patrimonio biocultural. Dimensión Antropológica, 23(66):64-86.

Ibarra, L. S. (2016). Transición Alimentaria en México. Razón y Palabra, 20(94), 162-179.

INEGI (Instituto Nacional de Estadística, Geografía e Informática) (2020). Censo de población y Vivienda 2020. Temoaya, comunidad San Pedro Arriba. Consultado 15 enero de 2023. https://www.inegi.org.mx/programas/ccpv/2020/?ps=microdatos

Khonje, M. G. y Qaim, M. (2019). Modernization of African Food Retailing and (Un) healthy Food Consumption. Sustainability. 11, 4306. https://doi.org/10.3390/su11164306

Levi Strauss, C. (1986). Mitológicas. Lo crudo y lo cocido I. fce, México.

López, J., Juárez, L. M. y Medina. X. (2016). Cartografías. Usos y significados contemporáneos de la comida desde la antropología de la alimentación en América Latina y España. Revista de Dialectología y Tradiciones Populares. LXXI (2):327-370.

Meléndez, J. M. y Cañez, G. M. (2010). La cocina tradicional regional como un elemento de identidad y desarrollo local. El caso de San Pedro El Saucito, Sonora, México, en Estudios Sociales, 1:182-204.

Molano, O. L. (2007) Identidad cultural un concepto que evoluciona. Revista Opera, 7:69-84.

ONU (Organización de las Naciones Unidas) (2022). Día de la Gastronomía Sostenible, 18 de junio. https://www.un.org/es/observances/sustainable-gastronomy-day

OPS-OMS (Organización Panamericana de la Salud y Organización Mundial de la Salud) (2020). La OMS caracteriza a COVID-19 como una pandemia. Oficina Regional para las Américas de la Organización Mundial de la Salud. https://www.paho.org/es/noticias/11-3-2020-oms-caracteriza-covid-19-como-pandemia

Otero, G. (2006). México en transición: Globalismo neoliberal, Estado y sociedad civil. Universidad Autónoma de Zacatecas.

Pérez, E. y Hernández, M. I. (2010). La alimentación en el México prehispánico y actual: su influencia en la condición nutricional. Consejo de Ciencia y Tecnología del Estado de Querétaro y la Facultad de Filosofía de la U.A.Q.

Pelto, G. H., Dufour, D. y Goodman, A. (2012). The biocultural perspective in nutritional anthropology en Dufour, D., Goodman, A, y Pelto, G. H. (editors). Nutritional anthropology: biocultural perspectives on food and nutrition. Oxford University Press, 1-8.

Popkin, B. M. (2014). Nutrition, agriculture and the global food system in low and middle income countries. Food Policy. 2014, 47:91–96. [Google Scholar] [CrossRef] [PubMed][Green Version]

Popkin, B. M. (2015). Nutrition Transition and the Global Diabetes Epidemic. Current Diabetes Report. Springer, 15(9):1–8.

Rodríguez, P. (2012). El estudio antropológico de la alimentación en C. Adame. Alimentación en México, Ensayos de Antropología e Historia. España: Ediciones Navarra.

Swiderska, K, Argumedo, A., Wekesa, C., et al. (2022). Indigenous Peoples' Food Systems and Biocultural Heritage: Addressing Indigenous Priorities Using Decolonial and Interdisciplinary Research Approaches. Sustainability 2022, 14, 11311. doi: https://doi.org/10.3390/su141811311

Tello, T. M. (2022). Reconocimiento cualitativo y difusión de la cocina ceremonial: El caso de la mayordomía de Santa María de Guadalupe en Santa Ana Atzacan, Veracruz. Trabajo terminal de la Especialidad de Antropología de la Alimentación. BUAP.

Unigarro, C. (2015). Sistemas alimentarios y patrimonio alimentario. Transculturaciones en el caso ecuatoriano. Antropología Cuadernos de Investigación, 21-34.

Vetter, T., Larsen, M. N. y Bruun, T. B. (2019). Supermarket-led development and the neglect of traditional food value chains: Reflections on Indonesia's Agri-food system transformation. Sustainability, 11, 498.

Vogt, E. (1993). Ofrendas para los dioses. México, Fondo de Cultura Económica. Unigarro, C. (2015). Sistemas alimentarios y patrimonio alimentario. Transculturaciones en el caso ecuatoriano. Antropología Cuadernos de Investigación. 21-34.

Capítulo III

Efectos de los programas de abasto de alimentos en las prácticas alimentarias matlatzincas

Katia Yetzani García Maldonado

Introducción

En Latinoamérica, las políticas públicas han tenido objetivos modernizadores que siguen la lógica del desarrollo (Canclini, 1999), lo cual también se ha visto reflejado en las políticas y los programas de alimentación. Estas políticas no toman en cuenta que la modernización no necesariamente suprime la tradición, sino que la reinventa (Hobsbawm et al., 1983). De tal forma, la modernidad necesita ser pensada como resultado de negociaciones y articulaciones entre lo local y lo global que genera formas particulares de ser modernos (Ayora et al., 2005).

En el caso de los grupos indígenas de México, la alimentación constituye un fenómeno complejo debido a su gran diversidad cultural y a las condiciones socioeconómicas en las que están inmersos.[8] A ello se suman los cambios provocados en sus patrones de obtención, preparación y consumo de alimentos por los programas de intervención gubernamental.

---

8   De acuerdo con las estimaciones de pobreza elaboradas por el Consejo Nacional de Evaluación de la Política de Desarrollo Social (CONEVAL), 76.8% de la población hablante de lengua indígena (HLI) se encontraba en pobreza en 2012. A ello contribuye que seis de cada diez HLI tienen al menos tres carencias sociales y la mitad tiene ingresos inferiores al costo de la canasta básica. Viven preponderantemente en localidades rurales y presentan niveles relativamente bajos de escolaridad, ya que apenas la cuarta parte de ellos tiene secundaria completa o educación media superior.

Los grupos indígenas, al vivir en condiciones sociales consideradas como desfavorables, se convierten en una de las poblaciones que recibe más programas sociales, entre ellos, los que se centran en la alimentación juegan un papel preponderante. La mejora de la alimentación ha formado parte de las agendas gubernamentales para superar la pobreza. Las acciones de gobierno en esta cuestión han sido materializadas en políticas y programas de intervención.

Antecedentes

Según Mintz (2003), el Estado define los términos por los cuales las personas tendrán acceso a los alimentos a través de las políticas y los programas de alimentación. Estas políticas difunden información sobre el papel de los alimentos en la salud, aunque muchas veces no se conoce el impacto de estas y cómo la recibe la población. Regularmente, sus mensajes se limitan a decir qué comer o no comer, sin considerar las determinaciones sociales que garanticen las condiciones adecuadas para que las personas puedan cumplir sus prescritos (Le Bihan et al., 2002).

Sería ingenuo pensar que los programas de alimentación son llevados a cabo al pie de la letra en las comunidades indígenas, dado que resignifican estos programas en su día a día. Los miembros de la comunidad no actúan como meros receptores de programas sociales, sino que participan activamente en su funcionamiento y adaptación a la realidad local, tal y como demuestra el enfoque centrado en el autor (Long, 2007). Eso se debe a que esta propuesta considera la capacidad de agencia de los actores en sus análisis (Gallina et al., 2006).

Por otro lado, las políticas y los programas de alimentación no toman en cuenta que las preferencias alimentarias no se adoptan de forma exclusiva por el papel nutritivo de los alimentos, sino en relación con factores socioeconómicos, culturales y políticos de orden micro y macrosocial (Mintz, 2003). Todos los grupos sociales tienen una cultura alimentaria que marca las pautas para escoger los alimentos según la ocasión y los recursos disponibles, así como las ideas y valores que se les asocian, y efectos que tienen en su cuerpo (Gracia-Arnaiz, 2007).

Este capítulo busca contribuir a esta problemática, analizando la influencia que tienen los programas de abasto de alimentos que siguen la lógica de la modernización en los patrones de obtención, preparación y consumo de alimentos de la población matlatzinca. Para ello, se parte del enfoque centrado en el actor e implemento métodos de corte etnográfico como la observación participante de las arenas y las entrevistas semiestructuradas. Este enfoque y sus métodos ayudaron a profundizar en cómo los programas de abasto de alimentos que recibe la población matlatzinca, lejos de funcionar como una guía incuestionable y directa del comportamiento, fueron alterados en su cotidianidad.

En este sentido, el principal hallazgo de esta investigación es que los miembros de la comunidad desarrollaron estrategias de preparación de platillos, partiendo de los productos incluidos en los programas, pero de acuerdo con los gustos y prácticas alimentarias locales para favorecer su consumo. Desde el punto de vista analítico, se está ante un claro ejemplo de que la modernidad, lejos de ser absorbida de manera neutra por la población, es transformada e interpretada a través de un intercambio cultural translocal, que se caracteriza por relaciones horizontales entre lo global y lo local, en las que los elementos de interacción se definen los unos a los otros y no como sentidos opuestos (Ayora, 2017).

Por lo tanto, esta investigación forma parte de aquellas que han contribuido a demostrar que los procesos de modernización son complejos y que no suponen la eliminación de patrones culturales ni de la tradición, sino que implican transformaciones y readaptaciones locales de sus prácticas que generan diferentes formas de ser moderno.

El capítulo está dividido en tres apartados, en el primero se describe al pueblo matlatzinca, en el segundo se abordan los programas de abasto de alimentos que reciben y en el tercero se analizan sus patrones de obtención, preparación y consumo de alimentos.

Metodología

Esta investigación siguió una metodología cualitativa con una estrategia de abordaje etnográfica (Hammersley et al., 2009; Laplantine, 2004). San

Francisco Oxtotilpan, en el Estado de México, fue la unidad de observación. El trabajo de campo se realizó de febrero a abril de 2016.

Durante el mismo, se implementaron métodos clásicos de la etnografía y del enfoque centrado en el actor, como la observación no participante, participante, entrevistas semiestructuradas y grupos de discusión. Este capítulo retoma 9 de las 32 entrevistas realizadas a miembros de familias que recibían en el momento de la investigación al menos un programa de alimentación. La observación participante y el diario de campo fueron claves para conocer su alimentación, el funcionamiento de los programas y su vida cotidiana. La observación participante se centró en dos arenas: el desayunador escolar y el comedor comunitario. Esto permitió conocer a profundidad la práctica generada por estos programas.

Para la fase de análisis de este estudio se tomó en cuenta la información relevante de las tres fases del proceso de alimentación: obtención, preparación y consumo de alimentos. La obtención describe las formas de producción, recolección, compra, regalos, programas sociales, entre otros. La preparación abarca los diferentes tipos de platillos, técnicas e instrumentos utilizados para cocinar. El consumo incluye horarios y tiempos de comidas, tipo de alimentos, los de mayor consumo y los platillos típicos de la comunidad.

Las y los matlatzincas

El pueblo matlatzinca es uno de los 56 grupos étnicos mesoamericanos que viven actualmente en México. Su nombre en náhuatl significa «los señores de la red» o «los que hacen redes». Este nombre señala su origen lacustre, ya que durante un largo período de su historia estuvieron asentados en los lagos de la actual Toluca.

Pese a mantener una identidad colectiva fuerte, es uno de los grupos indígenas del país que ha perdido más presencia territorial (García, 2004). En la actualidad, los matlatzincas se encuentran solo en el pueblo de San Francisco Oxtotilpan, municipio de Temascaltepec, entre Toluca y Valle de Bravo, Estado de México. Su población asciende a 1435 habitantes (INEGI, 2010). La base de la organización social es la familia extensa.

San Francisco Oxtotilpan es un pueblo eminentemente agrario. La gestión sigue los sistemas de comuneros y ejidatarios. Los terrenos que están cercanos al centro de la población son de propiedad comunal y se utilizan para la siembra, mientras que las tierras ubicadas en la parte montañosa son de propiedad ejidal, los cuales se aprovechan para actividades forestales. Su organización social está vinculada a un sistema de cargos civiles y religiosos. La principal actividad económica es la agricultura, tanto de riego como de temporal. También llevan a cabo actividades forestales, explotación de una mina de arena, administración de una gasolinera que está en la carretera, criaderos de truchas y comercios familiares. Debido a la falta de empleo local, existe una migración regional hacia Toluca y la Ciudad de México.

Resultados

Los programas de abasto de alimentos en San Francisco Oxtotilpan

La comunidad matlatzinca recibe diversos programas sociales. Este Capítulo se enfoca solo en los programas de abasto de alimentos: Comedor Comunitario Sin Hambre, Desayunador Escolar Comunitario DIF, Apadrina a un Niño Indígena y Gente Grande. El enfoque del mismo visualiza a los programas como una unidad, aunque cada familia puede recibir diferentes combinaciones, su vivencia es de una totalidad que no divide.

Los Comedores Comunitarios Sin Hambre se crearon como parte de las estrategias de la Cruzada Nacional Contra el Hambre. Su objetivo es dar alimentos nutritivos a sujetos dentro de las comunidades en condiciones de edad, discapacidad, pobreza extrema y de carencia alimentaria. Opera mediante la instalación de un comedor a través de recursos brindados por el programa. Proporciona alimentos no perecederos de manera mensual y funciona mediante la creación de una Comisión de Alimentación (SEDESOL, 2016).

El Desayunador Escolar Comunitario está a cargo del DIF-Estado de México. Este programa entrega insumos alimentarios no perecederos para la preparación diaria de un desayuno caliente a menores escolares de educación básica. Opera mediante la distribución de alimentos no perecederos que son entregados con una frecuencia mínima de dos meses y máxima de cuatro. Funciona mediante la creación de un Comité Comunitario (Gaceta del Gobierno del Estado de México, 2016a).

Apadrina a un Niño Indígena está implementado por el Consejo Estatal para el Desarrollo Integral de los Pueblos Indígenas (CEDIPIEM) en colaboración con el Gobierno del Estado de México. Las niñas y los niños que forman parte del programa reciben un padrino o una madrina que trabaja para el gobierno, a quienes se les descuenta una suma de dinero vía nómina que se aportará para su ahijado/a. Su objetivo es favorecer el acceso a alimentos básicos y nutritivos, así como contribuir a la permanencia escolar de las niñas y los niños indígenas inscritos en escuelas públicas de educación básica mediante la entrega de canastas alimentarias, útiles escolares y apoyos monetarios (Gaceta del Gobierno del Estado de México, 2016b).

Gente Grande es un programa de abasto de alimentos, implementado por el gobierno del Estado de México para favorecer el acceso de alimentos a las personas de 60 años de edad o más, que vivan en condiciones de pobreza multidimensional. Tiene dos vertientes: la primera es para personas de 60 a 69 años de edad y la segunda para mayores de 70 años. En las dos se les entrega mensualmente una canasta alimentaria y, en el caso de la segunda vertiente, también les entregan productos de limpieza y aseo personal (Gaceta del Gobierno del Estado de México, 2016c).

Los efectos de los programas de abasto de alimentos en las prácticas alimentarias matlatzincas

Obtención

En San Francisco Oxtotilpan se siembra principalmente papa, haba amarilla, chícharo, maíz elotero y maíz criollo. Los cuatro primeros son de riego y para comercializar, mientras el maíz criollo es de temporal para autoconsumo. La papa es el producto con el que obtienen mayores ingresos y su presencia se remonta a los últimos treinta años aproximadamente. César, un campesino de 56 años, explicó que comenzó a sembrar papa porque «está muy complicado atinarle al campo para que le vaya a uno bien y que venda bien el producto (...) pero si siembras papa es donde hay un poco más de ganancia».

La recolección de quelites, hongos y hierbas en los montes es una práctica común en la comunidad, aunque en los últimos años ha disminuido bastante. Dos de los principales factores que han contribuido a esta disminución son la mayor disponibilidad de alimentos y capacidad adquisitiva de las nuevas generaciones. Fausta, una vendedora de dulces de 49 años dijo que su abuelita recolectaba hongos y quelites porque «en tiempos de secas no iban a tener qué comer [...] por lo que los ponía a secar para tenerlos disponibles todo el año».

En la actualidad, las familias adquieren sus alimentos principalmente en las tiendas del pueblo, las cuales a su vez se abastecen en la central de abastos de Toluca y en supermercados, salvo de aquellas mercancías que tienen sus propios distribuidores. La disponibilidad de carne varía, hay pollerías que abren todos los días. Una vez a la semana una camioneta vende carne de res y la carne de puerco de manera ocasional, cuando alguna familia mata un puerco. Esto se complementa en la medida que cuenten con más recursos para comprar truchas en los criaderos del ejido o acudir a pueblos cercanos por carne de res o de puerco.

Las mujeres de San Francisco Oxtotilpan acostumbran a elaborar tortillas con maíz nativo que guardan en trojes para tenerlo disponible todo el año. También hay una tortillería en el centro de la comunidad y otra en la carretera que se abastecen de harinas comerciales como Maseca.[9] Esta última cuenta con un repartidor que vende tortillas por kilo a las tiendas del pueblo.

El pan es llevado por panaderías de pueblos vecinos a las tiendas; el único pan que se elabora en el pueblo es uno típico en forma de gato llamado *miztú*. En la carretera existen varios puestos de comida: tacos, pollos rostizados, hamburguesas, tortas, etc., y en el centro de la comunidad se pone un puesto de antojitos los jueves, que es el día de tianguis. También hay algunos puestos en el centro que venden dulces, botanas y chicharrones preparados.

En cuanto a los programas de abasto de alimentos, Apadrina a un Niño Indígena y Gente Grande ofrecen despensas que varían mensualmente con alimentos de la canasta básica, mientras que el Comedor Comunitario Sin

---

9   Maseca es una marca de harina de maíz de la industria de alimentos global Gruma.

Hambre y el Desayunador Escolar Comunitario DIF brindan alimentos preparados en forma de menú, los cuales se abastecen de manera mensual con alimentos no perecederos (Tabla 1).

Tabla 1. Productos de los programas de abasto de alimentos en San Francisco Oxtotilpan*

Apadrina a un Niño Indígena	Gente Grande	Comedor Comunitario Sin Hambre	Desayunador Escolar Comunitario DIF
Arroz, frijol, azúcar, sal, aceite, sardina, atún, sopa de pasta, avena, gelatinas, harina de trigo, soya texturizada, galletas saladas, galletas integrales tipo polvorón, mermelada, gelatina en polvo, leche en polvo, linaza y amaranto.	Aceite, arroz, atole de amaranto, atún enlatado en agua, avena, azúcar, café, carne de res deshidratada, cereal multigrano, duraznos en almíbar, ensalada de legumbres enlatadas, frijol, gelatina en polvo, granola con fruta deshidratada, leche semidescremada el polvo, vegetales deshidratados, mix de frutas deshidratadas, galletas maría, sopa de pasta, picadillo de soya sabor tinga, polvo para preparar bebida sabor chocolate, proteína de soya sabor jamón y sardina en tomate enlatada.	Aceite, agua potable, ajo en polvo, arroz, atole de amaranto con avena, atún en agua, avena, azúcar, barbacoa de res, café, chilorio de cerdo, comino, ensalada de verduras enlatadas, frijol, harina de maíz Maseca, huevo en polvo, jugo de fruta, laurel, leche semidescremada, lentejas, machaca de res, mezcla de verduras deshidratadas sabor pollo, orégano, sopa de pasta, perejil, pimienta, puré de tomate, sal, sardina y soya texturizada natural.	Arroz, frijol, aceite, cereales, leche descremada, verduras enlatadas, soya texturizada, carne seca deshidratada, complemento alimenticio sabor vainilla, polvo para preparar bebida sabor horchata, polvo para preparar bebida de soya sabor leche, bebida de amaranto sabor chocolate, elote enlatado, bebida *Kids* sabor fresa y vainilla, avena, Jamaica, piña en almíbar y barras de cereales.

Fuente: Elaboración propia a partir de observación directa y entrevistas. *Los productos varían mensualmente.

Los alimentos distribuidos mediante el programa Apadrina a un Niño Indígena y el programa Gente Grande se convierten en pilares de la alimentación de las familias que los reciben. Luis, un campesino de 46 años, comentó que las despensas que recibieron sus hijos de Apadrina a un Niño Indígena significaron «un apoyo muy grande» para su familia, sobre todo cuando no le alcanzaba para comprar los alimentos que hacían falta, «pues a veces que ya se acabó esto, pues ya tenía la despensa, ¡ah, pues, agarra de ahí! No, pues, que ya no hay dinero para el azúcar o para el aceite, ya llega la despensa, ¡pues de ahí!». Por lo tanto, las despensas significan un respaldo a su economía familiar y una manera de acceder a alimentos en momentos de escasez.

El Desayunador Escolar del DIF y el Comedor Comunitario Sin Hambre proporcionan alimentos que no forman parte de los repertorios alimentarios de uso común de las personas, como es el caso de las verduras enlatadas, la soya texturizada, el huevo en polvo o el chilorio. Al respecto, Clara de 35 años comentó lo siguiente: «Sí, en los comedores, los desayunadores, la soya, la soya (…). Pero igual la soya aquí para nuestro pueblo como que es algo, como que ¿qué es?, ¿qué es? Entonces como que no la aceptamos bien».[10]

El comedor cobra diez pesos y el desayunador seis pesos, que son considerados como cuota de recuperación para la compra de alimentos perecederos[11] porque, como mencionó Gisela, una madre de familia de 41 años que participa en las actividades del desayunador: «No les vamos a dar puros frijoles hervidos sin cebolla y sin ajo».

En el caso del comedor comunitario, en diciembre de 2015 dieron recursos para instalar un invernadero. La primera cosecha de brócoli, acelga y espinaca fue en marzo del siguiente año. Esta producción se utilizó para hacer sopa de verduras. Para ellas el invernadero es un problema, ya que como platicó Lourdes de 45 años y expresidenta del comedor: «Quita más tiempo

---

10 Más adelante se verá que estos productos no son culturalmente aceptados en la comunidad, por lo que son cocinados para adaptarlos a los gustos locales.

11 Lo que regularmente compran para el comedor comunitario es ajo, cebolla, cilantro, chiles, salchichas, huevo, queso, crema, tomate, jitomate, coliflor, nopales y papa. En el desayunador escolar compran tortillas, jitomate, tomate, chiles, cebolla, ajo, cilantro, azúcar, Knorr suiza, aceite y pollo.

y no es justo que nada más ella y otra señora se estén fregando en sembrar, trasplantar y cuidar la cosecha».

Lo anterior refleja la carga de trabajo extra que implica atender el invernadero, ya que las labores administrativas y de preparación de alimentos suponen una alta demanda de trabajo en sí mismo. La carga de trabajo en el comedor pasa a ser legitimada por el concepto de participación comunitaria que corresponde a una visión tecnocrática, impulsada por organizaciones de desarrollo que buscan involucrar a las personas para solucionar su condición de pobreza y promover el capital social (Hevia, 2009). El gobierno utiliza esta labor como un empleo no remunerado, sin derechos sociales para sus trabajadoras y que ocasiona prácticas asistencialistas en lugar de una participación activa y crítica (Tanaka et al., 2002).

Dado que es un pueblo agricultor, uno de los intereses de este estudio fue conocer el origen de los alimentos usados en los programas. En pláticas informales con las cocineras, tanto del desayunador como del comedor, dijeron que solo en épocas de cosecha han comprado papa, haba o chícharo de forma directa con los productores locales. Por lo tanto, los programas de abasto de alimentos en la comunidad no están articulados con los productores locales y obtienen sus productos de empresas de alimentos.

Al preguntarle a Luis sobre las razones por las que creía que los programas del gobierno no se abastecían con sus productos, dijo lo siguiente: «El gobierno no es tonto, si no hay consumo de todo eso pues todas las empresas quebrarían. ¿Por qué cree que a nosotros no nos deja vender?, ¿por qué no nos compran directamente a nosotros? Porque con nosotros no tiene contribución y con los bodegueros sí (…). Ellos tienen que pagar todos sus impuestos y de ahí el gobierno vive de los impuestos y por todo esto que manda enlatado, pues igual pagan impuesto las fábricas (…). Pero no, no es tonto él (el gobierno), se va por todos los impuestos que obtiene de ganancia, su parte, de ahí se va».

El testimonio de Luis refleja la lógica campesina basada en la reciprocidad que choca con la lógica de los programas sociales. La reciprocidad se refiere a toda acción realizada sin expectativa inmediata, pero que tiene la intención de mantener la sociabilidad y generar agradecimiento (Maus, 2007). Esta se expresa de manera vertical y/u horizontal. La reciprocidad vertical se caracteriza por la jerarquía y la concentración del poder por un centro de redistribución. Este tipo de reciprocidad ha ocasionado formas de dependencia que se materializan en forma de clientelismo político. La reciprocidad horizontal se caracteriza por la ayuda mutua entre familias y comunidades, la cual se observa en las fiestas familiares o religiosas, los compadrazgos, etc. (Sabourin, 2000).

Luis está acostumbrado a formar parte del sistema político mexicano que se caracteriza por una reciprocidad vertical expresada en relaciones clientelares. Según autores como Millán (2014), el clientelismo político mantiene a las personas dependientes de los «apoyos» del Estado para poder satisfacer sus necesidades alimentarias. Esto permite un doble juego en la acción de los programas de abasto de alimentos; por un lado, favorecen a las grandes empresas de alimentos y, por otro, generan relaciones de dependencia a la comunidad. Este doble juego es un claro ejemplo de las perversiones que pueden generar los procesos de modernización alimentaria, generados por la intervención gubernamental.

Este apartado describe la obtención de alimentos en San Francisco Oxtotilpan, la cual pasó de un sistema de agricultura y recolección a un modelo de abasto con acceso a alimentos industrializados favorecido por programas de gobierno. Es importante subrayar que estos programas parecen no considerar los repertorios alimentarios de uso común de los miembros de la comunidad, ya que envían productos que no se acercan a sus prácticas locales de alimentación. Las personas encargadas de la preparación de estos los adaptan para facilitar su consumo y en este proceso es donde la comunidad termina por apropiarse de ellos e introducirlos en su cotidianidad alimentaria.

Los programas de abasto de alimentos implementados en la comunidad parten de una visión de modernidad promovida por instituciones de desarrollo que se resguarda a través de la participación comunitaria para promover el trabajo no remunerado y se articula con la lógica capitalista. Al respecto, Ayora y Vargas (2005) explican que mientras la sociedad tradicional, la producción y el intercambio de regalos permanecen ligados a la localidad —como se vio en el caso de Luis—, en la sociedad moderna el mercado rige la producción y las formas mercantiles y monetarias de intercambio.

Estas nuevas formas de economía se caracterizan por la expansión mundial del capitalismo que favorece el desarrollo de la forma industrial de producción. Por lo tanto, se está ante una realidad compleja, en la que las lógicas culturales campesinas se reconfiguran con las lógicas modernas de los programas sociales para poder funcionar al interior de las comunidades. Por un lado, los miembros de la comunidad esperan obtener alimentos a través de los programas sociales pero, por otro, no pueden acceder a una competencia justa con el mercado. Esto hace que los alimentos que ellos producen de manera local no puedan formar parte de los programas que reciben y están a expensas de los precios del mercado.

Preparación

La elaboración de alimentos al interior de los hogares responde a una división sexual del trabajo y es tarea exclusiva de las mujeres. Ellas se encargan de todo lo relacionado con la alimentación familiar. La mayoría de las cocinas cuentan con estufa de leña y de gas, refrigerador, molcajete y licuadora. Los diferentes tipos de platillos dependen de los alimentos que tengan a su alcance, de la época del año, del dinero disponible y de los gustos familiares.

Resulta común que todos estos platillos se consuman acompañados de tortillas, las cuales se prefieren de maíz nativo y elaboradas a mano por ser una actividad bien vista y promovida socialmente. La técnica más común de preparación de alimentos es la fritura o la adición de aceite al platillo, mientras que los platillos elaborados con mayor frecuencia son las sopas o arroz y algún guisado con chile, el cual puede o no llevar algún producto de origen animal.

La preparación de alimentos en los programas sociales de la comunidad es diferente. En el caso de los programas Apadrina un Niño y Gente Grande, son las familias las que deciden qué productos utilizar y de qué forma, ya que no están sujetos a supervisión como es el caso de los otros programas. Las preparaciones de alimentos más comunes tienen que ver con platillos de fácil preparación que incluyen productos como sopa de pasta, arroz, frijoles o atún que obtienen de las despensas de estos programas.

En el caso del Desayunador Escolar Comunitario, se prepara un almuerzo para las niñas y los niños del kínder y de la primaria Emiliano Zapata, ubicada en el centro de la comunidad. El almuerzo está conformado por una sopa o arroz o frijoles, un guisado y agua o leche o atole. Casi siempre preparan alguna sopa de pasta en caldillo de jitomate, arroz blanco con elote enlatado o arroz rojo. Cuando no hacen sopa o arroz, preparan frijoles.

Para el guisado preparan soya, atún, pollo, longaniza, salchichas o huevo en caldillo de chile verde o rojo. Es frecuente que utilicen capeados o fritos. Algunas veces le ponen nopales, papas o lechuga para acompañar. Para las bebidas, generalmente utilizan los sobres que les mandan en la despensa de atole o bebidas de amaranto y soya saborizadas. Cuando el guisado es seco, preparan alguna salsa roja o verde para acompañarlo. Las tortillas que se utilizan en estos espacios, a diferencia de las del hogar, son de Maseca hechas en la tortillería.

En el Comedor Comunitario Sin Hambre se prepara un desayuno para los miembros de la comunidad que gusten asistir y para las niñas y los niños de la primaria Francisco Villa, localizada cerca de la carretera Toluca-Temascaltepec.[12] En el desayuno regularmente preparan huevo en diferentes versiones, frijoles, arroz o chilaquiles y alguna bebida con leche. Para la comida preparan sopa o arroz, un guisado, frijoles, bebida, tortillas y, en algunas ocasiones, postre.

De primer plato suelen preparar arroz blanco o rojo, sopa de pasta o sopa de verduras enlatadas. De guisado preparan enfrijoladas, tortitas capeadas de carne deshidratada, enchiladas, gorditas de chilorio, tortas de papa, chicharrón en chile verde, tacos dorados de carne deshidratada, etc. El agua la preparan con jugos saborizados de la despensa. Les llevan las tortillas de la tortillería y, en algunas ocasiones, hacen las tortillas utilizando harina Maseca. A veces dan fruta en almíbar de postre o hacen palomitas.

En la experiencia de campo se pudo observar que las políticas y los programas de desarrollo no funcionan como imposiciones mecánicas externas a las realidades locales, sino que se articulan con los modos de vida de las personas a las que van dirigidos (Long et al., 1989). Si bien su discurso resulta poderoso por estar legitimado por la visión de los expertos, también es

---

12 Es importante resaltar que la asistencia a este comedor no es exclusiva para la comunidad. En las observaciones participantes se constató que asistían mayoritariamente hombres que provenían de obras de la zona, Testigos de Jehová que salían de su reunión y trabajadores de negocios cercanos (mina de arena, talleres mecánicos, etc.).

apropiado, transformado y reformulado por los miembros de las comunidades que las reciben (de Vries, 1997, citado en Gallina et al., 2006).

Esta crítica es el punto medio del enfoque centrado en el actor (Long, 2007), el cual se retoma en esta investigación para observar detrás de las poses de los programas de desarrollo y develar los detalles del día a día en la vida de la gente, así como descubrir el espacio de maniobra de los actores locales para el funcionamiento local de los programas de alimentación.

También se observó que las cocineras han desarrollado estrategias de preparación de productos de acuerdo con los usos, gustos y prácticas locales para facilitar su consumo. Este es el caso del chilorio, la soya y la carne deshidratada, que han sido transformados en ingredientes para platillos que forman parte de su dieta cotidiana. Los preparan en forma de carnitas, tacos al pastor, tacos dorados, tortitas capeadas, etc.

De esto se platicó con Luisa, una ama de casa de 31 años que participa en las actividades del desayunador escolar, quien dijo: «La soya sí, esa siempre nos la han surtido (...). A veces los niños no se la comen, entonces optamos por inventárnosla nosotros y ya empezamos con que taquitos de no sé qué, al pastor y le echamos el chile, le pican la piña (...). Ahora sí que las señoras se las ingenian para prepararle y que se la coman».

El principal interés de las cocineras de estos programas es que los niños se coman los alimentos y por eso recurren a este tipo de estrategias. Lourdes, expresidenta del Comedor Sin Hambre, dijo que lo que necesitan «es presentación, que lo veas y dices ¡ay, se ve bonito, estará rico!». Ella comenta que el chilorio «parece vomitada» y que por eso «los niños no lo quieren», incluso a ella no se le antoja. En pláticas informales dijeron que estos productos tenían que «arreglarlos» o «quitarles lo malo», hirviéndolos antes a su preparación, sazonándolos o mejorando su presentación. Incluso se llegó a observar que recurren a la preparación de tacos dorados, tortas capeadas o gorditas para esconder los productos que no les resultan comunes, lo que supone un aumento innecesario de grasas saturadas en la dieta.

Hobsbawm y Ranger (1983), propusieron que la modernidad no implica necesariamente la anulación de la tradición, pues parte de su concreción radica en reinventarla, dado que la modernidad se articula con algunas partes de la vida social tradicional. Siguiendo con esta visión, García Canclini (1991) sostiene que es una simplificación insostenible optar en forma excluyente entre modernización o tradicionalidad local. Este autor considera que la modernización latinoamericana no opera sustituyendo lo tradicional y lo propio, sino a través de circuitos híbridos. Esto se debe a que la reproducción de las tradiciones no exige cerrarse a la modernización, ni la modernización exige eliminar las tradiciones. Así, se explica por qué coexisten culturas étnicas y nuevas tecnologías, formas de producción artesanal e industrial.

Aunque la noción de «culturas híbridas» busca romper con la oposición dicotómica entre lo moderno y lo tradicional, Ayora (2017) argumenta que continúa considerando «la existencia de una cultura moderna y otra tradicional que se encuentran en interacción mediada por las acciones de los individuos que, a su vez, deben negociar estos significados». Por lo tanto, propone la noción de «translocalidad» para dar cuenta de las relaciones horizontales entre estos dos conceptos y «evitar o trascender estas dicotomías ontologizantes».

En este mismo sentido, Bertrán (2017) describe el proceso por el cual las personas. gestionan e incorporan a su cultura alimentaria tanto los alimentos nuevos como la información que se difunde sobre ellos y los adaptan a su vida cotidiana, en el marco de una sociedad marcada por el ideal del progreso y del desarrollo, el cual, como se describió anteriormente, es el objetivo de las actuales políticas y programas de alimentación. A este proceso, la autora lo denomina «domesticación de la globalización». Esta propuesta teórica explica por qué coexisten estrategias de preparación de platillos, de acuerdo con los usos y prácticas locales utilizando productos distribuidos por los programas de alimentación que no formaban parte de sus repertorios alimentarios. Esto es una manera de gestionar la modernidad haciendo familiares los sabores y la apariencia de los platillos que se ofrecen en el desayunador y en el comedor. Estos procesos son los que en última instancia hacen que no exista una modernidad, sino modernidades (Arce et al., 2000), como se verá con más detalle en el siguiente apartado.

Como se mencionó antes, en la comunidad acostumbran a preparar a mano las tortillas con maíz nativo, pero cuando se preguntó a Lourdes sobre el uso de la harina Maseca para hacer tortillas en el comedor comunitario, ella respondió lo siguiente: «Pero pues nos las mandan, ¿qué quiere que hagamos? (…). Las tenemos que usar, pero sí, sí se extraña». Esto es una muestra de nostalgia por consumir las tortillas que podrían comer en sus hogares. Sin embargo, la nostalgia no justifica que tengan que dejar a un lado la tecnología doméstica para recrear estos alimentos.

En términos alimentarios, la población reconoce las ventajas de la industrialización de los alimentos y las virtudes de la tecnología, aunque desconfíe y los domestique para hacerlos cercanos (Bertrán, 2015). Como muestra de esto, por ejemplo, el intercambio de bolsas de harina Maseca con el repartidor de tortillas elaboradas en la tortillería. De esta forma, ellas no tienen que preparar las tortillas a mano y se ahorran unos pesos para su compra. La harina Maseca la utilizan cuando preparan gorditas de chilorio, que son una de las preparaciones más solicitadas. Las gorditas, al formar parte de los repertorios alimentarios de la población, se convierten en una forma de domesticar el consumo de chilorio a pesar de que este no sea bien recibido cuando se presenta solo.

Los párrafos anteriores muestran que la preparación de alimentos al interior de la comunidad ha mantenido la misma estructura: sopa o arroz y guisado. Sin embargo, la apariencia y el sabor de algunos de los productos industrializados proporcionados por los programas de abasto de alimentos parecen no importar para los encargados de estos; pero la gente realiza estrategias de preparación de platillos de acuerdo con los usos y prácticas locales para favorecer su consumo.

De esta forma, se observa que los miembros de la comunidad no actúan como meros receptores de los programas de abasto de alimentos, sino que participan para su funcionamiento local y que la modernidad promovida por los programas de abasto de alimentos no excluye las prácticas tradicionales de la población. Es más, estos programas no funcionarían sin estas prácticas locales que permiten adaptar las propuestas gubernamentales a la realidad local de las comunidades receptoras.

Consumo

En el trabajo de campo se observó que los horarios y tiempos de comida varían dependiendo de las actividades familiares. Si alguno de los integrantes de la familia trabaja de peón en el campo, hacen un desayuno compuesto por café o té con azúcar y algún pan justo antes de empezar sus actividades. A mediodía, les llevan pan y refresco o pulque, y a las cuatro de la tarde comen en casa de su patrón alguna sopa o guisado, refresco y tortillas. Su familia come en casa y a las ocho de la noche cenan juntos pan con café o té. Cuando trabajan en sus propias tierras, juntan el desayuno con el almuerzo para comer algún guisado y tortillas antes de salir a trabajar. A las cuatro de la tarde comen en sus casas sopa o guisado, refresco y tortillas, y cenan pan con café o té.

Al interior de los hogares, los alimentos y bebidas de mayor consumo son: tortillas, arroz, sopa de pasta, pollo, salchichas, longaniza, chicharrón, jamón, queso, chile manzano, nopales, jitomate, tomate, cebolla, botanas industrializadas, dulces, azúcar, refresco, Nescafé y té de monte. Entretanto, los platillos típicos de la comunidad son mole, mole con hongos, chivatitos, rábanos, tamales de ceniza, tamales de hongos, pan de pueblo *miztú*, ensalada de nopales y sopa de hongos. En los días de fiesta anteriormente se acostumbraba a consumir mole con pollo y arroz, pero se sustituyó por las carnitas porque rinden más.

Es necesario hacer una distinción en lo que se refiere al consumo de alimentos en los programas de abasto que reciben en la comunidad. En el desayunador escolar y el comedor comunitario, el consumo de alimentos no queda a libre elección al estar supervisados de forma constante por los encargados de los programas, lo cual, como se mencionó antes, ha ocasionado la creación de diversas estrategias de preparación de alimentos para favorecer su consumo.

Lo anterior conlleva un mayor consumo de alimentos industrializados que no formaban parte de los repertorios de alimentarios locales. Sin embargo, en los programas Apadrina a un Niño Indígena y Gente Grande, las personas tienen cierta libertad de elección, pues pueden no consumir los productos que les dan en las despensas, si así lo desean, y como contó Alma, acaban estando «hacinados» en las despensas familiares.

Según diversos autores (Arce et al., 2000; Ayora et al., 2005), los grupos locales pueden apropiarse o rechazar otras formas culturales. Esto implica una resignificación de conceptos, de prácticas originadas en otras culturas y su incorporación dentro de los campos locales. De esta forma, la modernidad es transformada y resignificada en cada lugar y en cada momento, dando lugar no a una sino a múltiples modernidades y diferentes formas de ser modernos.

Sin embargo, no se puede olvidar que las relaciones desiguales de poder también crean formas de colonialismo cultural, porque en última instancia no habría una resignificación si no llegaran nuevas formas culturales promovidas por instituciones que no conocen las realidades locales y que actúan como mediadores del cambio en los significados de las prácticas, discursos y valores culturales (Ayora, 2017).

Esto se observa de forma muy clara en el caso del desayunador y el comedor, que al estar supervisados y más expuestos a estructuras de poder lo que les queda es resignificar y adaptar los productos para promover su consumo, mientras que con los otros programas simplemente rechazan lo que les envían y consumen lo que les gusta y se adapta a sus prácticas locales de alimentación.

Unas de las principales limitaciones que, por lo general, tienen los programas sociales son que no incorporan los factores culturales y sociales que pueden incidir en las elecciones, preferencias y conductas de los sujetos (Villatoro, 2004), y que no están adaptados a las condiciones físicas de las personas que los reciben. Por ejemplo, los productos menos consumidos del programa Gente Grande son la leche y la soya, porque así como Alma cuenta: «Mucha gente se queja que la leche no les cae bien» porque «les suelta del estómago». Sobre el consumo de soya, comentó que dejaron de consumirla porque necesitaban comprar otros ingredientes para prepararla, lo cual implicaba más gasto para ellos: «Ay, yo dije no, voy a comprar esto, voy a comprar el otro para que le dé sabor y ora si la verdad lo tengo aquí hacinado porque yo no lo ocupo (...), porque tengo que comprar muchas cosas». En el caso de Apadrina a un Niño Indígena, no es habitual el consumo de amaranto y linaza porque no forman parte de su alimentación cotidiana y no les gusta su sabor.

Eleonor, ama de casa de 39 años, refirió que estos productos: «No sé cómo comerlos, no están ricos, están simples, no tiene nada de sabor». Por otro lado, los productos más consumidos de estos programas son los que se acercan más a sus gustos y preferencias como frijoles, arroz, sopa de pasta, lentejas, atún, aceite, azúcar y galletas.

Este apartado muestra que en la comunidad se consume una gran variedad de alimentos y bebidas. Sin embargo, los programas de abasto de alimentos han favorecido el consumo de algunos productos que no formaban parte de las prácticas locales de alimentación, como soya, carne deshidratada, chilorio, huevo en polvo o verduras enlatadas. Su consumo es mayor en los programas con funcionamiento supervisado. En los programas sin supervisión, algunas personas deciden no consumirlos porque no están adaptados a sus condiciones físicas, les implican un mayor gasto o porque simplemente no les gusta su sabor.

De esta forma se observa que la modernidad promovida por los programas de abasto de alimentos se reconfigura en la comunidad, dando lugar a una forma diferente de modernidad alimentaria que no era la pensada por el programa ni por lo que las personas tenían en la comunidad. Esto demuestra que hay diferentes formas de modernidad alimentaria de acuerdo con un lugar y momento dado.

Conclusiones

Este Capítulo analizó la influencia que tienen los programas de abasto de alimentos en los patrones de obtención, preparación y consumo de alimentos de la población matlatzinca de San Francisco Oxtotilpan, Estado de México.

Los hallazgos principales de este capítulo se pueden resumir en los siguientes cinco puntos:

1) La obtención de alimentos pasó de un sistema de agricultura y recolección a un modelo de abasto con acceso a alimentos industrializados, favorecido por los programas de gobierno. Estos parecen no considerar los repertorios alimentarios de uso común de los miembros de la comunidad y envían productos que no se acercan a sus prácticas alimentarias locales.

2) Los programas de abasto de alimentos, por un lado, favorecen a las empresas de alimentos y, por otro, generan relaciones de dependencia con la comunidad. Este doble juego es un claro ejemplo de las perversiones que pueden generar los procesos de modernización generados por la intervención gubernamental.

3) La modernidad promovida por los programas de abasto de alimentos
no excluye las prácticas tradicionales de la población. Esto se observó
cuando las encargadas de la preparación de alimentos en el Desayunador
Escolar Comunitario DIF y en el Comedor Comunitario Sin Hambre
adaptaron los platillos, de acuerdo con los usos y prácticas locales para
facilitar su consumo. En este proceso es donde la comunidad termina
por apropiarse de ellos, por domesticarlos e introducirlos en su cotidianidad alimentaria.

4) Los programas de abasto de alimentos han favorecido el consumo
de algunos productos que no formaban parte de las prácticas locales de
alimentación. Su consumo es mayor en los programas que supervisan su
funcionamiento.

5) La modernidad promovida por los programas de abasto de alimentos
se reconfigura en la comunidad, dando lugar a una forma diferente de
modernidad alimentaria. En el caso de la comunidad matlatzinca, esta
se caracterizó por la reconfiguración y adaptación local de los productos
industrializados que reciben a través de los programas de abasto de alimentos para favorecer su consumo.

Por lo tanto, este Capítulo demuestra que los miembros de la comunidad
no actúan como meros receptores de programas sociales, sino que participan
de manera activa en su funcionamiento. Los programas sociales son apropiados, transformados y reformulados a la realidad local por los miembros de las
comunidades que los reciben (Long, 2007).

La metodología utilizada fue útil para observar detrás de las poses de los
programas de desarrollo y develar los detalles del día a día de la gente. Sigue
siendo necesario realizar estudios que partan de esta visión para conocer las
formas en que los miembros de las comunidades comprenden y viven los
programas de alimentación que reciben.

De la misma forma, es necesario examinar la manera en que los grupos
indígenas viven de manera cotidiana la política y los programas que reciben.
Los investigadores debemos ser conscientes de nuestras formas de relacio-
narnos con las personas a las que estudiamos, así como reflexionar sobre
cómo nuestras acciones y relaciones refuerzan, enmiendan, eluden o impug-
nan el sistema político de los que formamos parte (Kervliet, 2009).

En conclusión, las transformaciones alimentarias no se refieren solo a la inclusión o exclusión de platillos en la dieta de las personas sino que son una manifestación de cambios en procesos políticos, económicos y culturales de orden global y local. En la comunidad matlatzinca de San Francisco Oxtotilpan, la modernidad alimentaria promovida por los programas de abasto de alimentos no excluyó sus tradiciones. Esta modernidad fue reconfigurada y adaptada localmente, lo cual originó una forma diferente de modernidad de acuerdo con su cotidianidad y a su manera de vivir.

Literatura citada

Arce, A. y Long, N. (2000). Anthropology, Development and Modernities. Exploring discourses, counter-tendencies and violence. Ed. Routledge Tylor & Francis Group, London, 232.

Ayora, S. I. (2017). «Translocalidad, globalización y regionalismo: cómo entender la gastronomía regional yucateca» en Anales de Antropología, 51, 96-105.

Ayora, S. I. y Vagas, C. G. (2005). Modernidades locales. Etnografía del presente múltiple. Instituto de Cultura de Yucatán. Universidad Autónoma de Yucatán. México.

Bertrán, M. (2017). «Domesticar la globalización: alimentación y cultura en la urbanización de una zona rural en México» en Anales de Antropología, 51, 123-130.

De Vries, P. (1997). Unruly clients in the Atlantic zone of Costa Rica: A study of how bureaucrats try and fail to transform gatekeepers, communists and preachers into ideal beneficiaries. CEDLA, Amsterdam.

Gaceta del Gobierno del Estado de México (2016a). Acuerdo de la directora general del Sistema para el Desarrollo Integral de la Familia del Estado de México por el que se modifican las reglas de operación del programa de Desarrollo Social Desayuno Escolar Comunitario http://legislacion.edomex. gob.mx/sites/legislacion.edomex.gob.mx/files/files/pdf/gct/2016/mar084. pdf [13 de marzo de 2017].

Gaceta del Gobierno del Estado de México (2016b). Acuerdo del vocal ejecutivo del Consejo Estatal para el Desarrollo Integral de los pueblos indígenas del Estado de México, por el que se modifican las reglas de operación del programa de Desarrollo Social Apadrina a un Niño Indígena. http://legislacion.edomex.gob. mx/sites/legislacion.edomex.gob.mx/files/files/pdf/gct/2016/ene295.pdf [13 de marzo de 2017].

Gaceta del Gobierno del Estado de México (2016c). Acuerdo de la Vocal Ejecutiva del Consejo Estatal de la mujer y bienestar social, por el que se modifican las reglas de operación del Programa de Desarrollo Social Gente Grande. http://legislacion.edomex.gob.mx/sites/legislacion.edomex.gob.mx/files/files/pdf/gct/2016/ene295.pdf [13 de marzo de 2017].

Gallina, A. y Verrier, R. (2006). Actores, Agencia y Etnografía: el Análisis de Interfases y la Extensión Rural Publicado en Poder y participación en la era de la globalización. Ediciones Trilce, Montevideo.

García, N. (1990). Culturas híbridas. Estrategias para entrar y salir de la modernidad. Editorial Grijalbo, México.

García, A. (2004). Matlatzincas, Pueblos Indígenas del México Contemporáneo. Comisión Nacional para el Desarrollo de los Pueblos Indígenas / Programa de las Naciones Unidas para el Desarrollo, México.

Gracia-Arnaiz, M. (2007). «Comer bien, comer mal: la medicalización del comportamiento alimentario» en Salud Publ Mex, 49, 236-242.

Hammersley, M. y Atkinson, P. (2009). Ethnography. Principles in practice. Ed. Routledge Tylor & Francis Group, London.

Hevia, F. (2009). «Mecanismos de participación ciudadana y control social en los programas de transferencia condicionada de renta en México y Brasil, un análisis comparado» en Nómadas, Revista Crítica de Ciencias Sociales y Jurídicas, 22, 1-20.

Hobsbawm, E. y Ranger, T. (2002). La invención de la tradición. Ed, Critica Barcelona.

INEGI (Instituto Nacional de Estadística y Geografía) (2010). Censo de población y vivienda 2010. Principales resultados por localidades.

Kerkvliet, B. (2009). «Everyday politics in peasant societies (and ours)» .En J Peasant Stud, 36(1), 227-243.

Laplantine, F. (2004). A descrição etnográfica. Tradução de João Manuel Ribeiro Coelho e Sergio Coelho. Terceira Margem, São Paulo.

Le Bihan, G., Delpeuch, F. y Maire, B. (2002). Alimentación, nutrición y políticas públicas. Instituto de Investigación para el Desarrollo, Montpellier, Francia http://infotek.alliance21.org/d/f/1048/1048_SPA.pdf [04 de noviembre de 2017].

Long, N. (2007). Sociología del desarrollo. Una perspectiva centrada en el actor. Centro de Investigaciones y Estudios Superiores en Antropología Social, México.

Long, N. y Van der Ploeg, J. D. (1989). «Demythologizing planned intervention: An actor perspective» en Sociol Ruralis, 29, 226-249.

Mauss, M. (2009). Ensayo sobre el don: Forma y función de intercambio en las sociedades arcaicas. Kats Editores, Argentina.

Millán, P. (2014). Terminar con el hambre: seis políticas públicas claves. Editorial de la Universidad Católica Argentina, Buenos Aires, 276.

Mintz, S. (2003). Sabor a comida, sabor a libertad. Ediciones de la Reina Roja, México.

Sanpurin, E. (2000). Reciprocidad e intercambio en comunidades campesinas del nordeste: Massaroca (Bahia, Brasil), RIDAA, 36, 187-205.

Secretaría de Desarrollo Social (Sedesol) (2016). Lineamientos específicos del programa de comedores comunitarios para el ejercicio fiscal 2016. http://www.normateca.sedesol.gob.mx/work/models/NORMATECA/Normateca/1_Menu_Principal/2_Normas/3_Historico/2017/Lineamientos_Prog_Comedores_Comunitarios_200117.pdf [13 de abril de 2017].

Tanaka, M. y Trivelli, C. (2002). Las trampas de la focalización y la participación. Pobreza y políticas sociales en el Perú durante la década de Fujimori. Instituto de Estudios Peruanos, Perú.

Villatoro, P. (2004). Programas de reducción de la pobreza en América Latina. Un análisis de cinco experiencias. Serie Políticas Sociales. Cepal, Santiago de Chile.

Capítulo IV

Entre la milpa y la intervención estatal alimentaria: una aproximación a la perspectiva infantil mazahua desde el dibujo

Ana Karen Vázquez Hernández

Introducción

Durante el registro etnográfico en una localidad de la región mazahua en el Estado de México, se pudo presenciar las dinámicas de un comedor en una escuela primaria. En el primer acercamiento a ese espacio se observaron algunas madres de familia que fungían como cocineras, servían en platos de melamina, sopa de codito fría con crema, mayonesa y trocitos de jamón, tortitas de espinaca con chile verde, palomitas y agua simple en vasos de plástico. Al cabo de unos minutos, casi al terminar de disponer los alimentos, una de ellas se dirigió a los salones para avisar que la hora de comida había llegado.

Enseguida los profesores indicaron a los niños de su grupo salir de los salones y formarse en fila al centro de las canchas de la escuela. Los pequeños actuaban con la energía propia de su edad, gritando y moviéndose con miradas cómplices entre amigos, acción que fue reprendida con regaños por parte de los profesores, quienes trataban de manejar la situación al pedirles tomar distancia y mantener el orden. Al no lograr controlarlos en su totalidad, algunos profesores amenazaron a los niños gritándoles: «¡Si no se comportan, van a entrar al final!, síganle y se van a regresar al salón sin comer», pero la situación no llegó a mayores, ya que los demás grupos no tardaron en salir. Luego, comenzaron a entrar al comedor siguiendo el orden de los grupos, de primero a sexto grado.

Una vez adentro del amplio salón color amarillo, los niños comenzaron a tomar asiento alrededor de largos mesones de baja altura adornados con manteles de colores llamativos y protegidos con hule cristal. En las paredes de este espacio se apreciaba la palabra bienvenidos y algunos afiches del Plato del Bien Comer y la Jarra del Buen Beber.[13] El acomodo de los pequeños se procuró de acuerdo con su grado: al fondo los más pequeños, los más grandes cerca de la puerta. Al interior de ese espacio, los profesores continuaron con la vigilancia de sus alumnos y de manera constante les pedían guardar silencio y mantenerse en sus asientos.

Se advirtió que la dinámica era bien conocida por los niños, ya que la mayoría sabía a dónde dirigirse e intentaba ocupar su lugar sin arrastrar las sillas. Además, ninguno tocó los alimentos de su plato aun cuando los analizaron con curiosidad.

Una vez que todos estuvieron sentados, los profesores se pusieron de pie, señal que interpretaron los niños para levantarse y recitar en voz alta, al unísono, una oración católica para bendecir los alimentos y a las manos que los habían preparado.[14] Al concluir esta acción, los profesores movieron la cabeza indicando a los niños tomar asiento y comenzar a comer; ellos los siguieron.

---

13 Herramientas gráficas que representan los criterios de la . propuesta por el Estado mexicano, a través de los que se pretende favorecer la adopción de una dieta correcta. De acuerdo con la Norma Oficial Mexicana (NOM-043-SSA2-2012), la orientación alimentaria es definida como el «conjunto de acciones que proporcionan información básica, científicamente validada y sistematizada, tendiente a desarrollar habilidades, actitudes y prácticas relacionadas con los alimentos y la alimentación para favorecer la adopción de una dieta correcta en el ámbito individual, familiar o colectivo, tomando en cuenta las condiciones económicas, geográficas, culturales y sociales».

14 De acuerdo con las cocineras, los menores aprendieron a dar «gracias por la comida» por los promotores de *World Vision,* una organización global cristiana de servicios sociales enfocada en la protección de niños y niñas en situación de vulnerabilidad con presencia en el área de estudio. Otras personas, como la directora, adjudicaron dicha práctica al trabajo de los misioneros católicos que cada año llegan a la localidad.

De forma indistinta, estudiantes y docentes comieron la misma comida y en la misma cantidad. En inicio, por encomienda de los docentes, los niños ingirieron los guisados, para ello «echaron taco. con las tortillas que yacían al centro de la mesa, envueltas en servilletas hábilmente bordadas por las mujeres de la localidad. Sin excepción, los chicos mostraron su agrado por las tortillas de maíz nixtamalizado y ese alimento pronto se agotó, ocasionando que algunos docentes enviaran a uno de sus alumnos a pedir más en la cocina ubicada en el edificio contiguo.

Durante el tiempo que duró la comida, no más de 30 minutos, los profesores mantuvieron su postura al procurar que la actividad se realizara en silencio, pero eso no evitó que se escucharan cuchicheos por parte de los chicos. A pesar de los susurros y las risas sutiles, los pequeños terminaron la comida de sus platos y enseguida se les autorizó comer el postre: las palomitas de maíz. Al terminar, pidieron a sus profesores permiso para retirarse. Al hacerlo, cada uno llevó sus trastes sucios a los canastos ubicados estratégicamente en la entrada de la puerta y salieron a jugar en el patio de la escuela hasta que el sonido de la chicharra les indicó regresar a sus salones.

La situación descrita líneas arriba da muestra de la experiencia alimentaria de niñas y niños indígenas en un contexto escolar durante la puesta en marcha de un programa social en México. En el caso mencionado, es posible visibilizar el énfasis que la intervención alimentaria en México tiene sobre la población infantil e indígena, quienes se han estipulado como público objetivo de sus acciones y se les han inculcado formas de sensibilidad, modos de ser y de estar con otros al controlar qué, cómo, cuánto, con quién y dónde comen (Ibáñez y Huergo, 2012; Vázquez, 2019).

El Servicio de Alimentación al que se hace referencia formó parte del ahora extinto Programa de Escuelas de Tiempo Completo (PETC), cuyo objetivo radicó en «mejorar la calidad de los aprendizajes de las niñas y los niños en un marco de diversidad y equidad, y propiciar el desarrollo de las competencias para la vida y el avance gradual en el logro del perfil de egreso de la educación básica».[15] La composición de esta iniciativa se influenció

---

15 Gobierno del Estado de México. http://escuelascalidad.edomex.gob.mx/programa_escuelas_tiempo_completo

ampliamente por iniciativas como Hambre Cero. de la Organización de las Naciones Unidas (ONU) y América Latina y Caribe sin Hambre, de ahí que en ella se reprodujera el enfoque de seguridad alimentaria, enfocándose en el acceso físico y económico a alimentos suficientes, inocuos y nutritivos (FAO, 1996).

De acuerdo con los lineamientos de operación de este programa, el Servicio de Alimentación buscó favorecer la alimentación correcta de alumnas y alumnos considerando el aporte calórico, las condiciones de vida, los nutrimentos necesarios y las medidas de higiene.[16] No obstante, en su operación no se hizo caso de la dimensión social y cultural de la comida del pueblo mazahua del que estos niños forman parte.

Consciente de esta situación durante el registro etnográfico en esa institución, el acercamiento con niñas y niños buscó conocer su perspectiva sobre la comida dentro y fuera del espacio controlado que representaba la escuela. Para conocer más sobre sus dinámicas de consumo alimentario, se realizaron con ellos encuestas, entrevistas y ejercicios. Una de las actividades más prolíficas consistió en pedirles que dibujaran los espacios donde sus familias obtenían sus alimentos y enlistar los insumos que ahí conseguían. En sus bocetos plasmaron la laguna, el monte, algunas tiendas y la milpa, siendo la última la más extensa y minuciosamente representada.

En consideración a los detalles observados en sus dibujos y a sus posteriores reflexiones, en el presente texto se busca mostrar los conocimientos que estos sujetos sociales tienen sobre los cambios en la agricultura de su comunidad y su experiencia alimentaria frente a formas de sensibilidad, modos de ser y de estar, que les son inculcadas en instituciones educativas.

La información que da forma al presente texto es resultado de la investigación realizada en Calvario del Carmen, localidad del municipio San Felipe del Progreso, una de las jurisdicciones del Estado de México con los índices

---

16 Lineamientos para la organización y el funcionamiento de las Escuelas de Tiempo Completo, Primaria. Disponible en línea: https://educacionbasica. sep.gob.mx/multimedia/RSC/BASICA/Documento/201801/201801-RSC-VlSdPFfUfx-2.LINEAMIENTOSPRIMARIA.pdf

más altos de pobreza alimentaria (CONEVAL, 2016).[17] Históricamente sus habitantes, en su mayoría *jñatjo* (mazahuas), han padecido mayores rezagos respecto a las condiciones educativas, de salud y alimentarias.[18]

De acuerdo con los indicadores utilizados por la Secretaría de Salud Pública, como el peso y la estatura, un alto porcentaje de la población infantil de este municipio padece desnutrición. Así que, basándose en mediciones de pobreza, el Consejo Nacional de la Evaluación de la Política de Desarrollo Social (CONEVAL) ha identificado a San Felipe del Progreso como una Zona de Atención Prioritaria (ZAP) y algunas de sus localidades han sido acreedoras a distintos programas sociales. Tal es el caso de Calvario del Carmen que se ha reconocido con un grado de marginación muy alto y ha sido acreedora de varias iniciativas, como el PETC al que se refiere este escrito.[19]

Antecedentes

El acercamiento a la problemática de estudio se realizará desde el enfoque de la antropología de la alimentación. La atención se centra en la dimensión social de los alimentos, es decir, cómo se construye social y culturalmente la comida (Corona, 2012). Bajo esta perspectiva, busca ahondar en por qué la gente come lo que come y por qué un grupo selecciona unos alimentos sobre otros, eso es profundizar en las significaciones que los sujetos sociales hacen

---

17   La pobreza alimentaria es definida por la CONEVAL como la incapacidad para obtener una canasta básica alimentaria, aun si se hiciera uso de todo el ingreso disponible en el hogar para comprar solo los bienes de dicha canasta. http://www.coneval.gob.mx/

18   De acuerdo con los datos del INEGI 2015-2016, la población de este municipio alcanzaba los 134,143 habitantes, de los cuales un 79.59% son indígenas mazahuas. http://cuentame.inegi.org.mx/monografias/informacion/mex/poblacion/default.aspx?tema=me&e=15

19   En el catálogo de localidades se identifica a Calvario del Carmen como beneficiaria del Programa para el Desarrollo de Zonas Prioritarias, dicho programa busca la integración de zonas marginadas a procesos de desarrollo. http://www.microrregiones.gob.mx/catloc/LocdeMun.aspx?tipo=clave&campo=loc&ent=15&mun=074

de su comida, aun cuando existan poderes estructurales como la política alimentaria de nuestro país, que inciden en sus prácticas alimentarias.

Alimentación, comida e infancia

Niñas y niños son seres que por tradición son dejados de lado en la producción antropológica, «así como en el desarrollo de las técnicas o los métodos usados por la disciplina» (Pachón, 2009). De acuerdo con Schwartzman (2001), se desconoce «la forma en cómo los niños actúan en cuanto a creadores activos e intérpretes de su mundo social» (p. 28). Esto se debe a que desde la perspectiva del «centramiento adulto» se ha filtrado el pensamiento de los niños a través del punto de vista de los mayores, lo que ha llevado a considerar a los primeros como pasivos frente a los segundos.

No obstante, en trabajos recientes, este inconveniente ha comenzado a ser superado y se reconoce que los niños se ven afectados por las prácticas cotidianas de sus culturas y por las estructuras globales político-económicas. Al respecto, se encontró el trabajo de Vizcarra y Marín (2006) sobre la participación de niñas y niños mazahuas en la economía de subsistencia de los hogares rurales, en el que analizan las asociaciones genéricas femeninas y masculinas asociadas a las actividades de los pequeños. De manera similar, se encontraron otros trabajos en los que la alimentación infantil se ha constituido como objeto de estudio, en estos se plantean las problemáticas de salud que los niños padecen a raíz del consumo de alimentos, como sobrepeso, obesidad, desnutrición, diabetes *mellitus* y enfermedades cardiovasculares (Piagio, 2011; Ríos, 2016), y se han buscado vías para comprender y modificar los patrones alimentarios.

Entre los aportes a esta temática se observa una distinción importante entre el ámbito familiar y escolar, siendo el último el que más se ha trabajado por ser objeto de la intervención alimentaria, es decir, por ser un espacio en el que se busca prevenir o reducir la malnutrición y promover estilos de vida saludables entre grupos vulnerables (Molina et al., 2018). Al respecto se reconoce que en los espacios educativos los patrones de consumo de los alumnos se caracterizan por «una ingestión abundante de grasas, azúcares y sodio, y deficitaria en nutrimentos esenciales —como calcio, hierro, zinc o vitamina C— y fibra» (Piagio, 2011).

Sobre el hecho del comer en el contexto escolar, se ha propuesto hablar sobre la «comensalidad escolar infantil» para referirse a la manera en que los niños perciben y experimentan sus sensaciones con relación a qué, cómo y por qué lo prefieren comer (Ríos, 2016). Asimismo, se reconoce que las pedagogías escolares racionalizan y moralizan el comportamiento de los niños mediante el aprendizaje de reglas de comportamientos, hábitos alimenticios y de la valoración moral y estética de los alimentos (Calero, 2012).

En consideración a los avances enunciados en materia de alimentación infantil y a la intervención estatal que caracteriza la problemática de estudio, el presente trabajo pretende deslindarse del enfoque adulto-céntrico y considerar la perspectiva de niñas y niños, tanto en el espacio escolar como en el familiar, pues en ambos espacios «niñas y niños pasan por una serie de rituales y de procesos en los que se encuentran en constante aprendizaje» (Vizcarra y Marín, 2006).

Asimismo, se recupera la invitación de Elsie Rockwell (2005) en cuanto a analizar las prácticas y formas de apropiarse de aquello que se impone ya que las «nuevas generaciones se apropian, seleccionan y utilizan, fragmentos particulares de cultura encontradas en su radio de acción» y en este proceso «los hacen suyos, los reordenan, los adaptan a nuevas tareas, y además los transforman de muchas maneras» (*Ibid.*, 2005).

Análisis antropológico del dibujo

En el oficio antropológico, los dibujos raramente han sido considerados objetos de conocimiento relevantes o modos de indagación distintivos (Estalella, 2020). Por el contrario, se han quedado marginados a las hojas del diario de campo de los etnógrafos o bien se han incluido en sus trabajos, pero solo como ilustraciones que acompañan a los textos. El uso limitado de los bocetos y su descuido representa una ventana por explorar, ya que en ellos se encuentran grandes posibilidades para la reflexión antropológica: en la práctica de dibujar hacemos, observamos y describimos la realidad que nos rodea.

Con eso en mente en este trabajo, se recuperan los aportes de Taussig (2011), para quien los dibujos intervienen en el cálculo de la realidad de manera que la escritura y la fotografía no, porque los dibujos aparecen como fragmentos siempre inacabados y en eso radica su potencial. Para este autor, la dinámica de la mirada sobre el dibujo permite ampliar la imagen y dar cuenta de los rasgos imperceptibles a primera vista. Asimismo, se toman en cuenta los aportes de Alexandra Middleton (2020), quien se preocupa por las posibilidades prácticas del boceto desde la experiencia incorporada. Para esta autora, el boceto posibilita cinco aperturas: la inoculación contra la teoría, la actividad contra el aburrimiento paliante, como rutas alternativas a la proximidad y la intimidad, como una mirada extendida y nuevas temporalidades, y para capturar el mundo terrenal de otro mundo.

Consciente de la potencialidad metodológica del acto de dibujar, esta investigación incluye su análisis con la intención de captar lo presente y movilizador, lo personal y subjetivo del investigador (Williams, 1997) y, a la vez, profundizar en las maneras en que los sentidos y las emociones están implicados y/o evocados en los lugares que ocupan los cuerpos de los interlocutores (Hemer, 2016).

Metodología

Esta investigación enfatiza en la postura *emic*, que se fundamenta en señalar los principios lógicos de la cultura estudiada desde una perspectiva interna por medio de una interpretación de las reglas y categorías del grupo estudiado. Asimismo, toma en cuenta el análisis desde la «reflexividad» (Guber, 2004). El registro etnográfico se realizó en Calvario del Carmen, localidad al suroeste de San Felipe del Progreso, a 19 km de la cabecera municipal. De acuerdo con la pirámide poblacional del Instituto de Salud del Estado de México, hasta el 2018 su población ascendía a 3,542: 1,502 hombres y 2,040 mujeres, la mayoría indígenas mazahuas.[20]

---

20 Datos obtenidos de la Pirámide Poblacional realizada en 2018 por enfermeras del Instituto de Salud del Estado de México, Jurisdicción Sanitaria Ixtlahuaca.

En un primer momento se realizó un recorrido en Calvario del Carmen, con la intención de reconocer las actividades económicas y las prácticas sociales más relevantes de sus habitantes, entre ellas, la alimentación. Con esto en mente, a través de la observación del paisaje, se fueron reconociendo aspectos relevantes de su proceso alimentario, cómo y dónde se distribuían —y obtenían— los insumos, los lugares en que se preparaban los alimentos y los espacios destinados al consumo de la comida. Esto permitió identificar la existencia de espacios físicos en donde la política alimentaria se llevaba a la práctica, como es el caso del comedor del PETC en la escuela primaria Carlos Monsiváis, lugar en el que se realizó el registro etnográfico de enero a marzo de 2019.

La entrada en las actividades del comedor fue bajo el papel de voluntaria y, luego de mes y medio, se priorizó el acercamiento con los estudiantes, niñas y niños de 6 a 11 años.

Durante la experiencia situada en esa escuela, se realizó una etnografía institucional de la intervención alimentaria (Escobar, 1996; Carrasco, 2007; Vázquez, 2017), es decir, se indagó en cómo los sujetos que participaron del programa vivenciaron los procesos de la intervención estatal alimentaria, es decir, cocineras locales, intermediarios del Estado y estudiantes.

A lo largo del presente documento se atienden las experiencias de los últimos, sujetos sociales con los que se realizaron encuestas y se estableció un diálogo a través de entrevistas abiertas y semiestructuradas sobre sus prácticas alimentarias.

Además, con ellos se desarrolló una dinámica de trabajo de tres sesiones en las que se exploró su experiencia en los comedores, se establecieron dinámicas de dibujo sobre los espacios en que sus familias obtienen sus alimentos y se discutieron sus creaciones entre sus compañeros. Este escrito se enfoca en los dibujos que realizaron niñas y niños de 8 y 9 años (de tercer y cuarto grado), en la temática mayormente explicitada: la milpa familiar.

La selección de estos esbozos se relaciona con el hecho de que el acercamiento con estos niños sobrepasó los límites de la escuela y, de forma eventual, se registraron sus actividades al interior de sus hogares. En ese sentido, el desarrollo del trabajo de campo con los niños actuó como técnica de bola de nieve para vincularme con otros miembros de su grupo social.

Dibujar es un acto reflexivo *a priori*, su construcción —por más sencilla que aparente ser— involucra una combinación de referentes y experiencias individuales y colectivas, de manera que este ejercicio reúne toda una serie de conocimientos previos. Al contar con estas características, el boceto puede constituirse como una fuente de investigación y, en ese sentido, debe analizarse de manera crítica. Con ello, debemos cuestionarnos sobre ¿dónde estaban los niños cuando dibujaron?, ¿qué herramientas utilizaron?, ¿por qué dibujaron?, ¿quién se los solicitó?, ¿qué se plasma en esos dibujos?

Al respecto, es importante mencionar que el presente trabajo con los niños se inició dentro de las aulas de clase. Ahí, con autorización de la directora del plantel y de los padres de familia, se estuvo una —y hasta dos horas— con cada grupo sin presencia de los docentes, situación que facilitó el trabajo con los niños para que ellos se sintieran libres sin su vigilancia. Las actividades se realizaron con hojas blancas, tamaño carta, que se les otorgó y con los lápices, plumas y colores de su propiedad.

Los dibujos

En la primera sesión se les platicó sobre la comida del comedor de la escuela; ellos eligieron hablar sobre los guisados que les agradaban y los que no. Entre los primeros se mencionaron principalmente postres: galletas con cajeta, arroz con leche, gelatinas, flanes y palomitas. Entre los segundos, guisados con salsas cremosas como lasaña, caldo de tomate, pescado con salsa, crema de chipotle. Además del gusto por la comida, en esa reunión señalaron cosas de la organización con las que no estaban de acuerdo. Al respecto, dieron respuestas similares: «No me dejan comer junto a mi hermanito» (Javier, comunicación personal, 2019). «No puedo hablar cuando como, ni cuando digo que está rico» (Jair, comunicación personal, 2019). «No nos quieren dar más tortillas» (Elsa, comunicación personal, 2019).

En la segunda sesión se optó por platicar sobre la comida fuera de la escuela. Para ello se propuso una dinámica de dos partes: primero, se les pidió que dibujaran los espacios en que sus familias obtienen sus alimentos. Esta actividad fue muy bien recibida, la mayoría sacó sus colores para darles detalles a sus creaciones e incluso algunos se quejaron de la falta de espacio.

En sus bocetos ilustraron la laguna de Tepetitlán, el monte, algunas tiendas y la milpa. Después, se les pidió enunciar en otra hoja los alimentos que obtenían de ese espacio. En ese momento se dio una dinámica interesante, pues empezaron a ayudarse entre todos gritando los ingredientes y, además de escribirlos, continuaron detallando sus bosquejos. Por ejemplo, algunos agregaron acociles y charales en su dibujo de la laguna, otros, unos hongos en sus bocetos del monte.

La tercera sesión consistió en platicar sobre sus dibujos, estrategia a la que se recurrió porque la mayoría de sus ilustraciones se centraban en la milpa, a las que además daban mayor detalle. Entre todos comentaron los dibujos de sus compañeros y las temáticas que más identificaron fueron: la demarcación territorial, los cambios en la composición de la milpa, la ubicación espacial dentro de la comunidad, la centralidad del maíz y la noción del tiempo relacionada al crecimiento del mismo. A continuación, se muestran algunos de sus dibujos que explicitan estas temáticas.

La demarcación territorial estuvo presente en la mayoría de sus bosquejos. En inicio fue interesante observar que sus dibujos plasmaban parcelas en forma de figuras geométricas, cuadrados, rectángulos y, en ocasiones, algunas con forma de L. Al preguntar a los pequeños por esta situación, señalaron haber dibujado las milpas de sus familias y, por lo tanto, la figura atendía a los límites de la propiedad de la tierra. En el caso del Dibujo 1, Lizbeth Alberto reconoció que antes su milpa era cuadrada, pero su familia construyó un local comercial en la parte superior derecha que da a la carretera. Al respecto, uno de sus compañeros refirió haber conocido la milpa cuando aún estaba «entera».

Dibujo 1. Lizbeth Alberto, 2019

Cambios en la composición de la milpa. En los bocetos de los niños se observaron distintos tipos de milpas. En algunos se representó a la milpa como policultivo al incluir maíz, calabaza y frijol (Dibujo 2); en otros, a manera de monocultivo, representando solo maíz (Dibujos 4, 6, 7 y 9); y, en otros casos, se plasmaron nuevos cultivos y técnicas de producción agrícola. Por ejemplo, el Dibujo 3 se ilustra el interior de un vivero de hortalizas, cuyo principal cultivo es la zanahoria.

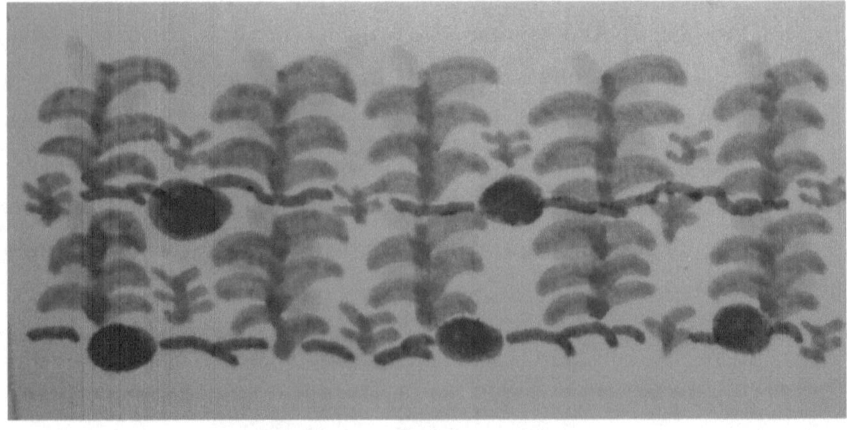

Dibujo 2. Dervin Carpio, 2019

Dibujo 3. Octavio Martínez, 2019

Diferentes perspectivas en el dibujo. En los dibujos de los niños es fácil advertir una perspectiva distinta que refiere al espacio que ocupa la milpa con respecto a la mirada de cada pequeño. La mayoría plasmó sus milpas desde una vista aérea (Dibujos 1, 2, 4, 5, 8 y 9) que responde a la ubicación de sus casas en la parte media de los lomeríos, a las que acceden descendiendo desde el centro de la localidad. Otros la plasmaron desde una perspectiva frontal (Dibujos 3 y 6) y solo una desde una perspectiva exterior a partir del encuadre de una ventana (Dibujo 7).

Al respecto, Lidia (Dibujo 7) mencionó lo siguiente: «Yo la dibujé de la casa de mi abue, donde vivo con mi mamá. Cuando nos sentamos a comer está una ventana y de ahí vemos la milpa, a veces pasan las gallinas con sus pollitos, pero cuando crece ya no vemos más que verde» (comunicación personal, febrero 2019).

Dibujo 4. Ximena Carpio, 2019

Dibujo 5. Adali Camacho, 2019

La centralidad del maíz y su derivación: es el elemento central en las milpas dibujadas por los niños fue el maíz, lo que habla de la importancia de este cereal en el cultivo agrícola de la localidad. Incluso, en algunos dibujos se incorporaron tortillas, principal alimento de los habitantes de Calvario (Dibujo 7).

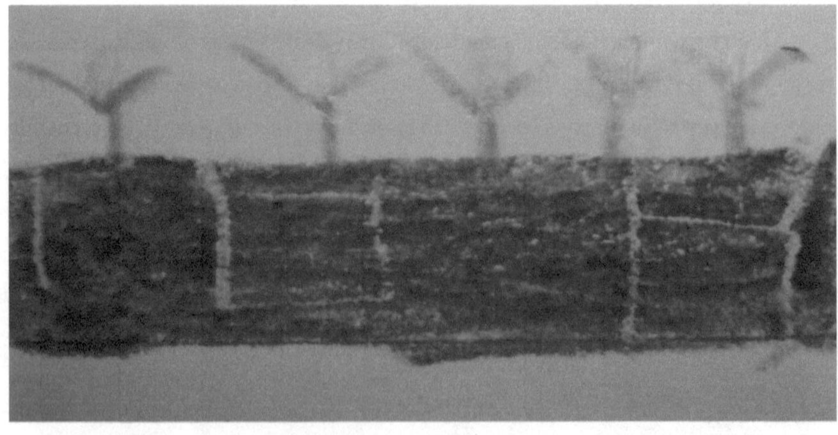

Dibujo 6. Kimberly Mejía, 2019

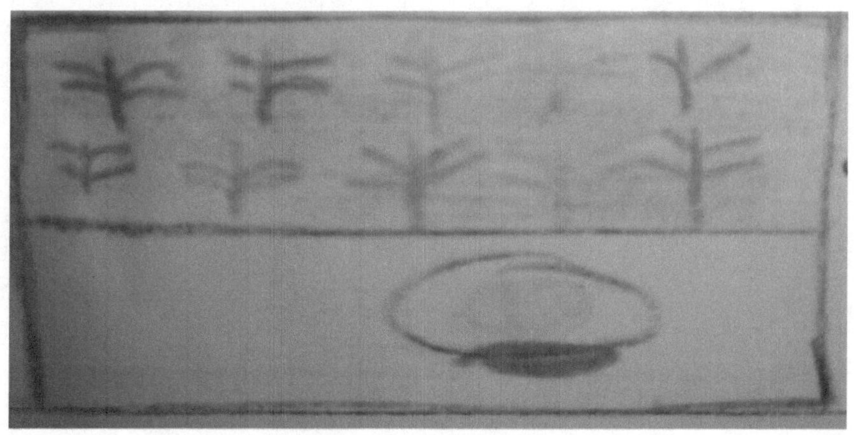

Dibujo 7. Lidia Mejía, 2019

La noción del tiempo: es otro elemento que pudo observarse en sus ilustraciones. Los niños plasmaron diferentes etapas del crecimiento del maíz; de manera visual fue posible identificar el brote de la planta (Dibujos 7, 8 y 9), el crecimiento de la caña (Dibujo 5) y el fruto del elote (Dibujos 2, 4 y 6). Al comentarles las impresiones aclararon que algunos dibujos hacían referencia al maíz (porque ya estaba maduro) y no al elote.

Para muestra el caso de Kimberly, quien sobre su dibujo aclaró: «En el mío ya es maíz (Dibujo 6), por eso ya no hay quelites alrededor, ya dejó de llover» (comunicación personal, 2019). Sobre la noción del tiempo, también identificaron periodos de descanso de la tierra (Dibujo 8).

Dibujo 8. Saúl Sánchez, 2019

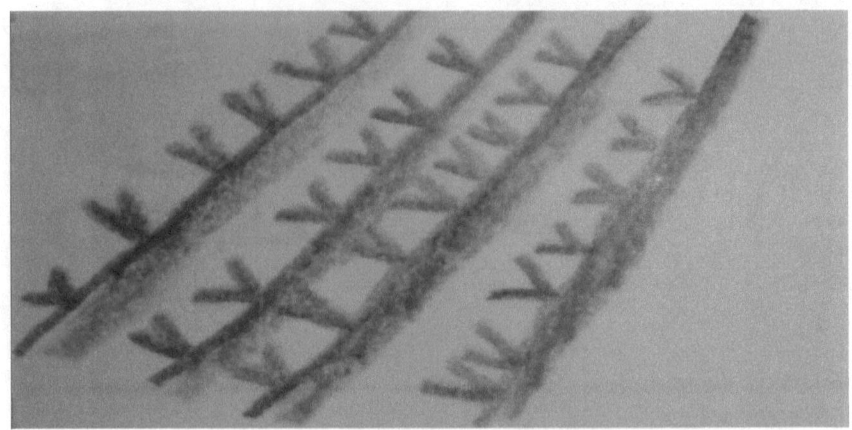

Dibujo 9. Wendy Quetzali Segundo, 2019

Entre la milpa y la intervención alimentaria

Es innegable el papel que el Estado mexicano ha tenido en la experiencia alimentaria de niñas y niños mazahuas a través de las escuelas, donde se circulan conocimientos sobre la alimentación que influyen en su formación del gusto y se racionaliza y moraliza su comportamiento. No obstante, luego de dialogar, compartir experiencias y reflexionar sobre los dibujos de estos sujetos sociales, es posible rechazar la idea de pensarlos como seres pasivos. En este apartado se reflexiona en lo que dicen los dibujos de la experiencia de los sujetos y de su entorno social.

Para ello, el enfoque será en tres elementos que los pequeños evidenciaron a partir de sus experiencias escolares y familiares sobre la comida, que son las dinámicas de consumo en la escuela, articuladas a su entorno social y cultural inmediato, al sistema alimentario de su localidad y las modificaciones en las prácticas agrícolas de su comunidad.

Intervención alimentaria infantil

Diversos autores han señalado que con la apertura al mercado internacional y el auge de organismos supranacionales el Estado se ha disuelto, retirado o adelgazado. De manera que, como señala Appadurai (1997), el surgimiento de grandes fuerzas transnacionales ha socavado la integridad territorial de las naciones. Como resultado, las declaraciones, los pactos y las recomendaciones de instituciones supranacionales han influido, entre otras cosas, en la construcción de políticas públicas entre las naciones. En efecto, se ubican dos grandes discusiones internacionales que han influido en la construcción de políticas alimentarias en México: el enfoque de los derechos humanos y el interés en el desarrollo económico, cuyos intereses generalmente van de la mano.[21]

En concreto, desde el siglo XXI los objetivos de las políticas y los programas sociales en México se han enfocado en la promoción de la educación para la salud en materia alimentaria para favorecer una dieta correcta en el ámbito individual, familiar o colectivo (Suárez, 2016).[22] Todo ello, sin considerar la perspectiva sociocultural del fenómeno alimentario y las historias particulares de las regiones que conforman el territorio nacional, tal fue el caso del PETC.

En el caso del presente estudio, es posible identificar que la alimentación infantil en la escuela es una actividad controlada y vigilada. Además, en ese espacio los pequeños son expuestos al consumo de alimentos procesados y ultraprocesados que reflejan el interés de la política alimentaria en México sobre la disponibilidad y acceso de los alimentos. Al respecto, llama la atención el gusto que los niños han desarrollado por alimentos dulces y salados,

---

21 Sobre el enfoque de los derechos humanos, véase: Declaración de los Derechos Humanos de 1848; la Declaración sobre la Protección de la Mujer y el Niño en Estados de Emergencia o Conflicto Armado de 1974; la Declaración de los Derechos del Niño de 1959 y la Convención Sobre los Derechos de los Niños aprobada en 1989. Sobre el desarrollo económico, véase: el artículo 10 de la Declaración sobre el Progreso y el Desarrollo en lo Social, proclamada en 1969; la Declaración Universal sobre la Erradicación del Hambre y la Mala Nutrición de 1974; la Declaración sobre el Derecho al Desarrollo aprobada en 1986.

22 En la Norma Oficial Mexicana para la promoción y educación para la salud en materia alimentaria NOM-043-SSA2-2012, la alimentación correcta se refiere a los «hábitos alimentarios que, de acuerdo con los conocimientos aceptados en materia, cumplen con las necesidades específicas en las diferentes etapas de la vida, promueve en los niños y niñas el crecimiento adecuado y en los adultos permite conservar o alcanzar el peso esperado para la estatura y previene el desarrollo de enfermedades».

como es el caso de los postres, entre ellos galletas con cajeta, arroz con leche endulzado con leche condensada, gelatinas de varios sabores, flanes de caja y palomitas empaquetadas.

Por otra parte, es relevante mencionar que los alimentos que a ellos no les agradan tienen características que contrastan con la dieta habitual de sus familias. Por ejemplo, las salsas cremosas elaboradas con crema, mantequilla y saborizantes artificiales, ya que a su parecer «saben muy falso» (Evelyn, 9 años, comunicación personal, 2019). «Son muy pesadas» (Ximena, 9 años, comunicación personal, 2019). Y «no están sabrosas como las salsas caldosas de aquí» (Linda, 8 años, comunicación personal, 2019).

Además de la comida, las dinámicas de consumo impuestas en el comedor escolar son otro aspecto de disgusto de los pequeños. Al acercarse a los hogares de algunos, fue evidente que las dinámicas de consumo familiar son muy contrastantes. En casa comen todos juntos alrededor de la comida, es raro que se les sirva por separado y en su lugar cada uno se prepara tacos de la comida de un solo recipiente. La hora de comida en casa también es un momento en el que se platica sobre el día de cada uno y se planean las actividades del día siguiente. Es por ello que a los pequeños les disgusta que en el comedor escolar no puedan sentarse junto a sus hermanos o que deban guardar silencio.

Un elemento común en el comedor escolar y los hogares de los pequeños es la preparación y consumo de tortillas de maíz nixtamalizado, con la diferencia del origen y calidad de las semillas. En los hogares de los pequeños, sus madres utilizan diferentes razas de maíz criollo (azul o prieto, blanco y rojo) y mejorado para la preparación de tortillas. A diario preparan el nixcome,[23] van al molino, le dan una segunda molienda con el metate y preparan tortillas en el fogón y estufas de leña y gas.

---

23 Nixcome o nixcomel, en el término local, hace referencia al proceso de cocción de los granos de maíz con cal. A través de esta preparación se suavizan los granos y se aflojan las cáscaras para facilitar su manipulación. Estudios recientes han demostrado que este proceso beneficia la asimilación del maíz al cuerpo humano (véase, por por ejemplo, *La nixtamalización y el valor nutritivo del maíz* [2009], Paredes, Guevara y Bello).

Para el caso del comedor escolar, se utiliza maíz blanco importado de Estados Unidos que les hace llegar el coordinador del servicio. Las tortillas en ese espacio llevan la misma preparación, salvo que se omite el segundo molido en el metate y se preparan en estufa de gas. La incorporación de tortillas nixtamalizadas es la única consideración cultural incluida en la puesta en marcha del PETC, pero al no incluir semillas de la región, los ingredientes utilizados no son culturalmente apropiados.

De la experiencia en el comedor escolar, niñas y niños han apropiado, seleccionado y utilizado fragmentos para adaptarlos a su vida familiar. A través de la transmisión de conocimientos de generaciones anteriores, como sus madres y abuelas, han alterado los modelos verticales de socialización. De manera que la información que obtienen en la ETC Carlos Monsiváis sobre la alimentación correcta, ha tratado de ser incluida a las dinámicas familiares.

Por ejemplo, han pedido a sus madres incluir en sus preparaciones diferentes proteínas animales porque así lo dice el Plato del Bien Comer. Al respecto, se encontró relación con los señalamientos de Rockwell (2018) sobre que «los niños pueden apropiarse espacios, tiempos, palabras y saberes en la escuela» (2018:245). Ellos «toman para sí mismos lo que quieren, lo que les interesa o conviene, lo mezclan con lo que ellos traen de por sí y lo transforman para poder comprenderlo» (Rockwell 2018:247).

El sistema alimentario de Calvario del Carmen

El sistema alimentario refiere a las «redes complejas de producción, distribución, venta, comercialización, procesamiento y preparación que moldean lo que comemos, de dónde proviene y cuánto cuesta» (Gálvez, 2022:32). Estos elementos son interdependientes y corresponden a una determinada población en un espacio-tiempo (Fonte, 2002). En la bibliografía existente sobre alimentación mazahua se ha resaltado que esta tiene como base los productos agrícolas, de traspatio, de recolección y de pesca (Vizcarra, 2002 y 2019; Torres, 2016), a los que han tenido acceso a ellos por las condiciones ecológicas de su territorio y, desde el último siglo, de insumos industrializados.

Para el caso de Calvario del Carmen, la comprensión del sistema alimentario se enriqueció con la mirada de niñas y niños del lugar, quienes identificaron espacios de obtención de distintas especies aptas para el consumo, lo que nos habla de su propio reconocimiento del entorno, elemento central para la obtención de los alimentos entre los mazahuas. Esta localidad se encuentra en un valle al costado de la presa de Tepetitlán y entre lomeríos de mediana altura, a 2,540 msnm en las elevaciones del eje volcánico transversal.

Dada la amplitud de su territorio se encuentra dividida administrativamente en cinco barrios: Barrio Centro, Barrio San Pedro, Barrio Mesa del Picacho, Barrio Ranchería, Los Cedros y Barrio del Calvario. La mayoría de los niños viven en Barrio Ranchería y en Barrio Centro, y todos reconocieron la laguna, el monte, las tiendas y la milpa como lugares en los que ellos y sus familias obtienen alimentos a partir de diferentes actividades como labores agrícolas, pastoreo, pesca, selección y recolección, y transacciones monetarias.

Sobre la laguna, nombre con el que reconocen al encharcamiento de las tierras ejidales sucedido por la construcción de la presa de Tepetitlán en 1964, reconocen la existencia de charales, acociles, carpas y lubinas. Las primeras dos especies son recolectadas y pescadas en compañía de sus mamás cuando las acompañan a lavar al río. En cuanto a las carpas y lubinas, los pequeños señalaron ser insumos que obtienen de los pescadores a quienes sus padres pagan en efectivo, a veces con maíz.

Sobre el monte, nombre dado al bosque, mencionaron recolectar hongos, hierbas, raíces y ramas secas para dar cocción a sus alimentos. Para obtener estos insumos, reconocieron ir acompañados de sus madres y abuelas, siendo las últimas las que más saben sobre hongos y hierbas curativas. Otros pequeños señalaron que los adultos les habían contado que antes podían obtener leña, pero «con la prohibición ahora solo podemos recolectar las ramas que se caen solitas de los árboles» (María, comunicación personal, 2019).

En cuanto a las tiendas, dijeron ir a comprar sopas de pasta, refrescos y chucherías. dulces, papas fritas, chocolates, casi a diario. También mencionaron a la tienda Diconsa, en la que de manera eventual compran maíz para hacer tortillas, arroz, frijoles y aceite. Los pequeños son conscientes de que la obtención de alimentos en estos espacios involucra el pago de las mercancías, así como también en las ferias y los tianguis locales en donde obtienen comida y bebida preparada: papas fritas, fideos instantáneos preparados, salchipulpos, hamburguesas, pizzas y micheladas.

Sobre la milpa, a la cual refirieron como la tierra que cultivan, la mayoría reconoció que sus familias la trabajan aprovechando el agua de lluvia. El maíz es el principal cultivo y se complementa con frijol, calabaza, chile, nopal, quelites y, en menor grado, chícharos, chile, trigo y cebada. Otros más mencionaron técnicas de cultivo con riego y el cultivo de hortalizas.

Sobre el consumo de alimentos, reconocieron su casa como el espacio primordial para esta actividad. Al respecto, llama la atención que en esta localidad la mayoría de las casas están construidas con cemento y tabique; algunas cuentan con dos pisos y loza de cemento, y reproducen estilos arquitectónicos de otras ciudades donde sus dueños trabajan como albañiles. Minoritariamente, prevalecen las construcciones en obra negra. Las casas no cuentan con drenaje, por lo que los baños son letrinas que están lejos de la casa.

Pese a la condición de las casas, en general, las cocinas conservan una estructura de adobe, algunas con piso de tierra, otras con cemento; el techo es de un agua —como se dice de manera coloquial—, regularmente de láminas de asbesto, dejando un espacio entre el techo y las paredes para que salga el humo del fogón. Es en este espacio en que las familias degustan sus alimentos.

Además, los niños mencionaron que en los patios de sus casas cuidan de borregos y aves de corral como guajolotes, gallinas y pollos, animales de quienes obtienen huevos y eventualmente sacrifican para la preparación de comida festiva. En este espacio también obtienen frutas, diferentes tipos de quelites, nopales, pulque, plantas de ornato y medicinales.

Producción agrícola: milpas familiares

De acuerdo con Tyler Adkins, colaborador de Middleton (2020), sus bocetos se constituyen como un «antídoto contra el impulso de convertir cada observación en un hallazgo o teoría». Él atribuye una inutilidad a sus dibujos, ya que se aleja de una postura instrumental. Sin embargo, su ejercicio sugiere un movimiento hacia formas expandidas y matizadas de involucrarse y experimentar el campo, lo que a la larga puede ayudar a teorizar la realidad a la que nos exponemos.

Durante la experiencia al realizar este estudio, el ejercicio de trazar imágenes en campo —en apariencia sin ninguna ambición teórica— posibilitó el acercamiento y establecimiento de un diálogo con la perspectiva de niñas y niños mazahuas para comprender sus valoraciones por ciertos ingredientes. Los bocetos de los niños sobre las milpas de sus familias se constituyen como un botón de muestra para explicitar los cambios que experimenta la agricultura en su comunidad.

Gabriela Torres (2012) ha analizado el incremento de las actividades no agrícolas entre los habitantes rurales y el cambio de las identidades sociales y políticas en el centro de México. Al respecto señala la «ruralidad desagrarizada» como un nuevo orden social, económico y político de la ruralidad mexicana que se estructura en torno al ayuntamiento constituido como el principal poder local. En su opinión: «En San Felipe del Progreso los principales recursos que se disputan hoy en día son los asociados al presupuesto del ayuntamiento y dirigidos al desarrollo urbano, de ahí que el atributo principal de la ruralidad desagrarizada en este municipio sea la urbanización» (Torres, 2012:22).

Esta situación puede percibirse en los dibujos de los niños que dan pistas sobre las modificaciones de la producción agrícola, de la urbanización y de los cambios en los modos de vida de sus familias. Uno de los aspectos que más llamó la atención al volver a Calvario del Carmen, luego de la anterior visita en 2018, fue el hecho de que los nopales y los magueyes habían sido sustituidos por cercas de madera y metal para delimitar la propiedad privada. Al preguntarle a la gente sobre dichos cercamientos respondieron, entre otras cosas, que «cada vez hay menos tierra, cada vez cuesta más respetar los límites» (Doña Juana, 50 años), de manera que estas resoluciones pretenden aminorar las problemáticas al respecto.

Otra observación en los dibujos de los niños da pistas sobre el cambio en la producción agrícola. En efecto, en su localidad se mantiene la producción agrícola milpera por temporal, siendo la «temporada de verde» o la época de lluvias el momento más productivo. En esta localidad, el maíz es el principal cultivo y en algunos lugares se complementa con frijol, calabaza, chile, nopal, quelites y, en menor grado, trigo y cebada. No obstante, es relevante el hecho de que las milpas familiares vayan mutando hacia monocultivos en donde el maíz es la única especie sembrada y que el uso de agroquímicos afecte a otras variedades de gran valor cultural, como los quelites.

Asimismo, es posible observar que el tradicional asentamiento poblacional disperso que tiene como eje la milpa va dando paso a parcelas con invernaderos de reciente introducción, en los que se cultivan hortalizas para el consumo familiar y para la venta a nivel local y regional. Durante el registro, se identificaron tres tipos distintos de invernaderos: los que se construyeron como parte de Familias Fuertes con Apoyo Agrícola, un programa del gobierno del Estado de México que busca generar ingresos extras para las familias campesinas; los de la alianza Fundación Pro-Mazahua y Walmart que tienen la intención de comercializar hortalizas producidas por campesinos mexicanos en las tiendas de la cadena comercial; y los particulares de vecinos mestizos, estos son los de mayor envergadura y se dedican a la producción de jitomate y nopal que venden al mercado regional.

Al respecto, en la Estadística de Producción agrícola del Gobierno de México —primero sobre la producción estatal de 1980 a 2002 (Estado de México) y luego sobre la producción por municipios del Estado de México de 2003 a 2013 (de San Felipe del Progreso)[24]— se muestra lo siguiente:

Desde el 2003 se identificó el cultivo por temporal y por regadío de avena forrajera en verde, haba verde, maíz (grano), tomate verde y papa. Diez años más tarde, en 2013, se intensificó la producción de alimentos destinados para el ganado, en específico de la avena forrajera y maíz forrajero. Para esta fecha se reconoce la introducción de nuevos cultivos, entre ellos, chícharo, manzana, durazno, ciruela, pera y jitomate rojo.

Los datos estadísticos muestran que en San Felipe del Progreso se observa un incremento en el cultivo destinado para alimento de ganado, además de la incorporación de nuevos cultivos, siendo el jitomate rojo el de mayor relevancia, debido a que se produce en mayor cantidad y solo por regadío desde que se introdujo en el municipio en el año 2008. Asimismo, se observa un incremento en la producción de cultivos preexistentes en la zona

---

como manzana, pera y nopales, mismos que antes fungían como alimentos de recolección.

Con estas modificaciones en el cultivo de la tierra se observa la participación de nuevos actores sociales, entre ellos, empresarios locales mestizos que trabajan con sus familiares e indígenas que constituyen la mano de obra remunerada; también empresas agroalimentarias que rentan la tierra para la producción, empleando trabajadores de la zona. Con lo anterior, la participación de la familia en el cultivo de la tierra ha ido dando paso a una feminización del campo, en el que las mujeres se ocupan de todas las acciones que representa sembrar las parcelas familiares.

Conclusiones

A lo largo de este escrito se ha intentado señalar los conocimientos que niñas y niños mazahuas tienen sobre su comida, a través de las posibilidades heurísticas y metodológicas que representa la inclusión del dibujo. Al respecto, se identificaron dos posibilidades principales: considerar el acto de dibujar como un ejercicio metodológico para generar la proximidad con actores sociales infantiles, usualmente dejados de lado en la producción antropológica y como fuente de información, al considerar a los dibujos de los interlocutores como un recurso que permite satisfacer una necesidad informativa que acerca a la comprensión de su interpretación sobre las reglas y categorías de la cultura mazahua, en este caso, principalmente sobre la actividad agrícola que constituye la base de su cocina.

Asimismo, acercarnos a la experiencia de estos niños sobre la intervención alimentaria que vivenciaron en su escuela, permite conocer las implicaciones locales de las acciones planteadas por el Estado mexicano. En el caso estudiado, es evidente que las operaciones que buscan prevenir o reducir la malnutrición y promover estilos de vida saludables se contradicen al fomentar el consumo de alimentos procesados y ultraprocesados entre los niños en edad escolar, además de influir en cómo comen.

Al respecto, llama la atención cómo estos sujetos sociales se han apropiado, seleccionado y utilizados fragmentos que han adaptado a su vida familiar, lo cual ha llevado a que ellos y sus familias se replanteen sus hábitos de consumo alimentario.

Aunque también es notable que, ante el control vivenciado en esos espacios, los pequeños afirmen su gusto por la comida de su región y privilegien modos de comensalidad caracterizados por la cercanía con sus familias en el que se propicia el diálogo. Estudiar antropológicamente la comida desde la perspectiva infantil se encuentra en ciernes, pero tiene múltiples posibilidades. Niñas y niños reciben conocimientos de sus madres y abuelas, principales depositarias de la cultura alimentaria, pero también lo construyen y se los transmiten en un ejercicio de toma y vuelta.

Literatura citada

Calero, S. (2012). Pedagogías sociales y alimentación escolar. Ponencia presentada en el 1er Encuentro Latinoamericano de Investigadores sobre Cuerpos y Corporalidades en las Culturas. Facultad de Humanidades y Artes de la Universidad Nacional de Rosario. Argentina.

Carrasco, N. (2007). Desarrollos de la antropología de la alimentación en América Latina: hacia el estudio de los problemas alimentarios contemporáneos. Estudios sociales, 15(30), 80-101. http://www.scielo.org.mx/scielo.php?script=sci_arttext&pid=S0188-45572007000200003&lng=es&nrm=iso

CONEVAL (Consejo Nacional de Evaluación de la Política de Desarrollo Social) (2016). Resultados de pobreza en México 2016. https://www.coneval.org.mx/salaprensa/comunicadosprensa/documents/comunicado-09-medicion-pobreza-2016.pdf

Corona, L. E. (2012). Proyecto de Etnografía. Presentación en la Escuela Nacional de Antropología e Historia. PIF Comida y cultura en México: usos rituales, significados y relaciones de poder. México, D.F.

Estalella, A. (2020) «El dibujo etnográfico. Delinear modos de indagación» en: http://estalella.eu/open-doc/el-dibujo-etnografico

Fonte, M. (2002). Food System, Consumption Models and Risk Perception in Late Modernity. IJSAF (10), 13-21. https://www.researchgate.net/publication/237120075_Food_Systems_Consumption_Models_And_Risk_Perception_In_Late_Modernity

Gobierno del Estado de México (2015) http://187.188.121.162:8090/links/030%20San%20Felipe%20del%20Progreso.pdf

Gálvez, A. (2022). Comer con el TLC. Comercio, políticas alimentarias y la destrucción de México. México: FCE, Editorial Ítaca.

Guber, R. (2004). El salvaje metropolitano. Reconstrucción del conocimiento social en el trabajo de campo. Buenos Aires, Argentina. Paidós. Estudios de comunicación/1ra. Edición.

Hemer, S. (2016). Sensual feasting: Transforming spaces and emotions in Lihir. En S. Hemer y A. Dundon (eds.), Emotion, Senses, Spaces: Etnographic Engagements and Intersections (91-105) University of Adelaide Press.

Ibáñez, I. y Huergo, J. (2012). Encima que les dan, eligen políticas alimentarias, cuerpos y emociones de niños/as de sectores populares. Relaces, 8(4), 29-42.

Lineamientos para la organización y el funcionamiento de las Escuelas de Tiempo Completo, Primaria (2018): https://educacionbasica.sep.gob.mx/multimedia/RSC/BASICA/Documento/201801/201801-RSC-VlSdPFfUfx-2.LINEAMIENTOSPRIMARIA.pdf

Molina, V., Mejicano, G., Alfaro, N., et al. (2018). Intervenciones de Fomento al Bienestar Nutricional en América Latina y el Caribe: oportunidades para fortalecer las políticas y programas de alimentación y nutrición. RENC, 2018; 24(4).

Taussig, M. (2011). I swear I saw this. Drawings in fieldwork notebooks, namely my own. The University of Chicago Press, 173.

Middleton, A. (2020). Sketching Toward Alternate Openins in the Field. Visual and New Media Review, Fieldsights, February 13. https://culanth.org/fieldsights/sketching-toward-alternate-openings-in-the-field

Pachón C. X. (2009). ¿Dónde están los niños? Rastreando la mirada antropológica sobre la infancia. Maguaré (23).

Piaggio, L., Concilio, C., Rolón, M., et al. (2011). Alimentación infantil en el ámbito escolar: entre patios, aulas y comedores. Salud Colect, 7(2), 199-213.

Ríos, M. (2016). Las preferencias de selección escolar infantil en el marco de una Política Alimentaria. Tesis para optar por el grado de maestría en Antropología Social. Benemérita Universidad Autónoma de Puebla.

Rockwell, E. (2005). La apropiación, un proceso entre muchos que ocurren en ámbitos escolares. Memoria conocimiento y utopía. Anuario de la Sociedad Mexicana de Historia de la Educación (1), 28-38.

Vivir entre escuelas: relatos y presencias (2018) En N. Arata, J. Escalante y A. Padawer (compiladores), Antología esencial/Elsie Rockwell. CLACSO.

Schwartzman, H. B. (2001). Introduction. Questions and challenges for a 21.st century anthropology of children en H. B. Schwartzman (ed.), Children and anthropology. Perspectives for the 21st century. Westport, ct: Greenwood Publishing Group, Inc.

Suarez, M. (2016). Significado externo de «alimentación correcta» en México. Salud Colect. 12(4), 575-588.

Torres, G. (2016). La ruralidad urbanizada en el centro de México: Reflexiones sobre la reconfiguración local del espacio rural en un contexto neoliberal. Cátedra Interinstitucional Arturo Warman, Universidad Autónoma de México. El Colegio de México, Conaculta, Ciesas, Ceas, Universidad Iberoamericana, UAM. México.

Vázquez, A. K. (2019). Apropiaciones locales de la política alimentaria mexicana en el municipio mazahua San Felipe del Progreso. Trabajo de grado para optar por el grado de maestra. Estado de México, 2013-2019. México, El Colegio de Michoacán.

Vizcarra, I. (2002). Entre el taco mazahua y el mundo. La comida de las relaciones de poder, resistencia e identidades. Editorial: UAEM e Instituto Mexiquense de la Mujer.

Vizcarra, I. (2019). Género y Cultura de Maíz: en la lucha por definir otra soberanía alimentaria. Revista del Cesla. International Latín American Studies Review (24), 101-130.

Vizcarra, I. y Marín, N. (2006). Las niñas a la casa y los niños a la milpa: la construcción social de la infancia mazahua. Convergencia. Revista de Ciencias Sociales, 13(40), 39-67.

Williams, R. (1997). Structures of Feeling en Marxism and Literature. Oxford: Oxford University Press, 128-135.

Capítulo V

Malnutrición y hambre oculta en mujeres matlatzincas

Lizbeth Morales González,
Ivonne Vizcarra Bordi,
Alejandra Donají Benítez Arciniega,
Teresa Ochoa Rivera
y María del Carmen Guzmán Márquez

Introducción

La doble carga de la malnutrición se refiere a la coexistencia de sobrepeso u obesidad y deficiencias nutricionales, lo que compromete la salud humana óptima.

El hambre oculta es un concepto relacionado que se define como la ingestión insuficiente de micronutrimentos esenciales. Si bien los síntomas pueden estar ausentes en casos leves o moderados, esta afección puede volverse crónica y provocar efectos nocivos para la salud, lo que representa un problema de salud pública. Paradójicamente, existe evidencia de que muchas personas consumen una cantidad suficiente de alimentos, pero no alcanza a cubrir sus requerimientos diarios de vitaminas y nutrimentos inorgánicos debido a la inadecuada composición de sus dietas (Bailey et al., 2015; Borg et al., 2015).

La Organización Mundial de la Salud (OMS) encontró que las poblaciones que enfrentan la doble carga de la malnutrición y el hambre oculta a menudo tienen un nivel socioeconómico más bajo. Así, los alimentos disponibles para dichas poblaciones no cumplen con los requerimientos nutricionales o energéticos diarios y, además, las mujeres suelen presentar mayores deficiencias que los hombres en los requerimientos nutricionales no energéticos (WHO, 2016).

Antecedentes

En México, la Encuesta Nacional de Salud y Nutrición 2012 (ENSANUT), reportó que el 72.5% de la población adulta tenía sobrepeso u obesidad, y que la prevalencia era ligeramente superior en mujeres rurales y urbanas (INSP, 2012).

Además, se encontró que las dietas de baja calidad y las condiciones médicas agudas son factores de riesgo de enfermedades crónicas no transmisibles (ECNT) en varias poblaciones mexicanas. Pocos estudios han examinado las consecuencias para la salud de las dietas étnicas rurales y sus posibles deficiencias en zinc, calcio, hierro, ácido fólico, vitamina B12 o vitamina A, a pesar de la asociación de las deficiencias de micronutrimentos con efectos negativos para la salud como deterioro cognitivo, alteraciones de la inmunidad, cicatrización lenta de heridas y cortes, incapacidad para desintoxicar y alteraciones metabólicas generales.

El objetivo del presente estudio fue analizar el estado nutricional, las características sociodemográficas y el consumo dietético de macro y micronutrimentos de un grupo de mujeres indígenas matlatzincas en San Francisco Oxtotilpan, Estado de México, México. La hipótesis fue que existen probables diferencias en la ingestión dietética, el estado nutricional y las características sociodemográficas según el grupo de edad.

Metodología

Diseño del estudio y población

Se realizó un estudio longitudinal, prospectivo y descriptivo, desde enero de 2016 hasta febrero de 2017, en la única comunidad indígena matlatzinca que queda en México: San Francisco Oxtotilpan. Esta comunidad está ubicada en el municipio de Temascaltepec, Estado de México, y contaba con una población de 1,435 habitantes, de los cuales 764 eran mujeres y 671 hombres (Cedipem, 2020).

Si bien presentaba un alto grado de marginación y medio de desigualdad social (brecha social), la comunidad permanecía muy arraigada a sus costumbres, tradiciones ancestrales y prácticas agrícolas (INEGI, 2020). La organización social de la comunidad giraba en torno a la agricultura familiar y el autoconsumo de maíz criollo, además de la producción de cultivos comerciales y otras actividades no agrícolas remuneradas (García, 2004).

Las mujeres mostraron mayor interés que los hombres en el estudio y, por lo tanto, fueron seleccionadas como grupo focal. En San Francisco Oxtotilpan las mujeres tienen diferentes roles característicamente femeninos que son típicos del México rural. Por ejemplo, realizan tareas agrícolas, preparan alimentos y cuidan a los miembros de la familia. Asimismo, muchas eran beneficiarias directas de diversos programas públicos de asistencia social y alimentaria.

Se empleó el método de muestreo de bola de nieve para seleccionar a las mujeres que participarían en el estudio: 95 mujeres, mayores de 18 años, que no estaban embarazadas aceptaron participar en el estudio. Solo se incluyeron mujeres de origen matlatzinco, independientemente de su habilidad para hablar la lengua indígena: 63 mujeres completaron el estudio, incluidos los recordatorios dietéticos, un cuestionario de frecuencia de consumo de alimentos y una evaluación antropométrica.

Debido a las diferencias generacionales y fisiológicas, las mujeres se dividieron en dos grupos: mujeres «jóvenes» en edad reproductiva, entre 19 y 50 años, que tuvieron acceso a la educación formal tras la llegada de las políticas inclusivas a México; y mujeres «mayores» de ≥51 años que habían alcanzado el climaterio o la menopausia y experimentado brechas educativas, pero que también tenían mayores vínculos con la cultura matlatzinca que las más jóvenes. Estos grupos también se dividieron en función de sus probables diferencias en el gasto de energía, el consumo de alimentos, la composición corporal y los cambios hormonales, entre otras características (Casanueva et al., 2008).

Este estudio fue aprobado por el Comité de Ética de la Universidad Autónoma del Estado de México.

Recopilación de datos

Personal capacitado aplicó instrumentos para recolectar datos antropométricos, dietéticos y sociodemográficos. Las siguientes variables y categorías correspondientes, que se enumeran en la Tabla 1, se utilizaron para capturar los datos sociodemográficos de las mujeres:

a)   Estado civil (soltera o casada)

b)   Número de hijos (0-4, 5-9 o ≥10)

c)   Años de educación (sin educación, 1-6, 7-9 o >9)

d)   Ingreso familiar mensual en terciles (1°, $0–1,119; 2°, $1,200–1,999; 3°, ≥$2,000)

e)   Gasto semanal en alimentos en terciles (1°, $0–119; 2°, $120–199; 3°, >$200)

Evaluación antropométrica

La estatura y el peso se obtuvieron siguiendo la técnica de Lohman y la metodología propuesta por Habicht. El peso y el porcentaje de grasa corporal se calcularon con una báscula TANITA® (modelo UM-06), con capacidad de 150 kg y precisión de 100 g; la estatura se obtuvo utilizando un estadiómetro TANITA® (modelo HR-200), con nivelador (casco horizontal), una capacidad de medición de 60-212 cm y una precisión de 0.1 cm. La circunferencia de cintura (cm) se midió al final de una espiración normal en la porción más estrecha del abdomen entre el arco costal inferior y la cresta ilíaca. La circunferencia de cadera (cm) se midió en el punto de máxima prominencia glútea. En ambos casos se utilizó una cinta métrica de vinilo flexible Gulick.

Debido a que la mayoría de la población de estudio era de estatura baja, se ajustó el índice de masa corporal (IMC) a los estándares mexicanos, señalados en la Norma Oficial Mexicana NOM-008-SSA2-1993 para el tratamiento integral del sobrepeso y la obesidad (DOF, 2018).

Las mujeres con una estatura ≥1.50 metros (m) se clasificaron como: peso normal (IMC 18-24.9 kg/m^2), sobrepeso (IMC 25-29.9 kg/m^2) u obesidad (IMC ≥30 kg/m^2).

Las mujeres de menor estatura (<1.50 m) se categorizaron de manera similar como: peso normal (IMC 18-22.9 kg/m^2), sobrepeso (IMC 23-24.9 kg/m^2) u obesidad (IMC ≥25 kg/m^2).

Para ambos grupos se obtuvo el porcentaje de grasa corporal y el Índice Cintura-Cadera (ICC), en donde un porcentaje de grasa corporal >32%. indicaba obesidad y un ICC ≥0.8 riesgo cardiovascular.

Evaluación dietética

Se aplicaron seis recordatorios dietéticos de 24 horas (R24) mensualmente en días diferentes a las mujeres participantes (Ferrari, 2013) para evaluar su consumo real de alimentos a lo largo del día. Estos recordatorios se aplicaron durante un período de 10 meses, que abarcó la transición de la estación lluviosa (mayo-octubre) a la estación seca (noviembre-marzo), durante el cual las dietas pueden variar según la disponibilidad de alimentos. Cada recordatorio se aplicó en un día diferente de la semana (excepto el domingo).

Se utilizó el *software* Nutrimind 2015 para determinar los nutrimentos obtenidos a partir del consumo de alimentos documentado. Las medidas caseras registradas se convirtieron a unidades de volumen o peso de acuerdo con el Sistema Mexicano de Alimentos Equivalentes (SMAE).

El consumo adecuado de sodio se basó en las recomendaciones de la NOM-030-STPS-2009 para la prevención, tratamiento y control de la presión arterial de la población en general (<1.600 mg de sodio) (DOF, 2010).

Análisis estadístico

Los datos sociodemográficos descriptivos de los dos grupos de mujeres (jóvenes y mayores) se compararon mediante una prueba de Ji-cuadrado considerando como significancia estadística p<0.05.

La composición de la dieta y los datos antropométricos se presentaron como promedios ($\bar{X}$) y Desviaciones Estándar (DE). Las diferencias entre grupos se determinaron mediante pruebas U de Mann-Whitney en el *software* estadístico SPSS versión 21.0, considerando un nivel de significancia de p<0.05 para ambos análisis (dietético y antropométrico).

Resultados y discusión

Características sociodemográficas de las mujeres matlatzincas

Los datos sociodemográficos recolectados proporcionaron un contexto para comprender la calidad de vida de las mujeres indígenas matlatzincas y su estado de salud (Brennan-Olsen et al., 2017; Brown et al., 2010; Colmenares-Roa et al., 2017).

Varios de los datos sociodemográficos evaluados se destacan a continuación (Tabla 1).

Tabla 1. Características sociodemográficas de las mujeres matlatzincas por grupo de edad

	Jóvenes n = 47	Mayores n = 26	Total N = 73	*p
Estado civil				
Soltera	14 (30)	12 (46)	26 (.40)	0.162
Casada	33 (70)	14 (54)	47 (.60)	
Número de hijos				
0-4	42 (89)	11 (42)	53 (.70)	**0.001**
5-9	4 (9)	13 (50)	17 (.20)	
≥ 10	1 (2)	2 (8)	3 (.10)	
Años de escolaridad				
0	0	6 (23)	6 (.10)	**0.001**
1-6	21 (45)	18 (69)	39 (.50)	
7-9	19 (40)	2 (8)	21 (.30)	
> 9	7 (15)	0	7 (.10)	
Ingreso mensual del hogar (terciles)				
1	11 (23)	9 (35)	20 (.30)	0.575
2	16 (34)	7 (27)	23 (.30)	
3	20 (43)	10 (38)	30 (.40)	
Gasto semanal en alimentos (terciles)				
1	13 (28)	10 (38)	23 (.30)	0.623
2	5 (11)	2 (8)	7 (.10)	
3	29 (61)	14 (54)	43 (.60)	

Fuente: Base de datos, elaboración propia. X^2, $p<0.05$.

La edad promedio de las 73 mujeres que participaron en el estudio fue 45.8 años. El grupo de mujeres jóvenes (n=47; $(\bar{X})$=36.3 años de edad; DE=8.26) tuvo menos hijos y más años de escolaridad (p<0.05) que el grupo de mujeres mayores (n=26; $(\bar{X})$=63.1 años de edad; DE=9.97).

Según Rincón y Vizcarra (Rincón, 2007), las mujeres mayores de la comunidad matlatzinca han enfrentado una mayor vulnerabilidad, desigualdad de género y discriminación étnica a lo largo de su vida en comparación con las mujeres jóvenes.

En particular, las mujeres mayores no tuvieron acceso a servicios de salud reproductiva o sexual en su juventud y, como parte del sistema patriarcal general, se les impidió recibir educación formal. En este sentido, factores como la edad, los años de escolaridad y la cultura, son factores sociales determinantes del estado general de salud de las mujeres indígenas (Ashman et al., 2017; Galindo-Reyes et al., 2016; Vizcarra, 2008).

La cultura, por ejemplo, moldea las identidades de género y define así los roles femeninos, como cuidar a los niños o cocinar para la familia. Sin embargo, los roles de las mujeres rurales e indígenas mexicanas también son producto de relaciones sociales complejas y cambiantes, y muchas de estas mujeres ahora se dedican a múltiples actividades domésticas, agrícolas, comerciales, cívicas, religiosas y hasta políticas, además de la crianza de los hijos; este fenómeno refleja la actual feminización de las zonas rurales (Vizcarra, 2014).

El ingreso familiar quizás no define diferencias entre grupos de mujeres, ya que las mujeres rurales mantienen sistemas agrícolas para el autoconsumo y la cosecha. En este sentido, el gasto en alimentos tampoco es una variable probable de diferenciación social (Bharucha et al., 2010).

La actividad física autoinformada no se incluyó en este análisis, pero se consideró en otro estudio cualitativo paralelo cuyos resultados son complementarios a los del presente estudio (Guzmán, 2019). Se asumió que las mujeres cumplen con las pautas de actividad física recomendadas para la población mexicana desde caminar o andar en bicicleta, así como recreativas, domésticas, familiares y comunitarias (Bonvecchio, 2015).

Estructura corporal

En promedio, el grupo de mujeres mayores tenía un IMC, circunferencia de cintura, ICC y porcentaje de grasa corporal mayores, mientras que la circunferencia de cadera era ligeramente mayor en el grupo joven (Tabla 2).

Tabla 2. Características antropométricas de las mujeres matlatzincas por grupo de edad

	Jóvenes (n = 47)	Mayores (n = 26)	*p
IMC (kg/m2)	28.57 (3.69)	29.42 (3.93)	0.238
Circunferencia de cintura (cm)	90.06 (8.16)	95.64 (7.5)	0.003*
Circunferencia de cadera (cm)	100.86 (8.75)	96.03 (14.61)	0.183
ICC	0.91 (0.06)	0.95 (0.09)	0.061
Grasa corporal (%)	34.40 (6.76)	36.57 (6.08)	0.305
Estatura			
Talla baja, n *(%)*	25 (53)	21 (81)	
Talla normal, n *(%)*	22 (47)	5 (19)	
Categorías de IMC			
Normal, *n (%)*	4 (8)	1 (4)	
Sobrepeso, *n (%)*	14 (30)	5 (19)	
Obesidad, *n (%)*	29 (62)	20 (77)	

Fuente: Base de datos, elaboración propia. El IMC, la circunferencia de cintura, la circunferencia de cadera, el ICC y la grasa corporal se presentan como medias ± DE. Las categorías de estatura e IMC se presentan como n (%). Prueba U de Mann-Whitney, p<0.05.

Los parámetros para definir el estado nutricional y de salud de las mujeres se determinaron según el IMC y la estatura. De las mujeres de estatura baja, que correspondía al 54% del grupo joven y al 81% del grupo mayor, el 91.5% y el 92.6%, respectivamente, presentaban sobrepeso u obesidad (Tabla 3). Así, la ocurrencia de sobrepeso u obesidad en este grupo de mujeres fue de alrededor de 20%, por encima del promedio nacional en México, donde el 73% de las mujeres mayores de 18 años tienen sobrepeso u obesidad (INSP, 2012).

Esta alta prevalencia de obesidad en las mujeres puede explicarse en parte por la fisiopatología femenina, ya que las mujeres tienen una mayor composición de grasa corporal y experimentan cambios en el metabolismo durante las diferentes etapas de la vida (Haththotuwa et al., 2020). Además, ciertos factores genéticos o ambientales pueden influir en la incidencia de sobrepeso u obesidad (Albuquerque et al., 2017). El estudio de Barquera et al. (2013) en México reportó que las mujeres de comunidades indígenas y rurales son más propensas a desarrollar obesidad debido a su alto grado de marginación social, que es consecuencia de distintos procesos sociales y desigualdades históricas.

Evaluación dietética de consumo de macronutrimentos

Diferentes instituciones, organizaciones y sociedades han establecido pautas dietéticas recomendadas que describen la composición dietética óptima y la ingestión de micro y macronutrimentos para la mayoría de las personas sanas.

Estas recomendaciones diarias (RDA) son distintas para los diferentes sectores de la población y varían según la edad y el sexo (Cuervo et al., 2009; Casanueva et al., 2008). La ingestión promedio de macronutrimentos y la composición dietética que se presentan en la Tabla 3, muestran el patrón dietético de las mujeres adultas matlatzincas. El consumo de hidratos de carbono, proteínas, lípidos, fibra y colesterol, así como grasas saturadas, monoinsaturadas y poliinsaturadas es mayor en el grupo joven.

Solo el consumo de agua es superior en el grupo de mayor edad, a pesar de no cumplir la recomendación diaria de 750-2000 ml/d (Córdova, 2010). La ingestión de fibra en ambos grupos (16.68 g/d) también está por debajo de la cantidad recomendada de 25-30 g/d, a pesar de que algunas verduras, frutas, leguminosas y otros alimentos ricos en fibra eran característicos de la dieta de las participantes (Córdova, 2018; DOF, 2012).

Tabla 3. Composición de la dieta de las mujeres matlatzincas por grupo de edad

	Jóvenes (n = 47)	Mayores (n = 26) $\overline{X}$ (DE)	Total (n = 73)	*p
Energía (kcal/d)	1320.63 (268.77)	1223.28 (258.47)	1285.96 (267.49)	0.231
Hidratos de carbono (g/d)	213.55 (43.25)	208.71 (43.99)	211.83 (43.27)	0.836
Proteínas (g/d)	45.72 (12.05)	40.30 (10.21)	43.79 (11.65)	0.109
Lípidos (g/d)	31.04 (10.44)	25.18 (7.82)	28.96 (9.94)	**0.017***
Fibra (g/d)	16.73 (4.32)	16.58 (5.69)	16.68 (4.81)	0.637
Agua total (g/d)	345.39 (114.88)	347.04 (140.47)	345.97 (123.63)	0.858
Colesterol (mg/d)	220.77 (183.99)	105.33 (95.44)	179.65 (167.00)	**0.002***
Grasas saturadas (g/d)	2.58 (1.46)	1.95 (0.96)	2.36 (1.33)	**0.036***
Grasas monoinsaturadas (g/d)	4.21 (2.27)	3.03 (1.51)	3.79 (2.10)	**0.007***
Grasas poliinsaturadas (g/d)	4.07 (2.37)	3.06 (1.97)	3.71 (2.28)	**0.019***

Fuente: Base de datos, elaboración propia. *Prueba U de Mann-Whitney, p<0.05.

Se observaron diferencias significativas en la ingestión de lípidos (colesterol, grasas saturadas, monoinsaturadas y poliinsaturadas) entre los dos grupos de mujeres al aplicar la prueba U de Mann-Whitney con un nivel de significancia de p<0.05 (Tabla 3). El consumo de grasas saturadas y monoinsaturadas estuvo dentro de las recomendaciones de la NOM 037-SSA2-2012 para la prevención, tratamiento y control de la dislipidemia, en donde las grasas saturadas deben representar menos del 7% de las kcal diarias y las grasas monoinsaturadas no deben representar más del 20%.

La ingestión media de grasas poliinsaturadas en ambos grupos de mujeres superó ligeramente la recomendación dietética (DOF, 2012). La ingestión total de colesterol también estuvo por encima de la recomendación diaria (<200 mg/d) para la población mexicana (DOF, 2012). Estos datos podrían estar reflejando patrones dietéticos cambiantes y, por lo tanto, una transición nutricional, en particular en mujeres jóvenes (Moreno, 2014; Popkin et al., 2004).

Estos hallazgos son similares a los de otros estudios que han identificado transiciones dietéticas en diferentes comunidades, como resultado de la adopción de dietas más occidentalizadas que se caracterizan por un mayor consumo de alimentos ricos en azúcares refinados, sodio y grasas saturadas, así como por una disminución del agua y la fibra. Estos cambios en la dieta se consideran un factor de riesgo modificable para el desarrollo de ECNT (Appannah et al., 2015; Otero et al., 2015; Wirfält et al., 2013). Aun así, los datos nutricionales por sí solos no explican la alta presencia de sobrepeso y obesidad en ambos grupos de mujeres del presente estudio.

Los datos de la Tabla 4 destacan que el problema de la obesidad y el sobrepeso también podría estar relacionado con el consumo elevado de hidratos de carbono. En personas sanas, deben constituir del 50 al 60% de la dieta total, mientras que las proteínas deben representar del 10 al 15% y los lípidos del 20 al 30% (Casanueva et al., 2008). En este estudio, el consumo de proteínas y lípidos estuvo dentro de las cantidades diarias recomendadas, aunque el de hidratos de carbono superó el límite recomendado.

En este sentido, el estudio de Moreno-Flores et al. (2014) concluyó que se habían producido cambios significativos en la dieta de las mujeres rurales mexicanas como resultado de la globalización alimentaria. El maíz criollo continúa formando parte de la dieta habitual de las mujeres rurales y los alimentos tradicionales no necesariamente han sido reemplazados por otros. Aun así, los alimentos procesados con alto contenido en hidratos de carbono se han ido introduciendo en las dietas tradicionales.

Como la mayoría de las mujeres de este estudio son de estatura baja, sus necesidades diarias de energía son relativamente bajas y oscilan entre 1200 y 1400 kcal/d (Córdova, 2018). Ambos grupos cumplieron con los requerimientos energéticos diarios, aunque se encontró cierto desequilibrio en la composición de la dieta, lo que podría ser indicativo de malnutrición.

Tabla 4. Consumo medio de energía y macronutrimentos de mujeres matlatzincas por grupo de edad				
Nutrimento	**Gramos**	**Kcal**	**%**	
Jóvenes				
Energía total ($\overline{X}$)				1320.63
Proteínas	45.72	182.88	13.84	
Lípidos	31.04	279.36	21.15	
Hidratos de carbono	213.55	854.2	64.68	
Mayores				
Energía total ($\overline{X}$)				1223.28
Proteínas	40.3	161.2	13.17	
Lípidos	25.18	226.62	18.52	
Hidratos de carbono	208.71	834.84	68.24	

Fuente: Base de datos, elaboración propia. La ingestión de macronutrimentos y energía se presenta como media.

Evaluación dietética de nutrimentos inorgánicos

La doble carga de la malnutrición o la presencia de sobrepeso u obesidad, combinada con un consumo elevado de hidratos de carbono y deficiente de proteínas y fibra, está estrechamente relacionada con el fenómeno del hambre oculta o el aporte deficiente de vitaminas y nutrimentos inorgánicos con respecto a las RDA (Delisle, 2008). La ingestión de vitaminas y nutrimentos inorgánicos de las mujeres del presente estudio se comparó por grupo de edad, en la Tabla 5, con los valores recomendados para la población mexicana (Casanueva et al., 2008).

Tabla 5. Ingestión de vitaminas y nutrimentos inorgánicos de las mujeres matlatzincas por grupo de edad

	$\bar{X}$	DE	RDA*	Ingestión deficiente n (%)	**p
Calcio (mg/d)					
Jóvenes	487.46	152.16	1000	47 (100)	0.637
Mayores	495.29	132.79	1200	26 (100)	
Fósforo (mg/d)					
Jóvenes	553.86	299.82	700	39 (83)	0.09
Mayores	468.25	262.21	700	23 (88)	
Hierro (mg/d)					
Jóvenes	20.15	6.72	21	20 (42.6)	0.114
Mayores	17.87	7.78	12	15 (57.7)	
Sodio (mg/d)					
Jóvenes	527.39	188.09	<1600		0.124
Mayores	486.41	224.64	<1600		
Zinc (mg/d)					
Jóvenes	2.58	1.03	11	47 (100)	0.151
Mayores	2.31	1.21	11	26 (100)	
Vitamina A (µg/d)					
Jóvenes	1135.39	888.84	570	14 (29.8)	0.549
Mayores	1044.47	822.36	570	11 (42.3)	
Vitamina B12 (mg/d)					
Jóvenes	1.39	1.13	2.4	42 (89.4)	0.353
Mayores	1.21	1.27	3.6	23 (88.5)	
Vitamina C (mg/d)					
Jóvenes	85.01	180.25	75	32 (68)	0.41
Mayores	58.68	50.8	75	20 (77)	
Vitamina D (UI/d)					
Jóvenes	14.31	11.45	5	17 (36.2)	0.454
Mayores	13.48	14.577	10	9 (34.6)	

Fuente: Base de datos, elaboración propia. *RDA, Cantidad Diaria Recomendada (Casanueva et al., 2008). *Prueba U de Mann-Whitney, **p<0.05.

No se observaron diferencias significativas entre los dos grupos de mujeres en cuanto a la ingestión de micronutrimentos. Sin embargo, el consumo de sodio se registró en cantidades por debajo de las RDA. Alarmantemente, ninguna mujer cumplió con la recomendación diaria de calcio o zinc. Cerca del 90% de las mujeres no cumplieron con la recomendación diaria de fósforo y de hierro. En particular, la baja ingestión de hierro podría ser un factor de riesgo para desarrollar anemia y otras enfermedades asociadas.

Como se mencionó, de todos los nutrimentos inorgánicos analizados en este estudio, el sodio fue el único cuyo consumo se reportó como bajo. El sodio es uno de los nutrimentos inorgánicos considerado más importantes para el cuerpo humano, ya que permite la homeostasis osmótica y regula la presión y el volumen sanguíneos; además, es fundamental para el correcto funcionamiento de músculos y nervios. La OMS recomienda que los adultos consuman menos de 2000 mg/d de sodio. De acuerdo con la NOM-030-STPS-2009, para la prevención, detección, diagnóstico, tratamiento y control de la presión arterial, las mujeres adultas deben consumir menos de 1,600 mg/d de sodio, excepto durante el embarazo y la lactancia (DOF, 2010).

Es muy cierto que algunos estudios sobre la transición alimentaria que se da en las comunidades étnicas han reportado un consumo elevado de sodio asociado con un mayor consumo de alimentos ultraprocesados, como es el caso de los aborígenes australianos, quienes reportan un consumo diario de 2.770 mg de sodio (McMahon et al., 2015). El consumo elevado de sodio aún no parece ser un factor de riesgo para la salud de las mujeres adultas matlatzincas, aunque en los últimos tres años se ha observado un aumento en el consumo de alimentos deshidratados y enlatados con alto contenido de sodio, que se brindan con frecuencia en la asistencia alimentaria (Guzmán, 2019).

La deficiencia de zinc parece ser común entre las mujeres en edad reproductiva, como se muestra en el presente estudio y en el de Hess (2017). El zinc mejora la eficiencia del sistema inmunológico y los distintos mecanismos reguladores, además de promover actividades biológicas que involucran enzimas, proteínas y proliferación celular. Se encuentra principalmente en alimentos de origen animal, oleaginosas y algunos cereales (Hotz, 2007). Mientras tanto, la deficiencia de zinc puede causar deterioro del sistema nervioso y cognitivo.

Por ejemplo, el estudio de Sandstead et al. (2014) en mujeres premenopáusicas encontró que el bajo consumo de carne y la deficiencia de zinc, asociada, dieron como resultado alteraciones en las respuestas funcionales de las células involucradas en la memoria, el razonamiento y la coordinación. Además, se encontró una relación inversa entre el consumo de zinc y la depresión en adultos mayores, así como entre el consumo de zinc y el riesgo de diabetes *mellitus* tipo 2 (DM2) en adultos (Eshak et al., 2018; Yary et al., 2012). En particular, entre los participantes del estudio, solo tres mujeres sufrían de DM2.

La ingestión de calcio entre las mujeres del estudio también fue deficiente. Este hallazgo fue sorprendente, dado que las mujeres del estudio consumen una gran cantidad de tortillas de maíz nixtamalizado y verduras de hoja verde, principalmente coquelites. y quelites, que son fuentes importantes de calcio. Por ejemplo, durante la nixtamalización, el maíz se remoja y se cuece en una solución de hidróxido de calcio antes de prepararlo en tortillas. Sin embargo, el consumo de estos alimentos no fue suficiente para cubrir los requerimientos diarios de calcio, el cual interactúa con otros macro y micronutrimentos para lograr la homeostasis en el cuerpo humano. Una ingestión deficiente puede producir osteoporosis, mientras que una adecuada protege contra hipertensión arterial (HTA), cáncer, DM2 y obesidad (Ortega et al., 2015; Shin et al., 2016).

La ingestión de calcio también puede estar relacionada inversamente con la obesidad. En adolescentes con obesidad (Castro et al., 2016) se encontró que la ingestión de calcio se correlacionó inversamente con el IMC, la circunferencia de cintura, la circunferencia de cadera y el ICC. Los resultados fueron similares a los del presente estudio, donde la mayoría de las participantes presentaron deficiencia de calcio y también sobrepeso u obesidad.

Una posible explicación es que el bajo consumo de productos con lactosa como la leche, el queso y el yogur, da como resultado una deficiencia de calcio. Tal deficiencia puede, entonces, afectar el peso, ya que el calcio juega un papel importante en la regulación de la grasa corporal, el metabolismo energético y la composición corporal (Emkey et al., 2012; Shin et al., 2016). Además, se ha sugerido que el calcio afecta a la hormona paratiroidea y al 25-hidroxicolecalciferol, que disminuyen aún más las concentraciones intracelulares de calcio y también ejercen un control sobre la lipogénesis y la inhibición de la lipólisis (De Oliveira et al., 2012; García-Lorda et al., 2005).

Finalmente, el nivel socioeconómico podría influir en la capacidad de adquirir alimentos ricos en calcio (Khan et al., 2013). Habib et al. (2013) confirmaron que las mujeres en comunidades rurales de nivel socioeconómico bajo consumen cantidades bajas de alimentos que contienen calcio y otros micronutrimentos importantes.

Siguiendo la misma tendencia, se encontró un consumo deficiente de fósforo en las mujeres matlatzincas, lo que es muy probable se deba al bajo consumo de alimentos de origen animal. Pocos estudios han examinado las consecuencias de una ingestión deficiente de fósforo. Por otro lado, la ingestión excesiva de fósforo se ha asociado con riesgo de enfermedad cardiovascular (ECV) y efectos negativos sobre la masa ósea (Itkonen et al., 2013). Las investigaciones actuales sugieren que el metabolismo del fósforo y el calcio está relacionado con el funcionamiento de la hormona paratiroidea (Lombardi et al., 2020).

Mientras tanto, también se encontró que el hierro es deficiente en la dieta de las mujeres matlatzincas, otro micronutrimento importante que juega un papel clave en el transporte de oxígeno, la producción de hemoglobina, la formación de colágeno y otras reacciones químicas. A nivel internacional, su consumo inadecuado es común entre las mujeres en edad reproductiva y representa la principal causa de anemia (Percy et al., 2017).

En México, las últimas cuatro encuestas nacionales de salud y nutrición encontraron una ingestión deficiente de hierro en muchas mujeres, especialmente aquellas que viven en comunidades rurales e indígenas o de bajo nivel socioeconómico. Así, la prevalencia de la deficiencia de hierro continúa siendo un problema de salud pública en México, en particular por su correlación con la anemia (Shamah et al., 2013).

Actualmente, la última ENSANUT indicó un 15.8% de prevalencia de anemia en mujeres de 20 a 49 años y para mujeres mayores de 60 años un 10.3% asociándose esta última cifra a la presencia mayor de enfermedades crónicas no transmisibles (Mejía-Rodríguez et al., 2023). Los alimentos como las carnes rojas, los órganos de animales, el pollo, el pescado y los huevos, son las principales fuentes de hierro. De hecho, en el presente estudio estos alimentos fueron consumidos con poca frecuencia por las participantes.

Con respecto a las vitaminas, las mujeres del presente estudio también presentaban una ingestión deficiente de vitamina B12 (90% de las mujeres), vitamina C (aproximadamente el 90%) y vitaminas A y D (casi el 50%). Este hallazgo es curioso dado que estas mujeres consumían leguminosas, verduras y frutas como parte de su dieta. Sin embargo, estos hallazgos son congruentes con otro estudio en el que las mujeres de nivel socioeconómico bajo y en particular las embarazadas, mostraron la mayor deficiencia en todas las vitaminas y nutrimentos inorgánicos (Miller et al., 2013).

Datos adicionales demuestran que las dietas bajas en kcal y de deficiente calidad están relacionadas con la deficiencia de vitamina A (Oldewage-Theron et al., 2010). Esta vitamina tiene una función en la regeneración de las membranas mucosas y el epitelio. También demuestra un efecto positivo sobre el sistema inmunitario y juega un papel importante en la respuesta inmunitaria a las infecciones. Además, interviene en la producción de carotenoides que son pigmentos, como la provitamina A, con importantes actividades biológicas (Low et al., 2017; Leal et al., 2010).

Con respecto a la vitamina C, existe una relación entre su ingestión deficiente y la disminución de la densidad mineral ósea en las mujeres. Así, esta vitamina podría ser muy importante durante el climaterio, que se caracteriza por una disminución o ausencia de estrógenos. Tales cambios podrían resultar en la descalcificación de los huesos y la osteoporosis; por lo tanto, las mujeres son una población particularmente vulnerable (Hall y Greendale, 1998; Casanueva et al., 2008). Ciertamente, la masa ósea no depende solo de la ingestión de calcio o vitamina C, ya que la actividad física, el consumo de tabaco, alcohol y grasas monoinsaturadas y poliinsaturadas también son factores que contribuyen a la disminución de la masa ósea (Casanueva et al., 2008).

Por su parte, la vitamina D es fundamental para la formación de los huesos e influye en la absorción del calcio, por lo que su ingestión adecuada es fundamental para la mujer. Además, un estudio demostró un vínculo entre la vitamina D y la etiología de la anemia, ya que esta vitamina afecta las concentraciones de la hormona hepcidina en el cuerpo humano (Michalski et al., 2017). La ingestión deficiente de vitamina D continúa siendo un problema de salud pública en muchos países donde se han informado hallazgos similares a los de este estudio (Casanueva et al., 2008).

Además, la deficiencia de vitamina D juega un papel importante en la fisiopatología de los factores de riesgo del síndrome metabólico que conducen, por ejemplo, a un aumento de la resistencia a la insulina y la obesidad. La deficiencia de vitamina D también se ha relacionado con ECV (Prasad et al., 2016). Las mujeres con obesidad suelen tener una mayor deficiencia de vitamina D que las mujeres de peso normal, lo que puede explicar los resultados del presente estudio (Pajuelo et al., 2016). También, la vitamina D regula la adipogénesis y la apoptosis celular de los adipocitos y, por tanto, está implicada en el metabolismo energético. El consumo adecuado de vitamina D puede tener un papel en la prevención de la obesidad, pero no conduce necesariamente a la pérdida de peso (Abbas, 2017).

Finalmente, la gran deficiencia de vitamina B12 en ambos grupos de mujeres podría explicarse por su bajo consumo de alimentos de origen animal, ya que la principal fuente de vitamina B12 son las carnes rojas. Las mujeres en edad reproductiva de las comunidades rurales o indígenas se encuentran entre las poblaciones más vulnerables en cuanto a la deficiencia de vitamina B12, que puede representar un importante problema de salud pública (Shamah et al., 2015).

Al igual que otras vitaminas, la ingestión de vitamina B12 y la obesidad están íntimamente relacionadas (Gammon et al., 2012), así como con la resistencia a la insulina, la DM2 y las ECV (Mahalle et al., 2013), y contribuye a niveles elevados de homocisteína, un aminoácido implicado en varias ECNT (Gammon et al., 2012; Mursleen et al., 2017).

Conclusiones

La obesidad y el sobrepeso son importantes problemas de salud pública en poblaciones rurales y de bajos ingresos que producen y cosechan sus propios alimentos es un importante problema de salud pública, sobre todo si se considera que estas poblaciones también sufren de manera frecuente de malnutrición y hambre oculta, lo que representa una doble carga para estas poblaciones. De hecho, este fue el caso de las mujeres matlatzincas del presente estudio.

En general, las mujeres indígenas experimentan diversas desigualdades sociales y también enfrentan problemas de salud crónicos degenerativos asociados con la obesidad y las deficiencias de macro y micronutrimentos en su dieta. Sin embargo, la solidaridad femenina que surge de las tradiciones culturales compartidas, las prácticas agrícolas y el autoconsumo de maíz y otros alimentos disponibles en el medio ambiente han permitido a las mujeres matlatzincas mantener un estado de salud más o menos estable, a pesar de que su consumo de alimentos no satisface la mayoría de sus necesidades, de sus requerimientos de micronutrimentos recomendados. Son necesarios estudios más profundos para explicar el fenómeno de la coexistencia de obesidad y deficiencias nutricionales en poblaciones rurales que han comenzado a integrar alimentos ricos en hidratos de carbono y grasas trans en sus dietas tradicionales.

Literatura citada

Abbas, M. A. (2017). Physiological functions of Vitamin D in adipose tissue. J Steroid Biochem Mol Biol, 165, 369–381. doi: https://doi.org/10.1016/j.jsbmb.2016.08.004

Albuquerque, D., Nóbrega, C., Manco, L., et al. (2017). The contribution of genetics and environment to obesity. Br Med Bull, 123(1) 159–173. doi: https://doi.org/10.1093/bmb/ldx022

Appannah, G., Pot, G., Huang, R., et al. (2015). Identification of a dietary pattern associated with greater cardiometabolic risk in adolescence. Nutr Metab Cardiovasc Dis, 25(7) 643–650. doi: https://doi.org/10.1016/j.numecd.2015.04.007

Ashman, A., Brown, L., Collins, C., et al. (2017). Factors Associated with Effective Nutrition Interventions for Pregnant Indigenous Women: A Systematic Review. J Acad Nutr Diet, 117(8), 1222-1253. doi: https://doi.org/10.1016/j.jand.2017.03.012

Bailey, R., West, K. y Black, R. (2015). The epidemiology of global micronutrient deficiencies. Ann Nutr Metab, 66, 22–33. doi: https://doi.org/10.1159/000371618

Barquera, S., Campos-Nonato, I., Hernández-Barrera, L., et al. (2013). Prevalencia de obesidad en adultos mexicanos. 2000-2012. Salud Publ Mex, 55(2),151-160.

Bharucha, Z. y Pretty, J. (2010). The roles and values of wild foods in agricultural systems. Philos Trans R Soc B: Biol Sci, 365(1554),2913–2926). doi: https://doi.org/10.1098/rstb.2010.0123

Fernández-Gaxiola, A., Bonvecchio, A., Plazas-Belausteguigoitia, M., et al. (2015). Guías alimentarias y de actividad física. En contexto de sobrepeso y obesidad en la población mexicana. Intersystem.

Borg, S., Verlaan, S., Hemsworth, J., et al. (2015). Micronutrient intakes and potential inadequacies of community-dwelling older adults: A systematic review. J Nutr, 113(8),1195–1206. doi: https://doi.org/10.1017/S0007114515000203

Brennan-Olsen, S., Vogrin, S., Leslie, W., et al. (2017). Fractures in indigenous compared to non-indigenous populations: A systematic review of rates and aetiology. Bone Rep, 6, 145–158. doi: https://doi.org/10.1016/j.bonr.2017.04.003

Brown, A., Brieger, D., Tonkin, A., et al. (2010). Coronary Disease in Indigenous Populations: Summary from the CSANZ Indigenous Cardiovascular Health Conference. Heart Lung Circ, 19(5–6), 299–305. doi: https://doi.org/10.1016/j.hlc.2010.02.022

Casanueva, E. (2008). Aspectos diagnósticos y terapéuticos, en Casanueva y Bourges (Eds.) Nutriología Médica (571-597). Panamericana.

Casanueva, E. (2008). Nutrición de la mujer adulta, en Casanueva, Kaufer, Pérez-Lizaur y Arroyo (Eds.), Nutriología Médica (173-211). Panamericana.

Castro, J., Fajardo, P., Robles, J., et al. (2016). Relación entre ingesta dietética de calcio y adiposidad corporal en adolescentes mujeres. Endocrinol Nutr, 63(2), 58–63. doi: https://doi.org/10.1016/j.endonu.2015.10.010

CEDIPEM (Consejo Estatal para el Desarrollo de los Pueblos Indígenas) (2020). Estadística. https://cedipiem.edomex.gob.mx/estadistica#:~:text=En%20 este%20sentido%2C%20el%20pueblo,mil%20178%20hablantes%20(0.7%20 %25).

Colmenares-Roa, T., Cervantes Molina, L., Ruesga Vázquez, M., et al. (2017). Sociodemographic and clinical overview of the indigenous population admitted to the Hospital General de México «Dr. Eduardo Liceaga». Revista Médica Del Hospital General de México, 80(1), 3–15. doi: https://doi.org/10.1016/j.hgmx.2016.07.004

Córdova, J. (2018). Guía de alimentos para la población mexicana. Secretaría de Salud. https://www.imss.gob.mx/sites/all/statics/salud/guia-alimentos.pdf

Cuervo, A., Corbalán, M., Baladía, E., et al. (2009). Comparison of dietary reference intakes (DRI) between different countries of the European Union, the United States and the world health organization. Nutr Hosp, 24(4), 384–414.

De Oliveira, D., Stampini, M., Machado, S., et al. (2012). Ingesta de calcio y control de la obesidad. Nutr Hosp, 27(6),1758–1771. doi: https://doi.org/10.3305/nh.2012.27.6.5977

Delisle, H. (2008). Poverty: The double burden of malnutrition in mothers and the intergenerational impact. Ann New York Acad Sci, 1136, 172–184. doi: https://doi.org/10.1196/annals.1425.026

DOF (Diario Oficial de la Federación) (2010). Norma Oficial Mexicana NOM 030-SSA2-2009 para la prevención, detección, diagnóstico, tratamiento y control de la hipertensión arterial sistémica. https://www.cndh.org.mx/DocTR/2016/JUR/A70/01/JUR-20170331-NOR21.pdf

DOF (Diario Oficial de la Federación) (2012). Norma Oficial Mexicana NOM 037-SSA2-2012 para la prevención, tratamiento y control de las dislipidemias. https://www.cndh.org.mx/DocTR/2016/JUR/A70/01/JUR-20170331-NOR36.pdf

DOF (Diario Oficial de la Federación) (2018). Norma Oficial Mexicana NOM 008-SSA3-2017 para el tratamiento integral del sobrepeso y la obesidad. https://www.dof.gob.mx/nota_detalle.php?codigo=5523105&fecha=18/05/2018&print=true)

Emkey, R. y Emkey, G. (2012). Calcium Metabolism and Correcting Calcium Deficiencies. Endocrinol Metab Clin North Am, 41(3),527–556. doi: https://doi.org/10.1016/j.ecl.2012.04.019

Eshak, E., Iso, H., Maruyama, K., et al. (2018). Associations between dietary intakes of iron, copper and zinc with risk of type 2 diabetes mellitus: A large population-based prospective cohort study. Clin Nutr, 37(2), 667–674. doi: https://doi.org/10.1016/j.clnu.2017.02.010

Ferrari, M. (2013). Intake estimation by means of a 24-hour reminder. Diaeta, 31(143), 20–25.

Galindo-Reyes, F., Ciruela-Lorenzo, A., Pérez-Moreno, S., et al. (2016). Rural indigenous women in Bolivia: A development proposal based on cooperativism. Women's Stud Int Forum, 59, 58–66. doi: https://doi.org/10.1016/j.wsif.2016.10.003

Gammon, C., Von Hurst, P., Coad, J., et al. (2012). Vegetarianism, vitamin B12 status, and insulin resistance in a group of predominantly overweight/obese South Asian women. Nutrition, 28(1), 20–24. doi: https://doi.org/10.1016/j.nut.2011.05.006

García, A. (2004). Matlatzincas. Comisión Nacional para el Desarrollo de los Pueblos Indígenas.

García-Lorda, P., Salas-Salvadó, J. y Cobo, J. M. (2005). Ingesta de calcio y obesidad. Med Clin (Barc), 124(12), 467-475.

Guzmán, M. C. (2019). Dieta Milpa-Monte-Traspatio: trascendencia socio-nutricional y su papel en las enfermedades crónicas no transmisibles. Tesis de Doctorado. Universidad Autónoma del Estado de México.

Habib, A., Naureen, G. y Iqbal, R. (2013). Assessing the effect of Dietary calcium intake and 25 OHD status on bone turnover in women in Pakistan, Arch Osteoporos: 8-151.

Hall, S. y Greendale, G. (1998). The Relation of Dietary Vitamin C Intake to Bone Mineral Density: Results from the PEPI Study. Calcf Tissue Int, 63,183-189.

Haththotuwa, R. N., Wijeyaratne, C. N. y Senarath, U. (2020). Worldwide epidemic of obesity. Obesity and Obstetrics, 3–8. doi: https://doi.org/10.1016/B978-0-12-817921-5.00001-1

Hess, S. (2017). National Risk of Zinc Deficiency as Estimated by National Surveys. Food Nutr Bull. 38 (1), 3–17. doi: https://doi.org/10.1177/03795721166689000

Hotz, C. (2007). Dietary indicators for assessing the adequacy of population zinc intakes. Food Nutr Bull, 28(3), S430-S453

INEGI (Instituto Nacional de Estadística y Geografía) (2020). Sistema para la consulta de información https://gaia.inegi.org.mx/scince2020/

INSP (Instituto Nacional de Salud Pública) (2012). Encuesta Nacional de Salud y Nutrición 2012. Resultados Nacionales. Available in https://ensanut.insp.mx/encuestas/ensanut2012/doctos/informes/ENSANUT2012ResultadosNacionales.pdf

Itkonen, S., Karp, H., Kemi, V., et al. (2013). Associations among total and food additive phosphorus intake and carotid intima-media thickness - A cross-sectional study in a middle-aged population in Southern Finland. Nutr J, 12(1). doi: https://doi.org/10.1186/1475-2891-12-94

Khan, A., Naureen, G., Iqbal, R., et al. (2013). Assessing the effect of dietary calcium intake and 25 OHD status on bone turnover in women in Pakistan. Arch Osteoporos, 8, 1–2. doi: https://doi.org/10.1007/s11657-013-0151-2

Leal, L. y Milena, C. (2010). Respuesta inadecuada a los patógenos y otros agresores: ¿deficiencia de vitamina A?. Iateria, 23(4),373-385

Lombardi, G., Ziemann, E., Banfi, G., et al. (2020). Physical activity-dependent regulation of parathyroid hormone and calcium-phosphorous metabolism. Int J Mol Sci, 21(15), 1–50. doi: https://doi.org/10.3390/ijms21155388

Low, J., Mwanga, R., Andrade, M., et al. (2017). Tackling vitamin A deficiency with biofortified sweetpotato in sub-Saharan Africa. Glob Food Sec, 14, 23–30. doi: https://doi.org/10.1016/j.gfs.2017.01.004

Mahalle, N., Kulkarni, M., Garg, M., et al. (2013). Vitamin B12 deficiency and hyperhomocysteinemia as correlates of cardiovascular risk factors in Indian subjects with coronary artery disease. J Cardiol, 61(4), 289–294. doi: https://doi.org/10.1016/j.jjcc.2012.11.009

McMahon, E., Webster, J., O'Dea, K., et al. (2015). Dietary sodium and iodine in remote Indigenous Australian communities: Will salt-reduction strategies increase risk of iodine deficiency. A cross-sectional analysis and simulation study. Energy balance-related behaviours. BMC Public Health, 15(1). doi: https://doi.org/10.1186/s12889-015-2686-1

Mejía-Rodríguez, F, Mundo-Rosas, V., García-Guerra, A. et al. (2023). Prevalencia de anemia en la población mexicana: análisis de la Ensanut Continua 2022. 65 (supl I). https://ensanut.insp.mx/encuestas/ensanutcontinua2022/doctos/analiticos/29-Anemia-ENSANUT2022-14771-72496-2-10-20230619.pdf

Michalski, E., Nguyen, P., Gonzalez-Casanova, I., et al. (2017). Serum 25-hydroxyvitamin D but not dietary vitamin D intake is associated with hemoglobin in women of reproductive age in rural northern Vietnam. J Clin Transl Endocrinol, 8, 41–48. doi: https://doi.org/10.1016/j.jcte.2017.05.001

Miller, B. y Welch, R. (2013). Food system strategies for preventing micronutrient malnutrition. Food Policy, 42, 115–128. doi: https://doi.org/10.1016/j.foodpol.2013.06.008

Moreno, L., Hernández, D., Silberman, M., et al. (2014). La transición alimentaria y la doble carga de malnutrición: cambios en los patrones alimentarios de 1961 a 2009 en el contexto socioeconómico mexicano. ALAN, 64(4).

Mursleen, M.T. y Riaz, S. (2017). Implication of homocysteine in diabetes and impact of folate and vitamin B12 in diabetic population. Diabetes Metab Syndr: Clin Res Rev. 11, S141–S146. doi: https://doi.org/10.1016/j.dsx.2016.12.023

Oldewage-Theron, W., Samuel, F. y Djoulde, R. (2010). Serum concentration and dietary intake of vitamins A and E in low-income South African elderly. Clin Nutr, 29(1), 119–123. doi: https://doi.org/10.1016/j.clnu.2009.08.001

Ortega, R., Jiménez, A. y López-Sobaler, A. (2015). El calcio y la salud. Nutr Hosp, 31, 10–17. doi: https://doi.org/10.3305/nh.2015.31.sup2.8677

Otero, G., Pechlaner, G., Liberman, G., et al. (2015). The neoliberal diet and inequality in the United States. Soc Sci Med, 142, 47–55. https://doi.org/10.1016/j.socscimed.2015.08.005

Pajuelo, J., Bernui, I., Sánchez, J., et al. (2016). Deficiencia de la vitamina D en mujeres adolescentes con obesidad. A Fac Med, 77(1), 15-19. doi: https://dx.doi.org/10.15381/anales.v77i1.11547

Percy, L., Mansour, D. y Fraser, I. (2017). Iron deficiency and iron deficiency anemia in women. Best Pract Res: Clin Obstet Gynaecol, 40,55–67. doi: https://doi.org/10.1016/j.bpobgyn.2016.09.007

Popkin, B. M. y Gordon-Larsen, P. (2004). The nutrition transition: Worldwide obesity dynamics and their determinants. Int J Obes, 28, S2–S9. doi: https://doi.org/10.1038/sj.ijo.0802804

Prasad, P. y Kochhar, A. (2016). Interplay of Vitamin D and metabolic syndrome: A review. Diabetes Metab Syndr: Clin Res Rev, 10 (2),105–112. doi: https://doi.org/10.1016/j.dsx.2015.02.014

Rincón, A. y Vizcarra, I. (2007). Gender and Ethnicithy in the future of the Native Maize of Matlatzinca Indigenous People. Soc y Amb, 5(13),81-104.

Sandstead, H. y Freeland-Graves, J. (2014). Dietary phytate, zinc and hidden zinc deficiency. J Trace Elem Med Biol, 28(4), 414–417. doi: https://doi.org/10.1016/j.jtemb.2014.08.011

Shama,T., Villalpando, S. y Mundo-Rosas, V. (2013). Prevalencia de anemia en mujeres mexicanas en edad reproductiva, 1999-2012. Salud Pub Mex, 55(2), S190-S198.

Shamah-Levy, T., Villalpando, S., Mejía-Rodríguez, F., et al. (2015). Prevalence of iron, folate, and vitamin B12 deficiencies in 20 to 49 years old women Prevalence of iron, folate: ENSANUT 2012. Salud Pública, 57, 385-939.

Shin, B., Choi, Y., Kim, H., et al. (2016). High dietary calcium intake and a lack of dairy consumption are associated with metabolic syndrome in obese males: The Korean National Health and Nutrition Examination Survey 2010 to 2012. Nutr Res, 36 (6), 518–525. doi: https://doi.org/10.1016/j.nutres.2016.01.002

Vizcarra, I. (2008). Entre las desigualdades de género: un lugar para las mujeres pobres en la seguridad alimentaria y el combate al hambre. Argumentos UAM-X, 21(57), 141-145.

Vizcarra, I. (2014). La feminización del campo mexicano en el siglo XXI. Localismos, transnacionalismos y protagonismos (1ª ed.). Plaza y Valdés.

Wirfält, E., Drake, I. y Wallström, P. (2013). What do review papers conclude about food and dietary patterns. Food Nutr Res, 57, 1-14. doi: https://doi.org/10.3402/fnr.v57i0.20523

World Health Organization (2016). Hidden hunger, a serious public health problem in Latin America and the Caribbean. Available in https://es.wfp.org/noticias/el-hambre-oculta-un-grave-problema-de-salud-publica-en-america-latina-y-el-caribe

Yary, T. y Aazami, S. (2012). Dietary intake of zinc was inversely associated with depression. Biol Trace Elem Res, 145(3), 286–290. doi: https://doi.org/10.1007/s12011-011-9202-y

Indicadores de riesgo cardiometabólico y evaluación de la dieta en mujeres pertenecientes a una comunidad rural

María del Carmen Guzmán Márquez,
Alejandra Donají Benítez Arciniega,
Ivonne Vizcarra Bordi,
Teresa Ochoa Rivera
y Lizbeth Morales González

Introducción

La prevalencia de obesidad se ha convertido en una epidemia debido a su aumento gradual, llegando al 42.2% de la población, definiéndose como una alteración metabólica que genera una inflamación de bajo grado, siendo factor de riesgo para el desarrollo de enfermedades crónicas no transmisibles (ECNT) como la enfermedad cardiovascular (ECV), diabetes *mellitus* tipo 2 (DM2), diferentes tipos de cáncer e hipertensión arterial (HTA), causales principales de muerte prematura (Bastien et al., 2014; Hales et al., 2020; World Health Organization, 2019), así como alteraciones músculo-esqueléticas e hígado graso no alcohólico (Engin, 2017). Estudios más específicos han demostrado una estrecha asociación entre el tejido adiposo visceral y la prevalencia de dislipidemias e HTA (Kammerlander et al., 2021).

El severo impacto de las ECNT se ve reflejado tanto en países desarrollados como en vías de desarrollo y, aunado a ello, diversos estudios concluyen que varios de los factores de riesgo dependen del nivel socioeconómico (Alberts et al., 2016; Dhungana et al., 2018).

Los indicadores antropométricos se han propuesto como herramientas costo-efectivas, validadas, no invasivas y de fácil medición, para llevar a cabo el diagnóstico del riesgo para el desarrollo de diversas alteraciones metabólicas y ECNT (Vidal et al., 2015), dentro de ellos la circunferencia de cintura (CC), el índice de masa corporal (IMC), el índice cintura-estatura (ICE) y el índice de conicidad (IC). Estos han sido utilizados por diversos investigadores alrededor del mundo, con la finalidad de tener herramientas antropométricas predictoras, así como puntos de corte de referencia para un diagnóstico oportuno (Lo et al., 2019).

Específicamente, en los estudios de Motamed et al. y de Liu et al., se refirió que el IC puede ser el mejor predictor de ECV a 10 años en mujeres y hombres, así como de DM2, obesidad abdominal, alteraciones metabólicas y riesgo cardiovascular (Motamed et al., 2015; Liu et al., 2022; Andrade et al., 2016).

Por otro lado, el ICE también se ha postulado como un índice predictor de diversas alteraciones metabólicas como prediabetes, DM2, dislipidemias, HTA y síndrome metabólico en mujeres (Lee et al., 2017; Liu et al., 2022).

Diversos estudios alrededor del mundo han identificado que en las últimas décadas se han desarrollado hábitos dietéticos conformados por una excesiva ingestión de energía y de alimentos ultraprocesados altos en grasas saturadas, sodio, azúcares añadidos y aditivos como saborizantes, colorantes y conservadores, los cuales han tenido un impacto negativo en la salud de las personas (Astrup et al., 2019; García et al., 2009), además de contribuir al desarrollo de sobrepeso y obesidad, siendo factores de riesgo para la presencia de ECV, cáncer y DM2, así como el incremento en la prevalencia de mortalidad prematura (Manuel et al., 2016; Suksatan et al., 2021).

Derivado de lo anterior, la ingestión de frutas y verduras se ha visto disminuida ya que, en promedio, la población consume menos porciones de las que recomienda la Organización Mundial de la Salud (OMS) —cinco porciones por día—, limitando la disponibilidad de nutrimentos y mermado la calidad de la dieta. Se ha documentado que esto se deriva de la adopción de estilos de vida no saludables, así como de la elección de la dieta occidental (Aryal et al., 2015; Dahal et al., 2021; Mirrafiei et al., 2022).

En recientes investigaciones se ha relacionado el sobrepeso y la obesidad central con la prevalencia de alteraciones metabólicas (Kawai et al., 2023), así como la asociación entre la ingestión elevada de energía, principalmente proveniente de alimentos ultraprocesados con elevado contenido de hidratos de carbono (HCO) y lípidos, con el desarrollo de obesidad, DM2, HTA, dislipidemias y ECV (Monteiro et al., 2018; Rauber et al., 2018). Sin embargo, es necesario identificar la relación existente entre la dieta con otros índices antropométricos que se han utilizado para el diagnóstico de riesgo de ECV y resistencia a la insulina.

Metodología

Se trata de un estudio poblacional, longitudinal, correlacional, observacional y explicativo. La población de estudio fueron mujeres mayores de edad, pertenecientes a una comunidad rural. La muestra se obtuvo a través de la técnica de bola de nieve (Hernádez et al., 2010), con cualquier condición económica, religiosa, social y política. Se eliminaron a quienes no tuvieron al menos 6 recordatorios de 24 horas (R24), evaluación antropométrica y que la información reportada no fuera plausible.

Las mediciones de peso, estatura y CC fueron realizadas por personal capacitado y estandarizado. Se midió el peso en kilogramos (kg) con una báscula electrónica TANITA® UM-061, precisión de 100 g, con la menor cantidad de ropa posible y sin zapatos. Se colocó a la persona en el centro de la balanza, sin apoyo, y con su peso distribuido de forma equitativa en ambos pies.

La estatura fue medida en metros (m) con un estadímetro portátil TANITA® HR-200, precisión de 0.1 cm, con la persona de pie, sin zapatos, pies juntos, talones, glúteos y la parte superior de la espalda en contacto con la escala, brazos relajados a los costados del cuerpo, con la cabeza sostenida de forma horizontal (plano de Frankfurt). La CC fue medida en cm con una cinta antropométrica, tipo Gulick, de fibra de vidrio retráctil, con capacidad de longitud de 0-150 cm. Se midió ubicando el borde costal inferior (décima costilla), las crestas ilíacas a nivel de la línea media axilar y se realizó la medición entre estos dos puntos.

El IMC se calculó dividiendo el peso (kg) entre la estatura^2 (m). El ICE se obtuvo dividiendo la CC (cm) entre la estatura en (m), y el IC se estimó a través de la fórmula propuesta por Valdez (1991).

La evaluación de la dieta habitual consistió en la aplicación de recordatorios de consumo de alimentos de 24 horas en múltiples ocasiones para la estimación del consumo energético y de nutrimentos. Estos se llevaron a cabo mediante una entrevista acerca del consumo de alimentos y bebidas reportadas en cantidades y preparaciones de manera individual que se hayan consumido en un lapso de 24 horas. Se analizó la información obtenida con el uso de *software* de cálculo dietético Nutrimind® (Franco et al., 2014).

Los datos cualitativos se describieron mediante frecuencias y porcentajes; los datos continuos a través de medidas de dispersión y ambos se presentaron en tablas. Las diferencias se hicieron a través de las pruebas estadísticas Ji-cuadrado, T de Student y U de Mann-Whitney, y para las correlaciones se utilizó Pearson y Spearman. Se uso el programa estadístico SPSS versión 24.0, las diferencias significativas fueron consideradas cuando la $p < 0.05$.

Resultados

Se incluyó un total de 83 mujeres, de las cuales 81 respondieron a los datos sociodemográficos. Para el análisis de los datos se dividió a las participantes en dos grupos de acuerdo con la edad: 19-45 años y mayores de 45 años, conformados por 48 y 35 mujeres, respectivamente.

Con una media de edad de 45.3±15.1 años, el 92.6% refiere tener algún grado de escolaridad y el 88.9% se dedican a las labores del hogar como amas de casa. Se comparó por grupos la escolaridad y el total de las mujeres del grupo 19-45 refirió tener estudios en comparación con el grupo >45 (82.9%), siendo estadísticamente significativo.

En la Tabla 1 también se presentan las variables antropométricas. La estatura tuvo una media de 1.49±0.05 cm para el grupo de 19-45 años y de 1.45±0.06 cm para el grupo >45 años y aunque no se encontraron diferencias estadísticas significativas, sí se identificó que ambos grupos se encuentran en la clasificación de estatura baja (<1.50cm) como lo marca la NOM-008-SSA3-2017 para el tratamiento integral del sobrepeso y la obesidad (Secretaría de Salud, 2018).

Tabla 1. Características sociodemográficas y antropométricas de las participantes

	Total = 81	Edad 19-45 años = 46	Edad >45 años = 35	p
	n (%)	n (%)	n (%)	
Estado civil[a]				
Con pareja	55 (67.9)	35 (76.1)	20 (57.1)	0.070
Escolaridad[a]				
Con escolaridad	75 (92.6)	46 (100.0)	29 (82.9)	0.004*
Ocupación[a]				
Hogar	72 (88.9)	40 (80.0)	32 (91.4)	0.526
	Total = 83	Edad 19-45 años = 48	Edad >45 años = 35	p
	$\bar{X}$ (DE)	$\bar{X}$ (DE)	$\bar{X}$ (DE)	
Edad (años)[b]	45.34 (15.14)	34.74 (7.29)	59.49 (10.81)	0.022*
Peso (g)[b]	62.80 (9.27)	62.35 (8.27)	63.42 (10.59)	0.336
Estatura (m)[b]	1.47 (0.06)	1.49 (0.05)	1.45 (0.06)	0.393
CC (cm)[b]	91.77 (8.52)	88.81 (7.71)	95.83 (7.98)	0.926
IMC (kg/m²)[b]	28.71 (3.80)	27.91 (3.51)	29.82 (3.96)	0.522

Fuente: Base de datos, elaboración propia. CC (circunferencia de cintura), IMC (índice de masa corporal), IC (intervalo de confianza). [a] Ji-cuadrado de Pearson. [b] T de Student. *p<0.05.

En cuanto a los indicadores de riesgo cardiometabólico (CC, IMC, ICE e IC; Tabla 2), las mujeres del grupo >45 años presentaron cifras más elevadas en los cuatro indicadores y, aunque no fueron estadísticamente significativos al compararlos, sí se identificó que, de acuerdo con los puntos de corte para cada indicador, ambos grupos presentan obesidad abdominal con una CC ≥88 cm (World Health Organization, 2011), obesidad con diagnóstico por IMC ≥25 kg/m² en mujeres de estatura baja (Secretaría de Salud, 2018), así como riesgo metabólico con un ICE >0.50 (Lee et al., 2015), y solo el grupo >45 años presentó riesgo metabólico con un IC >1.29 (Guzmán et al., 2022).

Tabla 2. Evaluación y análisis de indicadores de riesgo cardiometabólico

	Total = 83	Edad 19-45 años = 48	Edad >45 años = 35	p
	$\bar{X}$ (DE)	$\bar{X}$ (DE)	$\bar{X}$ (DE)	
CC (cm)	91.77 (8.52)	88.81 (7.71)	95.83 (7.98)	0.926
IMC (kg/m²)	28.71 (3.80)	27.91 (3.51)	29.82 (3.96)	0.522
ICE	0.62 (0.06)	0.59 (0.04)	0.65 (0.05)	0.643
IC	1.29 (0.07)	1.26 (0.06)	1.33 (0.06)	0.733

Fuente: Base de datos, elaboración propia. CC (circunferencia de cintura), IMC (índice de masa corporal), ICE (índice cintura-estatura), IC (índice de conicidad). [a] T de Student. [b] U de Mann-Whitney. *p<0.05.

El análisis de la dieta no mostró diferencias significativas entre los grupos, sin embargo, se identificó elevada ingestión de HCO >65%. En el caso de las proteínas (15%), fibra (25-30 g), calcio (1000 mg), hierro (21 mg), sodio (1600 mg), vitamina B12 (2.4 mg), están por debajo de las recomendaciones de ingestión diaria recomendada para población mexicana y solo la ingestión de vitamina D está dentro del rango de consumo recomendado (10 µg) (Tabla 3) (Bourges et al., 2009; Instituto Nacional de Ciencias Médicas y Nutrición Salvador Zubirán, 2016).

Tabla 3. Descripción de los datos de la ingestión dietética de las participantes

	Total = 83		Edad 19-45 años = 48		Edad >45 años = 35		p
	$\bar{X}$ (DE)	Mediana (IC 95%)	$\bar{X}$ (DE)	Mediana (IC 95%)	$\bar{X}$ (DE)	Mediana (IC 95%)	
HCO (%)[b]	65.40 (5.46)	65.33 (64.18-66.61)	64.80 (5.09)	64.31 (63.27-66.33)	66.16 (5.89)	66.70 (64.14-68.19)	0.129
Proteínas (%)[b]	13.86 (2.01)	13.38 (13.41-14.31)	13.73 (1.75)	13.36 (13.20-14.26)	14.03 (2.31)	13.38 (13.23-14.82)	0.760
Lípidos (%)[a]	20.73 (4.60)	20.55 (19.70-21.75)	21.46 (4.71)	21.10 (20.04-22.87)	19.79 (4.33)	19.34 (18.30-21.28)	0.811
Fibra (g)[a]	17.92 (8.59)	16.25 (16.00-19.83)	18.41 (10.41)	15.90 (15.28-21.54)	17.28 (5.50)	16.6 (15.39-19.18)	0.731
Calcio (mg)[a]	465.53 (138.76)	454.00 (434.65-496.41)	469.30 (139.08)	469.00 (427.51-511.08)	460.69 (140.22)	439.20 (412.52-508.86)	0.705
Hierro (mg)[b]	16.41 (4.46)	16.24 (15.41-17.40)	16.08 (4.09)	16.20 (14.84-17.31)	16.83 (4.93)	16.28 (15.14-18.53)	0.561
Sodio (g)[b]	605.83 (216.41)	606.55 (557.67-653.99)	614.20 (203.32)	614.50 (553.11-675.28)	595.06 (234.74)	593.60 (514.42-675.70)	0.476
Vitamina B12 (mg)[b]	1.56 (2.80)	1.00 (0.94-2.18)	1.85 (3.62)	1.00 (0.76-2.94)	1.18 (1.00)	1.00 (0.84-1.52)	0.981
Vitamina D (µg)[b]	15.11 (13.79)	12.95 (12.04-18.18)	14.62 (15.54)	10.00 (9.95-19.29)	15.73 (11.35)	13.60 (11.83-19.63)	0.237
AGS (gr)[b]	3.77 (1.98)	3.50 (3.33-4.21)	3.92 (2.08)	3.50 (3.29-4.54)	3.59 (1.85)	3.00 (2.95-4.23)	0.973
AGM (gr)[b]	2.58 (1.60)	2.30 (2.22-2.94)	2.57 (1.47)	2.30 (2.12-3.01)	2.60 (1.77)	2.30 (1.99-3.21)	0.404
AGP (gr)[b]	3.39 (1.77)	3.00 (2.99-3.78)	3.48 (1.94)	3.00 (2.90-4.06)	3.27 (1.55)	2.90 (2.73-3.80)	0.587

Fuente: Base de datos, elaboración propia. HCO: hidratos de carbono, AGS: ácidos grasos saturados, AGM: ácidos grasos monoinsaturados, AGP: ácidos grasos polinsaturados. [a] T de Student. [b] U de Mann-Whitney. *p<0.05.

Tabla 4. Correlación de la ingestión dietética y los indicadores de riesgo cardiometabólico

	Total = 83				Edad 19-45 años = 48				Edad >45 años = 35			
	CC cm	IMC kg/m^2	ICE	IC	CC cm	IMC kg/m^2	ICE	IC	CC cm	IMC kg/m^2	ICE	IC
HCO (%)[b]	0.100	0.037	0.213	0.172	0.014	0.072	0.131	0.065	0.190	0.002	0.210	**0.414**
Proteínas (%)[b]	0.023	0.008	-0.040	-0.022	0.042	-0.041	-0.030	0.011	-0.009	0.011	-0.091	-0.135
Lípidos (%)[a]	-0.148	-0.018	-0.203	-0.281	-0.018	0.022	-0.087	0.166	-0.174	0.030	0.184	**-0.369**
Fibra (g)[b]	-0.195	-0.276	-0.216	-0.014	-0.397	-0.417	-0.404	-0.113	0.009	-0.105	-0.170	0.052
Calcio (mg)[a]	-0.167	-0.216	-0.230	0.085	-0.261	-0.314	-0.313	-0.093	-0.054	0.100	0.178	0.064
Hierro (mg)[b]	0.070	-0.224	-0.186	0.036	-0.180	-0.291	-0.235	0.047	0.087	-0.099	-0.186	-0.039
Sodio (g)[b]	0.055	0.041	-0.033	0.022	0.075	0.070	0.098	0.157	0.141	0.070	-0.068	0.024
Vitamina B12 (mg)[b]	0.044	0.022	-0.108	-0.122	0.007	0.091	0.113	-0.146	-0.006	-0.104	-0.243	-0.051
Vitamina D (UI)[b]	0.090	0.203	0.078	0.074	-0.008	0.187	0.053	0.201	0.051	0.171	0.133	0.171
AGS (g)[b]	-0.209	-0.140	-0.226	-0.223	-0.186	-0.158	-0.188	-0.070	-0.239	-0.151	-0.340	**-0.379**[b]
AGM (g)[b]	-0.146	-0.069	-0.137	-0.178	-0.199	-0.141	-0.187	-0.099	-0.188	-0.115	-0.264	-0.315
AGP (g)[b]	-0.221	-0.190	-0.268	0.166	-0.172	0.214	0.234	-0.010	-0.255	0.167	-0.373	-0.313

Fuente: Base de datos, elaboración propia. HCO: hidratos de carbono, AGS: ácidos grasos saturados, AGM: ácidos grasos monosaturados, AGP: ácidos grasos polisaturados. [a]Correlación de Spearman. [b]Correlación de Pearson. *p<0.05.

En la Tabla 4 se presentan los resultados de la correlación entre los componentes de la dieta y los indicadores de riesgo cardiometabólico. En la muestra total, la CC presentó una correlación inversa con la ingestión de ácidos grasos poliinsaturados (AGP); el IMC también tuvo correlaciones inversas con la ingestión de hierro y fibra; el ICE con calcio, ácidos grasos saturados (AGS) y AGP, y el IC se correlacionó con los lípidos y los AGS. Todas las correlaciones fueron estadísticamente significativas.

Al realizar el análisis por grupo de edad, la CC, el IMC y el ICE se correlacionaron inversa y de manera significativa con la ingestión diaria de fibra (r=-0.397, r=-0.417 y r=0.404, respectivamente) en el grupo de 19-45 años. En este mismo grupo, se demostró que a mayor ingestión de calcio menor es el IMC (r=-0.314) y el ICE (r=-0.313).

En el grupo >45 años, el ICE se correlacionó inversamente con los porcentajes de AGS y AGP (r=-0.340 y r=-0.373, respectivamente). Se identificó una relación positiva, la cual refiere que a mayor ingestión del porcentaje de HCO aumenta el IC (r=0.414), y de manera inversa con el porcentaje de lípidos (r=-0.369) y con el porcentaje de AGS (r=-0.379).

Discusión y conclusiones

Diversos estudios han referido que los componentes de la dieta como AGS y los HCO simples tienen una gran relación con el riesgo de enfermedades cardiometabólicas, así como la deficiencia de vitaminas y nutrimentos inorgánicos que interfieren en el correcto desarrollo y metabolismo, lo cual presenta una relación estrecha con el riesgo de obesidad abdominal y resistencia a la insulina, entre otras alteraciones metabólicas (Maroufi et al.,2018; Srimani et al., 2017; Dubey et al., 2020).

La obesidad abdominal es muy reconocida como un factor de riesgo que impacta de manera negativa en la calidad de vida e incremento en las tasas de morbimortalidad e incapacidad, así como elevados costos sanitarios. Además, está relacionada con los componentes del síndrome metabólico, así como con HTA, DM2 y ECV (Yohannes, 2019; Corona et al., 2017).

En el presente estudio la muestra presentó una CC 91.7 cm en ambos grupos, y las mujeres mayores de 45 años tuvieron la CC más grande (95.8), mucho mayor a las cifras reportadas por Bereka et al., quienes en el análisis de la prevalencia de obesidad abdominal en mujeres de Etiopía identificaron una media de 79.4 cm con 29.5% de obesidad abdominal (Bereka et al., 2022). Diversas investigaciones han demostrado que la prevalencia de obesidad abdominal es un factor de riesgo importante para el desarrollo de síndrome metabólico, además de ser asociada con HTA, DM2 y ECV (Ross et al., 2020; Armstrong et al., 2022).

La ingestión diaria recomendada de micronutrimentos mantiene el proceso de homeostasis en el organismo, lo que origina un adecuado funcionamiento del metabolismo y de la respuesta inmunitaria frente a diversos agentes externos, por lo que la deficiencia de estos puede generar alteraciones en los procesos fisiológicos, como la vitamina B12 que puede ser precursora de anemia megaloblástica, pérdida de fuerza corporal, limitaciones cognitivas, así como alteraciones en el sistema nervioso central (Gasmi et al., 2021). En el presente estudio, las mujeres de ambos grupos de edad presentaron una media de ingestión de vitamina B12 por debajo de las recomendaciones de ingestión diaria.

Asimismo, la correcta ingestión de vitamina D juega un papel importante en la prevención de anemia, ya que trabaja simbióticamente con el hierro para la correcta absorción de este último, además de que interviene en el buen funcionamiento del sistema músculo-esquelético y en la regulación del metabolismo mineral óseo, así como evitar el deterioro neurocognitivo (Maretzke et al., 2020; Pludowski et al., 2022). Dentro de la evaluación de la dieta se identificó que hay una correcta ingestión de vitamina D, lo que provee un factor protector en el desarrollo de alteraciones metabólicas.

El hierro es un elemento traza que tiene una función esencial en los procesos fisiológicos, su deficiencia puede generar alteraciones como anemia, ansiedad y pérdida de cabello (Zhou et al., 2022). En el estudio de Zhou se encontró que las concentraciones de hierro se asociaron de manera positiva con el riesgo de ECV.

La baja ingestión de calcio se ha relacionado el desarrollo de resistencia a la insulina, aumento de la masa grasa visceral, así como riesgo de síndrome metabólico (Pannu et al., 2017).

Finalmente se concluye que los indicadores de riesgo cardiometabólico presentan relación con los componentes de la dieta, identificando que a menor ingestión de lípidos, fibra, calcio, hierro, AGS y AGP aumenta la prevalencia de obesidad, el riesgo de resistencia a la insulina y cardiovascular. Asimismo, el uso de diferentes indicadores antropométricos para la detección del riesgo de ECNT son herramientas de fácil aplicación, de bajo costo y confiables para su uso en localidades de acceso limitado a los servicios de salud, de bajo ingreso económico, así como para evaluación de grandes poblaciones.

Literatura citada

Alberts, M., Maimela, E., Modjadji, S. E., et al. (2016). The Prevalence and Determinants of Chronic Non-Communicable Disease Risk Factors amongst Adults in the Dikgale Health Demographic and Surveillance System (HDSS) Site, Limpopo Province of South Africa. PLoS One, 11(2), e0147926. doi: https://doi.org/10.1371/journal.pone.0147926

Andrade, M. D., Freitas, M. C., Sakumoto, A. M., et al. (2016). Association of the conicity index with diabetes and hypertension in Brazilian women. Archives of Endocrinology and metabolism, 60(5), 436-442. doi: https://doi.org/10.1590/2359-3997000000187

Armstrong, A., Jungbluth, K., Sabag, A., et al. (2022). Effect of aerobic exercise on waist circumference in adults with overweight or obesity: A systematic review and meta-analysis. Obesity reviews, 23(8), e13446. doi: https://doi.org/10.1111/obr.13446

Aryal, K. K., Mehata, S., Neupane, S., et al. (2015). Communicable Diseases Risk Factors in Nepal: Findings from a Nationwide STEPS Survey. PloS one, 10(8), e0134834. doi: https://doi.org/10.1371/journal.pone.0134834

Astrup, A. y Bügel, S. (2019). Overfed but undernourished: recognizing nutritional inadequacies/deficiencies in patients with overweight or obesity. Int J Obes (Lond), 43(2), 219-232. doi: https://doi.org/10.1038/s41366-018-0143-9

Bastien, M., Poirier, P., Lemieux, I., et al. (2014). Overview of epidemiology and contribution of obesity to cardiovascular disease. Prog Cardiovasc Dis, 56(4), 369-381. doi: 10.1016/j.pcad.2013.10.016

Bereka, S. G., Demisse, A. W., Getahun, G. K. (2022). Prevalence of abdominal obesity and associated risk factors among women civil servants in Addis Ababa,

Ethiopia, 2021: an institution-based study. BMC nutrition, 8(1), 119. doi: https://doi.org/10.1186/s40795-022-00613-9

Bourges, R., Casanueva, E. y Rosado, J. (2009). Recomendaciones de ingestión de nutrimentos para la población mexicana. México: Editorial Médica Panamericana.

Buzzard, M. (1998). 24-hours dietary recall and food record methods en W. Willett, Nutritional Epidemiology (Segunda ed., págs. 50-73). New York: Oxford University Press.

Corona, L. P., Alexandre, T. D., Duarte, Y. A., et al. (2017). Abdominal obesity as a risk factor for disability in Brazilian older adults. Pulbic Health Nutrition, 20(6), 1046-1053. doi: https://doi.org/10.1017/S1368980016003505

Dahal, S., Sah, R. B., Niraula, S. R., et al. (2021). Prevalence and determinants of non-communicable disease risk factors among adult population of Kathmandu. PLos ONE, 16(9), e0257037. doi: https://doi.org/10.1371/journal.pone.0257037

Dhungana, R. R., Thapa, P., Devkota, S., et al. (2018). Prevalence of cardiovascular disease risk factors: A community-based cross-sectional study in a peri-urban community of Kathmandu, Nepal. Indian Heart J, 70(Suppl 3), S20-S27. doi: https://doi.org/10.1016/j.ihj.2018.03.003

Do Prado, C. B., Martins, C. A., Cremonini, A. C., et al. (2022). Cut Points of the Conicity Index and Associated Factors in Brazilian Rural Workers. Nutrients, 14(21), 4487. doi: https://doi.org/10.3390/nu14214487

Dubey, P., Thakur, V. y Chattopadhyay, M. (2020). Role of Minerals and Trace Elements in Diabetes and Insulin Resistance. Nutrients, 6, 1864. doi: https://doi.org/10.3390/nu12061864

Engin, A. (2017). Non-Alcoholic Fatty Liver Disease. Adv Exp Med Biol, 960, 443-467. doi: https://doi.org/10.1007/978-3-319-48382-5_19

Franco, K., Valdés, E. H. y Escoto, M. (2014). «Definición y evaluación de hábitos alimentarios» en A. López-Espinoza, & C. R. Magaña González, Hábitos alimentarios. Psicobiología y Socioantropología de la Alimentación (págs. 151-159). México: Mc Graw Hill Education.

García, O. P., Long, K. Z. y Rosado, J. L. (2009). Impact of micronutrient deficiencies on obesity. Nutr Rev, 67(10), 559-572. doi: https://doi.org/10.1111/j.1753-4887.2009.00228.x

Gasmi, A., Bjørklund, G., Mujawdiya, P. K., et al. (2021). Micronutrients deficiences in patients after bariatric surgery. European Journal of Nutrition, 1, 55-67. doi: https://doi.org/10.1007/s00394-021-02619-8

Guzmán, M. C., Vizcarra, I., Ochoa, T., et al. (2021). Anthropometric predictors for cardiovascular risk in Indigenous women in Mexico: an inexpensive alternative in rural clinical practice. Rural and Remote Health, 21(4), 6133. doi: https://doi.org/10.22605/RRH6133

Hales, C. M., Carroll, M. D., Fryar, C. D., et al. (2020). Prevalence of Obesity and Severe Obesity Among Adults: United States, 2017-2018. NCHS Data Brief(360), 1-8.

Hernádez, R., Fernádez, C., Baptista, P. (2010). «El análisis de los datos cualitativos» en R. Hernández Sampieri, P. Baptista Lucio, & C. Fernández Collado, Metodología de la investigación (págs. 439-478). México: McGraw Hill.

Hernández, J., Duchi, P. N. (2015). Índice cintura/talla y su utilidad para detectar riesgo cardiovascular y metabólico. Revista Cubana de Endocrinología, 26(1), 66-76.

Instituto Nacional de Ciencias Médicas y Nutrición Salvador Zubirán (2016). Tablas de composición de alimentos y productos alimenticios. Versión condensada (J. C. Morales de León, H. Bourges Rodríguez, & M. E. Camacho Parra, Edits.) México: Instituto Nacional de Ciencias Médicas y Nutrición Salvador Zubirán.

Jiang, J., Deng, S., Chen, Y., et al. (2016). Comparison of visceral and body fat indices and anthropometric measures in relation to untreated hypertension by age and gender among Chinsese. Int J Cardiol, 204, 204-211. doi: 10.1016/j.ijcard.2016.06.032

Kammerlander, A. A., Lyass, A., Mahoney, T. F., et al. (2021). Sex Differences in the Associations of Visceral Adipose Tissue and Cardiometabolic and Cardiovascular Disease Risk: The Framingham Heart Study. J Am Heart Assoc, 10(11). doi: https://doi.org/10.1161/JAHA.120.019968

Kawai, T., Autieri, M. V. y Scalia, R. (2021). Adipose tissue inflammation and metabolic dysfunction in obesity. Am J Physiol Cell Physiol, 320(3), C375-391. doi: https://doi.org/10.1152/ajpcell.00379.2020

Lee, B. J. y Yim, M. H. (s. f.). Comparison of anthropometric and body composition indices in the identification of metabolic risk factors. Scientific Reports2021, 11(1), 9931. doi:https://doi.org/10.1038/s41598-021-89422-x

Liu, C. A., Liu, T., Ruan, G. T., et al. (2023). The relationship between fat distribution in central region and comorbidities in obese people: Based on NHANES 2011-2018. Frontiers in endocrinology, 14, 1114963. doi: https://doi.org/10.3389/fendo.2023.1114963

Liu, X.-c., Liu, Y.-s., Guan, H.-x., et al. (2022). Comparison of six anthropometric measures in discriminating diabetes: A cross-sectional study from the National Health and Nutrition Examination Survey. Journal of Diabetes, 14(7), 465-475. doi: https://doi.org/10.1111/1753-0407.13295

Lo, K., Liu, Q., Allison, M., et al. (2019). Prospective Associations of Waist-to-Height Ratio With Cardiovascular Events in Postmenopausal Women: Results From the Women's Health Initiative. Diabetes Care, 42(9), e148-e149. doi: https://doi.org/10.2337/dc19-0612

Manuel, D. G., Perez, R., Sanmartin, C., et al. (2016). Measuring Burden of Unhealthy Behaviours Using a Multivariable Predictive Approach: Life Expectancy Lost in

Canada Attributable to Smoking, Alcohol, Physical Inactivity, and Diet. PLoS Med, 13(8), e1002082. doi: https://doi.org/10.1371/journal.pmed.1002082

Maretzke, F., Bechthold, A., Egert, S., et al. (2020). Role of Vitamin D in Preventing and Treating Selected Extraskeletal Diseases-An Umbrella Review. Nutrients, 12(4), 969. doi: 10.3390/nu12040969

Maroufi, N. F., Pezeshgi, P., Mortezania, Z., et al. (2018). Association between vitamin D deficiency and prevalence of metabolic syndrome in female population: a systematic review. Hormone molecular biology and clinical investigation, 41(4), 10.1515/hmbci-2020-0033. doi: https://doi.org/10.1515/hmbci-2020-0033

Mirrafiei, A., Jabbarzadeh, B., Hosseini, Y., et al. (2022). No association between dietary magnesium intake and body composition among Iranian adults: a cross-sectional study. BMC Nutr, 8(1), 39. doi: https://doi.org/10.1186/s40795-022-00535-6

Monteiro, C. A., Cannon, G., Moubarac, J. C., et al. (2018). The UN Decade of Nutrition, the NOVA food classification and the trouble with ultra-processing. Public Health Nutrition, 1, 5-17. doi: https://doi.org/10.1017/S1368980017000234

Motamed, N., Perumal, D., Zamani, F., et al. (2015). Conicity Index and Waist-to-Hip Ratio Are Superior Obesity Indices in Predicting 10-Year Cardiovascular Risk Among Men and Women. Clinical Cardiologu, 38(9), 527-534. doi: https://doi.org/10.1002/clc.22437

Ononamadu, C. J., Ezekwesili, C. N., Onyeukwu, O. F., et al. (2017). Comparative analysis of anthropometric indices of obesity as correlates and potential predictors of risk for hypertension and prehypertension in a population in Nigeria. Cardiovascular Journal of Africa, 28(2), 92-99. doi: https://doi.org/10.5830/CVJA-2016-061

Pludowski, P., Takacs, I., Boyanov, M., et al. (2022). Clinical Practice in the Prevention, Diagnosis and Treatment of Vitamin D Deficiency: A Central and Eastern European Expert Consensus Statement. Nutrients, 14(7), 1483. doi: https://doi.org/10.3390/nu14071483

Rauber, F., Da Costa, M. L., Steele, M., et al. (2018). Ultra-Processed Food Consumption and Chronic Non-Communicable Diseases-Related Dietary Nutrient Profile in the UK (2008-2014). Nutrients, 10(5), 587. doi: https://doi.org/10.3390/nu10050587

Ross, R., Neeland, I. J., Yamashita, S., et al. (2020). Waist circumference as a vital sign in clinical practice: a Consensus Statement from the IAS and ICCR Working Group on Visceral Obesity. Nature reviews. Endocrinology, 16(3), 177-189. doi: https://doi.org/10.1038/s41574-019-0310-7

Srimani, S., Saha, I. y Chaudhuri, D. (2017). Prevalence and association of metabolic syndrome and vitamin D deficiency among postmenopausal women in a rural block of West Bengal, India. PloS one, 12(11), e0188331. doi: https://doi.org/10.1371/journal.pone.0188331

SSA (Secretaría de Salud) (2018). Norma Oficial Mexicana NOM-008-SSA3-2017, para el tratamiento integral del sobrepeso y la obesidad. Secretaría de Salud, Ciudad de México.

Suksatan, W., Moradi, S., Naeini, F., et al. (2021). Ultra-Processed Food Consumption and Adult Mortality Risk: A Systematic Review and Dose-Response Meta-Analysis of 207,291 Participants. Nutrients, 14(1), 174. doi: https://doi.org/10.3390/nu14010174

Tran, N. T., Blizzard, C. L., Luong, K. N., et al. (2018). The importance of waist circumference and body mass index in cross-sectional relationship with risk of cardiovascular disease in Vietnam. PLos ONE, 13(5), e-0198202.

Valdez, R. (1991). A simple model based index of abdominal adiposity. J Clin Epidemiol, 44(9), 955-956.

Vidal, M., Queiroz, A., Oliveira, K., et al. (2015). Anthropometric indicators of obesity as predictors of cardiovascular risk in the elderly. Nutrición Hospitalaria, 31(6), 2583-2589. doi: https://doi.org/10.3305/nh.2015.31.6.8372

Vidal, M., Queiroz, A., Olivera, K., et al. (2015). Anthropometric indicators of obesity and predictors of cardiovascular risk in the elderly. Nutrición Hospitalaria, 31(6), 2583-2589. doi: https://doi.org/10.3305/NH.2015.31.6.8372

WHO (World Health Organization) (2011). Recuperado el 10 de 12 de 2022, de https://www.who.int/publications/i/item/9789241501491

WHO (World Health Organization) (2019). Recuperado el 04 de 11 de 2022, de World Health Organization: https://www.who.int/news-room/fact-sheets/detail/the-top-10-causes-of-death

Yohannes, M. (2019). Prevalence of overwelght and obesity among office-based urban civil cervants in southern nations, nationalities and people´region, Ethiopia. Ethiopia Med Journal, 57(2), 133-141.

Zhou, J., Zhao, R., Wang, D., et al. (2022). Sex-Specific Association Between Iron Status and the Predicted 10-Year Risk for Atherosclerotic Cardiovascular Disease in Hypertensive Patients. Biological Trace Element Research, 200(11), 4594-4607. doi: https://doi.org/10.1007/s12011-021-03060-y

Calidad de la dieta y sobrepeso-obesidad en escolares de poblaciones vulnerables mexiquenses

Carmen Liliana Ceballos Juárez,
Alejandra Donají Benítez Arciniega,
Ivonne Vizcarra Bordi,
Adriana Zambrano Moreno
y Raquel Escobar González

Introducción

La malnutrición en la población infantil se ha incrementado de manera preocupante en los últimos años en todo el mundo. La evidencia ha demostrado que este problema de salud pública impacta en el crecimiento, desarrollo y maduración de los niños, comprometiendo su salud y esperanza de vida. Uno de los principales factores que se ha asociado con esta situación es el consumo de una dieta de baja calidad (Afshin et al., 2019; Dalwood et al., 2020; Green et al., 2016; IFPRI, 2016; Michaud et al., 2007; Stanaway et al., 2018; WHO, 2017).

La calidad de la dieta (CD) es el grado en el que la misma satisface las necesidades y recomendaciones de nutrimentos o grupos de alimentos (GA) y reduce el riesgo de desarrollar enfermedades crónicas no transmisibles (ECNT), que está influenciado por el entorno cultural, alimentario, socioeconómico y preferencias alimentarias personales. La evaluación de la CD identifica los hábitos de alimentación de las poblaciones, la eficacia de las intervenciones dietéticas e incluso, los riesgos para predecir la morbimortalidad (Alkerwi, 2014; Asghari et al., 2017; Collins et al., 2015; Hendrie et al.,2013; Macedo-Ojeda et al., 2016; Marshall et al., 2014).

Para evaluar la CD a nivel poblacional, se han validado índices de calidad de la dieta (ICD) *a priori*, que consideran el apego a un patrón dietético determinado o a las recomendaciones nutricionales; y *a posteriori*, que parten de la deducción de puntajes según el consumo de GA, de los atributos seleccionados por el investigador y de los objetivos de las investigaciones. Sin embargo, es necesario diseñar y validar índices que puedan ser utilizados en las diferentes poblaciones (Alkerwi, 2014; Asghari et al., 2017; Avery et al., 2017; Kennedy et al., 1995; Miller et al., 2020; Núñez-Rivas et al., 2020).

Antecedentes

Aunque se conoce el papel que tiene la CD en el desarrollo de malnutrición en población infantil, los ICD han sido creados principalmente para población adulta (Alkerwi, 2014). En México, solo se ha identificado un ICD *a priori* parapoblación infantil en niños menores de 5 años (Monterrosa et al., 2015).

Evaluar la CD en la población infantil es una necesidad de salud pública, ya que contribuye a consolidar un estilo de vida saludable en la adultez (Rosa et al., 2017).

La Organización Mundial de la Salud (OMS) en 2016 estimó que más de 340 millones de niños y adolescentes, entre 5 y 19 años edad, presentaban sobrepeso u obesidad (WHO, 2016). En México, la Encuesta Nacional de Salud y Nutrición 2018-19 (ENSANUT), reportó una prevalencia combinada de sobrepeso-obesidad (Sp-Ob) de 35.5% en escolares (INSP, 2020).

Evaluar la CD en escolares es importante para conocer cómo se relaciona con su estado de salud y de nutrición (Al-Khudairy et al., 2017; Australian Bureau of Statistics, 2017). Para identificar el estado de nutrición se ha utilizado el índice de masa corporal (IMC); sin embargo, tiene limitaciones en esta población (CDC, 2015; WHO, 2006), por lo que el uso de otras herramientas antropométricas como el índice cintura-estatura (ICE) es relevante por ser simple, económico y preciso para evaluar la obesidad central y su correlación con alteraciones cardiometabólicas en niños (De Santis Filgueiras et al., 2018; Muñoz-Cano et al., 2010; Valle-Leal et al., 2016).

El objetivo de este estudio fue asociar la CD con Sp-Ob en escolares mexiquenses.

Metodología

Se realizó un estudio transversal en 504 niños, de 5 a 12 años de edad, matriculados en cuatro escuelas públicas de educación básica de tres comunidades de los entornos rural y urbano del Estado de México, México, entre 2018 y 2021.

El protocolo cumple con las reglas de la Declaración de Helsinki para la investigación en seres humanos y fue aprobado por el Comité de Ética de Investigación del Centro de Investigación en Ciencias Médicas de la Universidad Autónoma del Estado de México (2019/07).

Calidad de la dieta

Para la evaluación de la CD se realizó un análisis *a posteriori* de la dieta reportada por los escolares en múltiples registros de consumo de alimentos de tres días (R3), aplicados durante 12 meses para considerar la influencia de los cambios estacionales y la disponibilidad de alimentos por la temporalidad. Se solicitó a madres, padres o tutores de los escolares que anotaran en los formatos de R3 todos los alimentos y bebidas consumidos durante tres días, que indicaran los tiempos de comida, horarios, lugares, cantidades en medidas caseras, ingredientes utilizados y modo de preparación.

Se revisaron minuciosamente los R3 antes de codificar el consumo reportado a través del Sistema Mexicano de Alimentos Equivalentes (SMAE) (Pérez, 2014). Cuando el alimento o platillo consumidos no se encontró en él, se usó la tabla nutrimental de su empaque o se procesó de manera manual la receta considerando los menús estandarizados de la alimentación en México.

Se utilizó el *software* Nutrimind, versión 15.0, basado en el SMAE y en la National Nutrient Database for Standard Reference del United States Department of Agriculture, Agricultural Research Service (USDA) para medir la energía y los componentes nutricionales que aportaba la dieta como hidratos de carbono (HCO), proteínas, lípidos, colesterol, ácidos grasos monoinsaturados (AGM), ácidos grasos poliinsaturados (AGP), ácidos grasos saturados (AGS), fibra, calcio, fósforo, hierro, potasio, sodio, zinc y vitaminas A, B12, C y D.

Después, se obtuvieron los promedios de consumo de cada alimento en gramos o mililitros (g o ml, respectivamente) por escolar por día, seguido de la agrupación de los alimentos de acuerdo con la clasificación del SMAE: verduras, frutas, cereales y tubérculos; leguminosas, alimentos de origen animal, lácteos, aceites y grasas, y azúcares (Pérez, 2014). Luego, se ajustó el consumo de GA y componentes nutricionales por densidad energética.

El consumo ajustado de los 8 GA se calificó con puntuaciones de 1 a 3, según los terciles, y el consumo más cercano a la recomendación recibió la mayor cantidad de puntos. Los escolares en el tercil de consumo más alto de los GA (verduras, frutas, cereales y tubérculos; leguminosas, alimentos de origen animal y lácteos) recibieron las puntuaciones más altas.

Para los GA (aceites y grasas, y azúcares), la puntuación se invirtió con el tercil de consumo más bajo. Los escolares que no consumieron algún GA recibieron 0 puntos. La puntuación final fue la suma de las puntuaciones específicas de los GA, considerando que tenían una baja CD los escolares con un puntaje de 0 a 16 y una alta CD los escolares con un puntaje de 17 a 24.

Para evaluar el consumo de los componentes nutricionales se consideraron las ingestiones diarias recomendadas (IDR) para escolares mexicanos (Palafox et al., 2012; Peña et al., 2010).

Índice cintura-estatura

Para el cálculo del ICE, se realizaron mediciones antropométricas a los escolares por un personal ya capacitado y estandarizado. La circunferencia de cintura (CC) se midió en centímetros (cm) con una cinta métrica inextensible a la mitad de la distancia entre el reborde costal y la cresta ilíaca en bipedestación y espiración. La estatura se midió en cm utilizando un estadímetro vertical marca SECA®, modelo 213 (1 mm de precisión), con el escolar descalzo y la cabeza orientada en el plano de Frankfort.

Una vez obtenidas las mediciones, se utilizó la fórmula: CC cm/estatura cm y se interpretó el resultado con las siguientes categorías: 0.48 a 0.50 en niños y de 0.47 a 0.49 en niñas es sobrepeso y > o igual a 0.51 en niños y > o igual a 50 en niñas es obesidad (Bauce et al., y 2020; Marrodán et al., 2013).

Análisis estadístico

Se calcularon estadísticos descriptivos para las variables sociodemográficas y antropométricas. Las variables dietéticas se expresaron en medias ± desviaciones estándar (m ± DE). Se calculó la prueba de ANOVA para variables numéricas y la prueba de Ji-cuadrado para las variables categóricas. La normalidad de la distribución de las variables continuas se evaluó con la prueba Kolmogorov-Smirnov.

Se consideró un nivel de significancia estadística de $p<0.05$ para todos los análisis estadísticos, los cuáles se calcularon utilizando IBM SPSS Statistics v. 23.0 para Windows.

Resultados

De los 504 escolares participantes, se identificó que 66.1% (n=333) tenían una baja CD y que, a mayor edad de los escolares, menor CD. Los escolares del entorno urbano fueron los que presentaron una alta CD ($p<0.05$). En la Tabla 1 se muestran las características de los escolares por CD.

En cuanto al ICE por CD, se encontró que los escolares con diagnóstico de peso normal y sobrepeso tuvieron una alta CD, mientras que los escolares con obesidad presentaron una baja CD ($p<0.05$; Tabla 2).

Al comparar la CD por consumo de GA, se identificó que los escolares con alta CD consumían más verduras, frutas, cereales y tubérculos, leguminosas, alimentos de origen animal y lácteos que los escolares con baja CD. No se encontraron diferencias en el consumo de los GA aceites y grasas, y azúcares entre los grupos (Tabla 3).

Tabla 1. Características de los escolares por calidad de la dieta

Características	Calidad de la dieta				*p
	Baja (n = 333 66.1%)		Alta (n = 171 33.9%)		
	media	DE	media	DE	
Edad	9.7	1.7	9.3	1.6	<0.05
	n	%	n	%	
Género					
Masculino	145	43.5	67	39.2	<0.05
Femenino	188	56.5	104	60.8	
Entorno					
Rural	123	36.9	37	21.6	<0.05
Urbano	210	63.1	134	78.4	

Fuente: Base de datos, elaboración propia. La prueba de ANOVA se utilizó para variables numéricas (edad) y la prueba de Ji-cuadrado para variables categóricas (género y entorno); *p<0.05.

Tabla 2. Índice cintura estatura de los escolares por calidad de la dieta

Índice cintura estatura	Calidad de la dieta				*p
	Baja (n = 333 66.1%)		Alta (n = 171 33.9%)		
	n	%	n	%	
Normal	153	46.0	85	49.7	<0.05
Sobrepeso	69	20.7	44	25.7	<0.05
Obesidad	111	33.3	42	24.6	<0.05

Fuente: Base de datos, elaboración propia. Se utilizó la prueba de Ji-cuadrado para comparar las categorías del índice cintura estatura por calidad de la dieta; *p<0.05.

Tabla 3. Consumo de los grupos de alimentos de los escolares por calidad de la dieta

Grupos de alimentos (g/d)	Calidad de la dieta				*p
	Baja (n = 333 66.1%)		Alta (n = 171 33.9%)		
	media	DE	media	DE	
Verduras	53.6	36.6	73.8	36.7	**<0.05**
Frutas	44.0	50.6	94.5	54.0	**<0.05**
Cereales y tubérculos	153.5	67.4	179.9	65.4	**<0.05**
Leguminosas	11.1	15.9	24.9	23.7	**<0.05**
Alimentos de origen animal	60.4	36.4	72.0	30.9	**<0.05**
Lácteos	137.5	93.6	205.9	92.2	**<0.05**
Aceites y grasas	11.3	13.5	10.2	8.1	.355
Azúcares	38.7	49.2	40.1	60.5	.790

Fuente: Base de datos, elaboración propia. Todos los valores de media ± desviación estándar, fueron calculados con datos ajustados por densidad energética, excepto la energía. Se utilizó la prueba de ANOVA para comparar el consumo de los grupos de alimentos por calidad de la dieta; *p<0.05.

Analizando el consumo de los componentes nutricionales por CD, se identificó que todos se encontraban por debajo de la IDR, con excepción de los AGP y AGS que lo superan y de la vitamina C que cumple la recomendación. Con diferencias significativas, los escolares con alta CD tuvieron un mayor consumo de energía, HCO, proteínas, lípidos, fibra, calcio, fósforo, hierro, potasio, sodio, zinc, vitamina A y B12 que los escolares con baja CD (Tabla 4).

Tabla 4. Consumo de componentes nutricionales por los escolares por calidad de la dieta

Componentes nutricionales	Calidad de la dieta				*p
	Baja (n = 333 66.1%)		Alta (n = 171 33.9%)		
	media	DE	media	DE	
Energía (kcal/d)	1217.1	389.2	1437.3	343.6	**< 0.05**
Hidratos de carbono (g/d)	91.0	32.5	115.6	32.3	**< 0.05**
Proteínas (g/d)	27.2	9.9	34.9	7.8	**< 0.05**
Lípidos (g/d)	23.2	11.4	26.8	10.3	**< 0.05**
Colesterol (mg/d)	62.2	55.5	69.3	47.4	.155
AGM[a] (g/d)	3.4	2.8	3.7	3.2	.207
AGP[b] (g/d)	4.2	2.9	4.2	2.9	.781
AGS[c] (g/d)	1.8	1.8	1.9	1.5	.536
Fibra (g/d)	6.0	2.9	8.9	3.4	**< 0.05**
Calcio (mg/d)	307.2	154.3	419.8	154.7	**< 0.05**
Fósforo (mg/d)	313.2	150.0	406.7	143.2	**< 0.05**
Hierro (mg/d)	8.8	5.6	9.9	4.9	**< 0.05**
Potasio (mg/d)	596.8	263.3	879.9	252.6	**< 0.05**
Sodio (mg/d)	1021.3	328.1	1179.4	305.1	**< 0.05**
Zinc (mg/d)	1.4	0.7	2.0	1.0	**< 0.05**
Vit A (µ/d)	91.2	91.2	125.6	82.6	**< 0.05**
Vit B12 (mg/d)	0.6	0.4	0.8	0.4	**< 0.05**
Vit C (mg/d)	31.9	118.7	45.2	29.5	.150
Vit D (UI/d)	2.0	4.4	2.2	4.3	.551

Fuente: Base de datos, elaboración propia. [a]AGM: ácidos grasos monoinsaturados, [b]AGP: ácidos grasos poliinsaturados y [c]AGS: ácidos grasos saturados. Todos los valores de media ± desviación estándar, fueron calculados con datos ajustados por densidad energética, excepto la energía. Se utilizó la prueba de ANOVA para comparar el consumo de los componentes nutricionales por calidad de la dieta; *p<0.05.

Realizando una comparación del consumo de los GA (Tabla 5) y los componentes nutricionales (Tabla 6) por CD e ICE, se encontró que los escolares con sobrepeso con alta CD tuvieron un mayor consumo de verduras, cereales y tubérculos, y fibra.

Se identificó que los alimentos más consumidos por los escolares fueron la leche semidescremada, el arroz y la tortilla de maíz de máquina, independientemente de su CD e ICE. El refresco estaba entre los primeros 10 alimentos más consumidos por los escolares con baja CD independiente de su ICE, mientras que en los escolares con alta CD ocupaba el tercer lugar en la categoría de ICE de peso normal, y en los escolares con ICE de sobrepeso u obesidad no era parte de los primeros 10 alimentos más consumidos (Tabla 7).

Tabla 5. Grupos de alimentos consumidos por los escolares por calidad de la dieta e índice cintura estatura

Grupos de alimentos (g/d)	Calidad de la dieta												
	Baja (n = 333 66.1%)							Alta (n = 171 33.9%)					
	Normal (n = 153)		Sp (n = 69)		Ob (n = 111)		*p	Normal (n = 85)		Sp (n = 44)		Ob (n = 42)		*p
	media	DE	media	DE	media	DE		media	DE	media	DE	media	DE	
Verduras	55.7	38.2	56.6	38.7	48.9	32.7	.248	69.8	32.4	89.7	43.0	65.2	33.3	**<0.05**
Frutas	42.9	49.1	47.3	49.6	43.3	53.5	.826	100.4	47.8	86.8	61.6	90.7	57.3	.346
Cereales y tubérculos	152.7	68.8	164.4	60.0	147.9	69.7	.278	170.7	63.8	202.7	76.1	174.5	50.4	**<0.05**
Leguminosas	11.1	16.7	10.4	13.9	11.4	16.1	.913	23.4	22.6	29.6	28.5	22.8	20.1	.300
Alimentos de origen animal	61.8	36.1	60.4	41.7	58.6	33.4	.777	67.7	30.5	74.7	30.2	77.8	31.8	.178
Lácteos	139.0	94.4	128.5	89.0	140.9	95.8	.661	212.0	93.0	193.9	101.4	206.1	80.5	.572
Aceites y grasas	12.3	18.3	10.3	6.8	10.5	7.6	.459	9.7	6.7	11.5	9.8	10.0	8.8	.493
Azúcares	38.3	53.6	37.1	46.6	40.3	44.8	.909	42.3	66.5	39.2	55.5	36.4	53.5	.873

Fuente: Base de datos, elaboración propia. Sp: sobrepeso. Ob: obesidad. Todos los valores de media ± desviación estándar, fueron calculados con datos ajustados por densidad energética, excepto la energía. Se utilizó la prueba de ANOVA para comparar el consumo de los grupos de alimentos y componentes nutricionales por calidad de la dieta; *p<0.05.

Tabla 6. Componentes nutricionales consumidos por los escolares por calidad de la dieta e índice cintura estatura

Componentes nutricionales	Calidad de la dieta												
	Baja (n = 333 66.1%)							Alta (n = 171 33.9%)					
	Normal (n = 153)		Sp (n = 69)		Ob (n = 111)		*p	Normal (n = 85)		Sp (n = 44)		Ob (n = 42)		*p
	media	DE	media	DE	media	DE		media	DE	media	DE	media	DE	
Energía (kcal/d)	1192.0	342.8	1213.4	370.5	1254.1	455.6	.440	1398.8	343.9	1490.6	360.8	1459.4	322.7	.319
Hidratos de carbono (g/d)	89.9	32.1	94.9	33.5	90.2	32.6	.542	113.5	30.9	120.3	35.6	114.8	31.7	.515
Proteínas (g/d)	27.0	8.9	27.8	11.7	27.1	10.0	.851	33.9	7.2	36.8	9.2	34.9	7.1	.129
Lípidos (g/d)	23.0	10.2	23.1	13.3	23.5	11.8	.938	26.3	10.3	28.7	11.7	25.9	8.6	.375
Colesterol (mg/d)	64.4	50.9	61.5	63.1	59.6	56.8	.788	63.3	47.8	75.1	54.5	75.2	37.4	.269
AGM (g/d)	3.7	3.0	3.2	2.9	3.2	2.5	.234	3.4	2.1	4.6	5.2	3.6	2.0	.136
AGP (g/d)	4.4	2.6	4.4	3.5	3.9	3.0	.400	3.9	2.5	4.6	3.4	4.3	2.9	.343
AGS (g/d)	1.8	1.4	2.0	2.6	1.7	1.7	.731	1.9	1.4	2.1	2.0	1.8	1.1	.707
Fibra (g/d)	6.1	2.7	6.5	3.4	5.8	2.8	.313	8.4	2.8	10.1	4.1	8.5	3.4	< 0.05

Tabla 6. Componentes nutricionales consumidos por los escolares por calidad de la dieta e índice cintura estatura (Cont.)

| Componentes nutricionales | Baja (n = 333 66.1%) | | | | | | | Alta (n = 171 33.9%) | | | | | | |
| | Normal (n = 153) | | Sp (n = 69) | | Ob (n = 111) | | *p | Normal (n = 85) | | Sp (n = 44) | | Ob (n = 42) | | *p |
	media	DE	media	DE	media	DE		media	DE	media	DE	media	DE	
Calcio (mg/d)	303.1	140.4	305.5	159.0	313.7	170.1	.855	416.8	141.9	427.2	168.3	418.1	167.8	.934
Fósforo (mg/d)	309.9	124.7	329.7	195.2	307.6	150.4	.589	399.0	138.7	437.8	155.1	389.8	137.3	.234
Hierro (mg/d)	9.0	5.5	9.3	5.9	8.2	5.4	.330	9.1	4.0	11.2	6.2	10.2	4.8	.053
Potasio (mg/d)	598.5	238.5	601.2	304.1	591.8	271.0	.968	869.8	246.6	923.7	273.9	854.5	241.7	.393
Sodio (mg/d)	1014.6	246.2	1051.7	433.2	1011.8	352.5	.689	1161.3	280.4	1204.7	324.9	1189.4	335.8	.726
Zinc (mg/d)	1.4	0.6	1.4	0.9	1.3	0.8	.792	1.9	0.7	2.3	1.5	1.9	0.9	.052
Vit A (µ/d)	84.5	83.8	88.2	99.6	102.1	95.2	.288	118.6	74.0	149.5	105.6	114.8	67.3	.081
Vit B12 (mg/d)	0.6	0.4	0.5	0.4	0.6	0.4	.721	0.8	0.4	0.8	0.5	0.8	0.4	.949
Vit C (mg/d)	42.3	172.9	23.0	19.2	22.9	25.7	.334	45.3	29.0	44.4	28.4	45.6	32.2	.982
Vit D (UI/d)	1.8	4.1	1.7	4.5	2.4	4.7	.422	1.6	3.4	3.1	5.6	2.5	4.3	.183

Calidad de la dieta

Fuente: Base de datos, elaboración propia. Sp: sobrepeso. Ob: obesidad. Todos los valores de media ± desviación estándar, fueron calculados con datos ajustados por densidad energética, excepto la energía. Se utilizó la prueba de ANOVA para comparar el consumo de los grupos de alimentos y componentes nutricionales por calidad de la dieta; *p<0.05.

Tabla 7. Alimentos más consumidos por los escolares por calidad de la dieta e índice cintura estatura

Calidad de la dieta											
Baja (n = 333 66.1%)						Alta (n = 171 33.9%)					
Normal (n = 153)		Sp (n = 69)		Ob (n = 111)		Normal (n = 85)		Sp (n = 44)		Ob (n = 42)	
Alim	m ± DE	Alim	m ± DE	Alim	m ± DE	Alim	m ± DE	Alim	m ± DE	Alim	m ± DE
Leche semi	219.5 ± 151.1	Leche semi	200.1 ± 146.5	Leche semi	231.8 ± 151.6	Leche semi	291.0 ± 157.2	Leche semi	287.1 ± 162.0	Leche semi	293.5 ± 131.3
Arroz	51.3 ± 56.0	Tortilla maíz maq	53.6 ± 62.1	Arroz	48.3 ± 58.1	Arroz	58.7 ± 64.1	Arroz	54.1 ± 57.6	Arroz	56.9 ± 50.7
Tortilla maíz maq	48.4 ± 57.0	Arroz	46.2 ± 50.5	Tortilla maíz maq	39.9 ± 58.7	Refresco	33.1 ± 82.3	Pasta	45.4 ± 44.2	Pasta	42.9 ± 35.1
Pasta	40.9 ± 43.0	Pasta	39.0 ± 49.7	Pasta	34.2 ± 44.4	Pasta	32.7 ± 36.3	Tortilla maíz maq	41.6 ± 61.9	Tortilla maíz maq	35.8 ± 67.4
Salsa chile	30.1 ± 42.4	Salsa chile	33.2 ± 41.1	Refresco	32.6 ± 61.9	Manzana	31.2 ± 33.6	Frijol	40.5 ± 36.5	Frijol	30.7 ± 25.9
Bolillo	28.3 ± 29.5	Bolillo	32.3 ± 29.3	Salsa chile	29.9 ± 36.9	Frijol	30.3 ± 31.0	Tortilla maíz mano	33.8 ± 54.2	Plátano Tabasco	30.3 ± 41.0
Refresco	27.7 ± 67.0	Refresco	23.6 ± 50.2	Bolillo	28.2 ± 29.6	Salsa chile	29.9 ± 32.2	Salsa chile	33.6 ± 45.2	Bolillo	27.8 ± 27.8

Tabla 7. Alimentos más consumidos por los escolares por calidad de la dieta e índice cintura estatura (Cont.)

Calidad de la dieta											
Baja (n = 333 66.1%)						Alta (n = 171 33.9%)					
Normal (n = 153)		Sp (n = 69)		Ob (n = 111)		Normal (n = 85)		Sp (n = 44)		Ob (n = 42)	
Jitomate	21.0 ± 21.6	Papa	21.3 ± 26.3	Huevo	19.7 ± 23.1	Tortillas maíz maq	29.3 ± 47.5	Papa	33.2 ± 32.9	Manzana	27.0 ± 42.0
Huevo	20.4 ± 21.7	Pollo	19.3 ± 26.3	Tortilla maíz mano	18.3 ± 33.0	Fruta picada	26.4 ± 51.6	Jitomate	28.7 ± 23.6	Yogurt natural	26.8 ± 40.3
Papa	20.0 ± 23.3	Huevo	18.0 ± 20.8	Pollo	18.3 ± 23.9	Bolillo	25.9 ± 31.0	Bolillo	28.3 ± 31.5	Salsa de chile	26.7 ± 30.9
Pollo	17.1 ± 21.5	Jitomate	15.4 ± 18.6	Jitomate	17.4 ± 20.7	Jitomate	24.4 ± 21.7	Yogurt	23.9 ± 33.9	Refresco	26.5 ± 51.1
Frijol	15.8 ± 24.9	Frijol	15.1 ± 21.4	Yogurt natural	16.9 ± 42.0	Tortilla maíz mano	24.2 ± 31.1	Huevo	22.8 ± 22.3	Tortilla maíz mano	25.4 ± 36.9
Plátano Tabasco	14.0 ± 26.5	Telera	13.4 ± 21.1	Tamal	16.9 ± 39.8	Yogurt natural	23.3 ± 41.3	Plátano Tabasco	21.0 ± 40.3	Jitomate	24.6 ± 20.5
Tortilla maíz mano	12.7 ± 26.5	Nopal	13.0 ± 31.8	Papa	16.5 ± 19.6	Pollo	22.5 ± 30.0	Pollo	20.7 ± 25.0	Huevo	22.4 ± 14.6
Azúcar mesa	12.7 ± 9.0	Azúcar mesa	12.5 ± 8.3	Frijol	16.5 ± 24.7	Plátano Tabasco	21.3 ± 27.5	Agua de fruta	20.1 ± 73.2	Pollo	22.3 ± 33.3

Fuente: Base de datos, elaboración propia. Sp: sobrepeso. Ob: obesidad.

Discusión y conclusiones

Se identificó que las niñas tenían mayor CD que los niños y que en los participantes, a menor edad mayor CD, hallazgos que coinciden con los reportados en el estudio realizado en niños costarricenses por Núñez-Rivas et al. (2020). Esto último se pudiera deber a que a mayor edad mayor libertad en la elección de los alimentos.

En cuanto al entorno rural y urbano, en este estudio se encontró que los escolares urbanos tenían una mejor CD, mientras que en un estudio realizado en adolescentes en Australia por Gibbs et al., identificaron lo contrario. Es posible que el contraste en los resultados se deba a las diferencias entre los entornos entre México y Australia como, por ejemplo, la disponibilidad y accesibilidad a los alimentos (Bolton et al., 2016).

En un inicio llamó la atención que escolares con ICE normal y de sobrepeso, tuvieran una alta CD y los de obesidad una baja CD, pero, al continuar con el análisis, se encontró que los escolares con ICE de sobrepeso y alta CD son los que consumen más verduras, cereales y tubérculos y, por lo tanto, fibra, por lo que su estado de nutrición se pudo deber al mayor consumo de cereales y tubérculos o, bien, a otras variables no consideradas en este estudio como el sedentarismo.

El consumo de verduras y frutas fue mayor en los escolares con alta CD que en los escolares con baja CD (168.3±90.7 g/d y 97.6±87.2 g/d, respectivamente), sin embargo, no alcanzaban a cubrir la recomendación de la OMS (más de 400 g/d) (WHO, 2019).

Respecto a los componentes nutricionales por CD, su consumo era bajo por los escolares de este estudio, con excepción de los AGP y AGS que superaban la IDR y solo la vitamina C se consumió en la cantidad recomendable por los escolares con alta CD. Aun así, el consumo de energía, HCO, proteínas, lípidos, fibra, calcio, fósforo, hierro, potasio, sodio, zinc, vitamina A y B12, fue mayor en los escolares con alta CD. En contraste, Ojeda-Rodríguez et al., encontraron que los escolares con mayor CD tuvieron un consumo mayor de calcio y vitamina D (Ojeda-Rodríguez et al., 2018).

Si bien se asignó en la evaluación de la CD un menor puntaje al mayor consumo de los GA de aceites, grasas y azúcares, dentro de los 10 alimentos más consumidos por los escolares con baja CD en todas las categorías del ICE y en los escolares con alta CD con ICE de normalidad y de obesidad, se encontró al refresco, el cual es un producto que disminuye la CD. Rodríguez-Artalejo et al. (2003), reportaron que un mayor consumo de refresco se asocia con una menor CD en niños españoles, mientras que en este estudio no se encontró dicha relación.

Es importante continuar realizando estudios sobre CD en niños mexiquenses, por la relación que tiene con su estado de salud y nutrición, y además asociarla a diversas variables para identificar los factores que la favorecen o la perjudican y, con ello, poder tomar mejores decisiones a nivel familiar y de políticas públicas, con el objetivo de beneficiar a la población infantil y evitar, dentro de lo posible, que desarrollen enfermedades relacionadas con la alimentación.

Se concluye que utilizar el ICE para identificar el estado de nutrición en niños es una opción recomendable, considerando las ventajas que ofrece sobre otros índices e indicadores antropométricos. Así mismo, que la CD se asoció con el estado de nutrición de los escolares, ya que a menor CD mayor ICE.

Literatura citada

Afshin, A., Sur, P. J., Fay, K. A., et al. (2019). Health effects of dietary risks in 195 countries, 1990–2017: a systematic analysis for the Global Burden of Disease Study 2017. Lancet, 393, 1958-1972.

Alkerwi, A. (2014). Diet quality concept. Nutr, 30, 613-618.

Al-Khudairy, L., Loveman, E., Colquit, J., et al. (2017). Diet, physical activity and behavioural interventions for the treatment of overweight or obese adolescents aged 12 to 17 years. Cochrane Database Syst Rev., 6, 1-120. doi: https://doi.org/10.1002/14651858.CD012691.

Asghari, G., Mirmiran, P., Yuzbashian, E. et al. (2017). A systematic review of diet quality indices in relation to obesity. Br J Nutr., 117, 1055-1065. doi: https://doi.org/10.1017/S0007114517000915.

Australian Bureau of Statistics (2017). Children's risk factors. Available from: http://www.abs.gov.au/ausstats/abs@.nsf/Lookup/by%20Subject/4364.0.55.001~2014–15~Main%20F.

Avery, A., Anderson, C. y McCullough, F. (2017). Associations between children's diet quality and watching television during meal or snack consumption: A systematic review. Matern Child Nutr., 13, 1-20. doi: https://doi.org/10.1111/mcn.12428, wileyonlineli-brary.com/journal/mcn.

Bauce, G. y Moya-Sifontes, M. Z. (2020). Índice Peso Circunferencia de Cintura como indicador complementario de sobrepeso y obesidad en diferentes grupos de sujetos en Revista Digital de Postgrado, 9, 1-13. doi: https://doi.org/10.37910/RDP.2020.9.1.e195.

Bolton, K. A., Jacka, F., Allender, S., et al. (2016). The association between self-reported diet quality and health-related quality of life in rural and urban Australian adolescents. Aust J Rural Health, 24, 317-325. doi: https://doi.org/10.1111/ajr.12275.

Centers for Desease Control and Prevention (CDC) (2015). [Internet]. Estados Unidos: cdcgov; [actualizado 15 mayo 2015; citado 8 abril 2021]. Disponible en: http://www.cdc.gov/healtyweight/spanish/assessing/bmi/childrens_bmi/acerca_indice_masa_corporal_ninos_adolescentes.html.

Collins, C. E., Burrows, T. L., Rollo, M. E., et al. (2015). The Comparative Validity and Reproducibility of a Diet Quality Index for Adults: The Australian Recommended Food Score. Nutr, 7, 785-798.

Dalwood, P., Marshall, S., Burrows, T. L., et al. (2020). Diet quality indices and their associations with health-related outcomes in children and adolescents: an updated systematic review. Nutr. J., 19, 2-43. doi: https://doi.org/10.1186/s12937-020-00632-x.

De Santis, M., Aparecida, S., De Almeida, P. C., et al. (2018). Waist circumference, waist-to-height ratio and conicity index to evaluate android fat excess in Brazilian children. Public Health Nutr, 8, 1-7.

Green, R., Sutherland, J., Dangour, A. D., et al. (2016). Global dietary quality, undernutrition and non-communicable disease: a longitudinal modelling study. BMJ Open, 6, 1-9.

Hendrie, G. A., Viner Smith, E. y Golley, R. K. (2013). The reliability and relative validity of a diet index score for 4–11-year-old children derived from a parent-reported short food survey. Public Health Nutr, 17, 1486-1497.

IFPRI (International Food Policy Research Institute) (2016). Global Nutrition Report 2016. From Promise to Impact: Ending Malnutrition by 2030. Washington DC: IFPRI.

INSP (Instituto Nacional de Salud Pública) (2020). Encuesta Nacional de Salud y Nutrición 2018-19. México.

Kennedy, E. T., Ohls, J., Carlson, S., et al. (1995). The Healthy Eating Index: design and applications. J Am Diet Assoc, 95, 1103-1108.

Macedo-Ojeda, G., Márquez-Sandoval, F., Fernández-Ballart, J., et al. (2016). The Reproducibility and Relative Validity of a Mexican Diet Quality Index (ICDMx) for the Assessment of the Habitual Diet of Adults. Nutr, 8, 1-18. doi: https://doi.org/10.3390/nu8090516.

Marrodán, M. D., Martínez-Álvarez, J. R., González-Montero, M., et al. (2013). Precisión diagnóstica del índice cintura-talla para la identificación del sobrepeso y de la obesidad infantil. Med Clin, 140, 296-301. doi: http://dx.doi.org/10.1016/j.medcli.2012.01.032.

Marshall, S., Burrows, T., Collins, C. E. (2014). Systematic review of diet quality indices and their associations with health-related outcomes in children and adolescents. J. Hum. Nutr. Diet., 27, 577-598.

Michaud, P. A., Suris, J. C., Viner, R. (2007). The Adolescent with a Chronic Condition: Epidemiology, developmental issues and health care provision. Geneva: World Health Organization.

Miller, V., Webb, P., Micha, R., et al. (2020). Defining diet quality: a synthesis of dietary quality metrics and their validity for the double burden of malnutrition. Lancet Planet Health, 4, 352-370.

Monterrosa E. C., Frongillo. E. A., Neufeld, L. M., et al. (2015). Maternal pre-pregnancy body mass index is not associated with infant and young child feeding in low-income Mexican children 1–24 months old. Matern Child Nutr, 11, 215-228.

Muñoz-Cano, J. M., Pérez-Sánchez, S., Córdova-Hernández, J. A., et al. (2010). El índice cintura/talla como indicador de riesgo para enfermedades crónicas en una muestra de escolares. Salud en Tabasco, 16, 921-927.

Núñez-Rivas, H. P., Holst-Schumacher, I., Campos-Saborío, N. (2020). New Diet Quality Index for children and adolescents in Costa Rica. Nutr Hosp, 37, 65-72. doi: http://dx.doi.org/10.20960/nh.02695.

Ojeda-Rodríguez, A., Zazpe, I., Morell-Azanza, L., et al. (2018). Improved Diet Quality and Nutrient Adequacy in Children and Adolescents with Abdominal Obesity after a Lifestyle Intervention. Nutr., 13, 1500. doi: https://doi.org/10.3390/nu10101500.

Palafox, M. E. y Ledesma, J. A. (2012). Manual de fórmulas y tablas para la intervención nutriológica, 2nd ed., pp. 183-240. Ciudad de México: McGraw-Hill.

Peña, L., Ros, L., González, D., et al. (2010). Alimentación del preescolar y escolar. Protoc diagnósticos-terapéuticos Gastroenterología, Hepatología y Nutrición Pediátrica SEGHNP. AEP. https://www.aeped.es/sites/default/files/documentos/alimentacion_escolar.pdf (accessed October 2020).

Pérez, A. B. (2014). Sistema Mexicano de Alimentos Equivalentes. 4th ed.; FNS: Ciudad de México, México.

Rodríguez-Artalejo, F., García, E.L., Gorgojo, L., et al. (2003). Consumption of bakery products, sweetened soft drinks and yogurt among children aged 6-7 years: association with nutrient intake and overall diet quality. Br J Nutr, 89, 419-29. doi: https://doi.org/10.1079/BJN2002787.

Rosa, A., García, E., Rodríguez, P. L., et al. (2017). Actividad física, condición física y calidad de la dieta en escolares de 8 a 12 años. Nutr Hosp, 34, 1292-1298. doi: https://doi.org/10.20960/nh.813.

Stanaway, J. D., Afshin, A., Gakidou, E., et al. (2018). Global, regional, and national comparative risk assessment of 84 behavioural, environmental and occupational, and metabolic risks or clusters of risks for 195 countries and territories, 1990-2017: a systematic analysis for the Global Burden of Disease Study 2017. Lancet, 392, 1923-1994.

Valle-Leal, J., Abundis-Castro, L., Hernández-Escareno, J., et al. (2016). Índice cintura-estatura como indicador de riesgo metabólico en niños en Rev Chil Pediatr, 87, 180-185. doi: http://dx.doi.org/10.1016/j.rchipe.2015.10.011.

WHO (Word Health Organization) (2016). [Internet]. Switzerland: whoint. [actualizado 1 abril 2020; citado 30 Abril 2021]. Disponible en: https://www.who.int/es/news-room/fact-sheets/detail/obesity-and-overweight#:~:text=En%20 2016%2C%2041%20millones%20de,a%C3%B1os)%20con%20sobrepeso%20u%20 obesidad.

WHO (Word Health Organization) (2006). Child Growth Standards. Length/height-for-age, weight-for-age, weight-for-length, weight-for-height and body mass index-for-age. Methods and development; Geneva, Switzerland.

WHO (Word Health Organization) (2017). New global estimates of child and adolescent obesity released on World Obesity Day. Available from: http://www.who.int/end-childhood-obesity/news/new-estimate-child-adolescentobesity/en/.

WHO (Word Health Organization) (2019). Increasing fruit and vegetable consumption to reduce the risk of noncommunicable diseases. https://www.who.int/elena/bbc/fruit_vegetables_ncds/en/ (accessed November 2020).

Capítulo VIII

Ingestión de sodio/potasio y consumo de alimentos ultraprocesados en escolares pobres rurales y urbanos con sobrepeso-obesidad

Raquel Escobar González,
Ivonne Vizcarra Bordi,
Alejandra Donají Benítez Arciniega,
Teresa Ochoa Rivera
y Carmen Liliana Ceballos Juárez

Introducción

Los países de América Latina con un rápido crecimiento de la población urbana han sido testigos de cómo los alimentos con un mayor grado de procesamiento industrial han desplazado a los alimentos mínimamente procesados, reduciendo la calidad de la dieta (OPS, 2015). Esto ha afectado a escolares de entre 6 y 12 años, con poca capacidad de decisión sobre la disponibilidad de alimentos en el hogar, escuela y fuera de la escuela.

México es uno de los países de esta región que ha experimentado estos cambios acelerados en la dieta de los niños tanto urbanos como rurales, sobre todo los que viven en pobreza (González-Castell et al., 2007). Al mismo tiempo, la prevalencia de sobrepeso y obesidad (Sp-Ob) en escolares mexicanos se ha incrementado de acuerdo con las Encuestas Nacionales de Salud y Nutrición (ENSANUT), generando preocupación en el sector de la salud pública (26.9% en 1999 a 38.2% en 2020; ENSANUT, 2020). Principalmente, la transición alimentaria nutricional se ha expandido hacia regiones rurales pobres e indígenas, donde hace dos décadas la población presentaba desnutrición (Ávila-Curiel et al., 1998).

La expansión de los mercados de alimentos en casi todo el territorio mexicano que ofrece alimentos ultraprocesados, va acompañada de la promoción de estilos de vida de mayor consumo de aparatos electrónicos y menor movilidad física, afectando de manera directa a la población escolar. Como parte de este escenario, se ha observado el surgimiento de puntos de venta en la calle y fuera de las escuelas, de bocadillos salados poco saludables, pero muy preferidos por la población infantil (González-Castell et al., 2007; Marrón-Ponce et al., 2019).

Pocos estudios hablan del secuestro del paladar en niños relacionado con estos nuevos hábitos, casi adictivos, que gozan de gran aceptación en poblaciones más jóvenes, teniendo como consecuencias directas la disminución del consumo de frutas y verduras frescas, y el aumento del índice de masa corporal (IMC) (ENSANUT, 2020), pero también en la edad adulta pueden presentarse otros problemas de salud relacionados específicamente con la alta ingestión de sal (Iwahori et al., 2017).

Una aproximación para comprender este fenómeno es a través de estudios sobre el consumo de alimentos según el grado de procesamiento, de acuerdo con la clasificación NOVA que va desde alimentos mínimamente procesados hasta ultraprocesados (Monteiro et al., 2016), así como sus componentes nutricionales, estado nutricional y análisis de biomarcadores.

El objetivo de esta investigación fue relacionar el grupo de alimentos (GA) de preferencia, según el grado de procesamiento, y el riesgo de tener Sp-Ob en escolares mexicanos que viven en hogares pobres rurales y urbanos. Asimismo, se analizó el aporte nutricional, destacando el sodio y el potasio, y la relación sodio potasio (Na:K) para señalar el gusto por los alimentos salados y su asociación con el consumo de alimentos ultraprocesados.

Antecedentes

Ingestión de sodio y potasio en la salud infantil

Los estudios destacan que es necesario una ingestión adecuada de sodio en los primeros meses de vida, ya que ayuda en el crecimiento del niño.

Posteriormente, se debe disminuir y aumentar el de potasio, de manera que ofrezca protección cardiovascular en la edad adulta, de manera especial a medida que desciende la presión arterial, ya que se han observado más casos de hipertensión arterial (HTA) en niños, lo que actualmente se considera un factor de riesgo para el desarrollo de alteraciones metabólicas graves en la edad adulta (Rao, 2016). Esta situación es preocupante ante la pandemia por COVID-19, ya que las alteraciones relacionadas con la HTA, obesidad y diabetes *mellitus* (DM2) han sido definidas como factores de riesgo debido a su alta tasa de letalidad en México (11.6%) (Wu et al., 2020).

Otros reportes también sugieren que estas enfermedades crónicas asociadas al consumo excesivo de sodio pueden prevenirse en edades tempranas regulando las dietas, no solo con una ingestión baja en sodio sino promoviendo un mayor consumo de alimentos ricos en potasio (Wong et al., 2017).

Los estudios de epidemiología nutricional estiman la ingestión de nutrimentos en una población determinada. Sin embargo, los métodos tienen limitaciones para un análisis completo. Por lo tanto, se recomienda validarlos con el uso de marcadores bioquímicos relacionados con su metabolismo (Subar et al., 2003). Se sabe que del 90 al 95% del sodio y del 80 al 85% del potasio ingerido se excretan por la orina (Eyles et al., 2018). Al ingerir sodio en exceso, el organismo retiene cantidades innecesarias. Por otro lado, la deficiencia de potasio aumenta la relación Na:K (Iwahori et al., 2017), lo que podría desencadenar trastornos sistémicos a lo largo de la vida.

Una prueba aceptable para observar estas alteraciones y evaluar la ingestión de sodio y potasio en una dieta es el análisis bioquímico de la excreción urinaria recolectada durante 24 horas (Eyles et al., 2018). Aunque hasta el momento no existe un parámetro clínico específico para cada grupo de edad o sexo/género, los expertos han coincidido en considerar el índice Na:K en orina como referencia generalizada para toda la población. Si esta relación es <1.0, es positiva y beneficia a los individuos debido a la baja ingestión de sodio y alta de potasio. Por el contrario, si la relación es >1.0 indica un consumo excesivo de sodio y reducido de potasio, comprometiendo negativamente la salud del individuo (Iwahori et al., 2017).

Los alimentos ultraprocesados se caracterizan por una vida útil prolongada, gran palatabilidad, envases atractivos a través de una intensa publicidad

—especialmente dirigida a la población infantil— y fácil accesibilidad debido a su gran red de distribución comercial (Monteiro et al., 2013). Además, su consumo asegura la adicción a ellos (Filgueiras et al., 2019) y se correlaciona con estilos de vida poco saludables y puede causar alteraciones en la regulación del apetito, ya que inducen placer a través de sistemas de recompensa (McCrickerd et al., 2016). En particular, el consumo excesivo está relacionado con el aumento del IMC y una creciente prevalencia de Sp-Ob infantil (Costa et al., 2018).

En la dieta habitual de los niños, estos alimentos han desplazado a los alimentos menos procesados, reduciendo drásticamente el aporte de algunos nutrimentos y componentes dietéticos imprescindibles para el adecuado desarrollo físico e intelectual de los escolares, como los ácidos grasos poliinsaturados (AGP), vitaminas (A, C, E, B12), calcio, potasio, zinc (Cornwell et al., 2017), fibra dietética (Sparrenberger et al., 2015), así como el aumento de sodio y la reducción de potasio, convirtiéndose en una preocupación.

La Organización Mundial de la Salud (OMS, 2012) recomienda limitar la ingestión diaria de sodio a no más de 2000 mg/d (5 g sal/d), ajustado a los requerimientos energéticos de cada niño. En cuanto al potasio, se recomienda un consumo mínimo de 90 mmol/día (3,510 mg/d), igualmente ajustado a los requerimientos energéticos individuales. Sin embargo, se sugiere una mayor ingestión de este nutrimento, en particular debido a sus diversos beneficios para la salud, sobre todo para controlar la presión arterial (OMS, 2012).

Metodología

Población y muestra

Se extendió una invitación a 1,318 escolares de entre 5 y 12 años de edad, matriculados en tres escuelas primarias del Estado de México (centro de México): dos escuelas en medio rural con baja densidad poblacional y una escuela en medio urbano con alta densidad. Las tres escuelas están ubicadas en localidades consideradas vulnerables, ya que más del 60% de su población vive en condiciones de pobreza, de acuerdo con el Consejo Nacional de Evaluación de la Política de Desarrollo Social (CONEVAL, 2018).

Para este análisis se incluyeron niñas y niños aparentemente sanos, con el consentimiento informado de sus padres, madres o tutores. Acordaron participar en las tres evaluaciones: medición antropométrica, registro de consumo de alimentos de tres días (R3) y recolección de orina de 24 horas.

Debido a la naturaleza del estudio, el número de participantes fue sucesivamente menor para cada evaluación, ya sea por cambio de escuela, inasistencia o negativa a continuar. Por lo tanto, el análisis se basó en los participantes con datos antropométricos y dietéticos más muestra de orina, eliminando aquellos con datos incompletos.

Diseño del estudio

Estudio transversal realizado desde agosto de 2018 hasta diciembre de 2019, con estudiantes de tres escuelas primarias públicas del Estado de México (centro de México) en dos contextos diferentes.

Contexto rural: se incluyeron las dos únicas escuelas ubicadas en San Francisco Oxtotilpan, municipio de Temascaltepec. La comunidad cuenta con una población de 1,435 habitantes, en su mayoría de origen indígena (pueblo matlatzinca), cuya principal actividad de subsistencia es la agricultura tradicional, primordialmente para autoconsumo: maíz, frijol y calabaza. En la agricultura de regadío también se cultivan papas, habas y chícharos, además de frutas de temporada. La recolección de hongos es otra actividad popular (Yamamoto et al., 2015).

Contexto urbano: la tercera escuela está ubicada en Capultitlán, municipio de Toluca. La localidad tiene una población de 20,334 habitantes. A pesar de ser de origen matlatzinca, el proceso de urbanización y mestizaje. de principios del siglo XIX hizo que la identidad indígena —y con ella el interés por la agricultura y la ganadería— se perdiera (H. Ayuntamiento de Toluca, 2019).

El estudio fue aprobado por el Comité de Ética e Investigación (CEI) del Centro de Investigaciones en Ciencias Médicas (CICMED) de la Universidad Autónoma del Estado de México (UAEMéx), con número de registro 2019/07. Todos los procedimientos se realizaron de acuerdo con la

Declaración de Helsinki y la Ley General de Salud de México. El contexto fue fijado por el autoinforme de los datos socioambientales de los niños, realizado por informantes directos. Las variables se obtuvieron mediante fichas de registro.

Evaluación dietética

Cada participante proporcionó R3 en varias ocasiones (una vez al mes, desde agosto de 2018 hasta diciembre de 2019). Los adultos a cargo de los niños registraron de manera oportuna y cuidadosa, todos y cada uno de los alimentos y platos que comió el escolar durante tres días consecutivos. Los adultos fueron instruidos con información sobre la forma de registro de platos, alimentos e ingredientes. Se explicó a detalle cómo registrar cada uno de los alimentos en medidas caseras o porciones fácilmente identificables. Todas las personas que llenaron los R3 sabían leer y escribir.

Para este análisis, se consideraron participantes con al menos tres R3. Se registraron platos consumidos en una variedad de eventos regulares y no regulares, en ambos contextos: fines de semana, entre semana y feriados. En cada R3 se registró el número de alimentos consumidos en mediciones caseras y también los ingredientes utilizados y el método de preparación.

Para verificar la información dietética, todos los R3 fueron cuidadosamente revisados y codificados, usando la tabla de composición de alimentos del Sistema Mexicano de Alimentos Equivalentes (SMAE; Pérez-Lizaur et al., 2014) y la información de contenido especificada en la etiqueta de cada producto. Las cantidades específicas de alimentos se estimaron en gramos (g) por día (d).

El aporte de nutrimentos energéticos (hidratos de carbono [HCO], proteínas, lípidos) así como de no energéticos (sodio y potasio) se estimó mediante el uso del *software* Nutrimind versión 15.0, el cual se basa en el SMAE y en la Base de Datos Nacional de Nutrimentos para Referencia Estándar del Departamento de Agricultura de los Estados Unidos, Servicio de Investigación Agrícola (USDA). Los valores de consumo de energía se obtuvieron del análisis del consumo de alimentos a través de la información de la etiqueta de cada producto, así como del SMAE. utilizando como referencia 2000 alimentos comunes en la dieta mexicana.

Los valores inverosímiles se identificaron como subnotificación de la ingestión de alimentos o sobrenotificación de algunos GA, utilizando el método propuesto por Goldberg et al., revisado por Black. Fueron excluidos solo dos informantes de baja energía de la muestra de estudio en la asociación entre el consumo de alimentos y el Sp-Ob porque no tenían datos antropométricos. Para ajustar las ingestiones de nutrimentos se utilizó el método residual descrito por Willett: para los GA se dividió el peso de cada alimento registrado entre la energía total de la dieta por edad en cada participante (Willet et al., 1997).

Clasificaciones de alimentos

El sistema de clasificación NOVA divide los alimentos en cuatro categorías según la naturaleza, el grado y el propósito de su procesamiento: alimentos sin procesar o mínimamente procesados (frutas y verduras frescas; cereales cocidos; tubérculos; leguminosas; leche directamente del granero y hervida; carne; aves; huevos; pescado fresco); ingredientes culinarios procesados (sal, azúcar, aceites, especias, extractos); alimentos procesados (pollo rostizado, tortillas, frijoles refritos); y alimentos ultraprocesados (yogures de marca; bizcochos; sopas instantáneas; bebidas carbonatadas y azucaradas conocidas por su alto valor energético; conservas; caramelos; *snacks* mezclados con diversas salsas artificiales; etc.) (Monteiro et al., 2016).

Este sistema ha sido reconocido por la Organización de las Naciones Unidas para la Agricultura y la Alimentación (FAO) y por la Organización Panamericana de la Salud (OPS) como una herramienta relevante para el análisis de fenómenos asociados a la transición nutricional-epidemiológica y sus consecuencias en la salud pública (Monteiro et al., 2018).

Sirve como punto de referencia para visualizar que estos alimentos caracterizan cada vez más la dieta, aportando mayor cantidad de energía, sodio, azúcares añadidos, ácidos grasos saturados (AGS) y trans (Araujo et al., 2017). Además, esta clasificación ha ampliado el debate sobre la contribución de los alimentos industrializados en la creciente prevalencia de Sp-Ob en los países en desarrollo (Popkin et al., 2004).

En este estudio, los GA se clasificaron en tres sistemas de referencia NOVA: mínimamente procesados, procesados (incluyen ingredientes culinarios procesados) y ultraprocesados. Muchos platillos típicos mexicanos son procesados e incluyen ingredientes culinarios procesados (tortillas de maíz, tamales, barbacoa, pan tradicional, ponche, entre otros). Los alimentos registrados fueron clasificados *a priori* por grado de procesamiento, según la categoría NOVA, por un grupo de expertos de la UAEMéx.

Se utilizaron las medias para estimar la contribución porcentual de los alimentos por grados de procesamiento a la ingestión total de energía por niño, ya que la distribución se puede relacionar con otras variables. Con base en la distribución de terciles entre los GA, los niños pertenecientes al tercer tercil (T3) fueron clasificados como los de mayor consumo de alimentos en cada uno de los grupos. Además, se estimó la cantidad total en g/d de alimentos consumidos y el aporte porcentual de los alimentos más consumidos (g/d) por grupo por contexto.

Medidas antropométricas del estado nutricional

Las mediciones de peso y estatura fueron obtenidas por personal capacitado con estandarización previa. El peso se midió con una balanza TANITA®, serie UM-061, con capacidad de 150 kilogramos (kg) y precisión de 100 g. La estatura se midió con un estadiómetro TANITA® HR-200 con nivelador integrado, con una longitud de 60-212 cm y una precisión de 0.1 cm.

El IMC se estimó con la siguiente fórmula: masa corporal en kg dividida entre el cuadrado de la estatura corporal en metros (m). Con base en los criterios de la OMS (De Onis et al., 2007) el IMC se clasificó considerando el puntaje Z para desnutrición (<-2), normal (≥-1 y $\leq+1$), sobrepeso (<-2 y $>+1$) y obesidad ($>+2$) por edad y género. Para enfatizar los problemas nutricionales de los niños en México, se combinaron las categorías de Sp-Ob.

Evaluación de las concentraciones de sodio y potasio en la orina

A los participantes que habían completado las mediciones antropométricas y los R3 se les indicó cómo recolectar, almacenar y transportar adecuadamente la orina de 24 horas. Con la ayuda de un adulto, los escolares depositaron en un recipiente de plástico nuevo y limpio toda la orina excretada, desde la primera micción del domingo hasta la primera del lunes y entregaron la muestra el lunes antes de empezar las clases. Solo 168 escolares entregaron la muestra de orina de 24 horas.

Las muestras fueron analizadas en el Laboratorio de Investigación en Nutrición de la Facultad de Medicina de la UAEMéx. Utilizando la técnica de selección de iones, se procesaron alícuotas de 5 mL de las muestras de excreción para obtener concentraciones de sodio y potasio en miliequivalentes (mEq/d) (García et al., 2018).

Cálculo del índice Na:K

Los mEq de sodio y potasio se convirtieron en g mediante la fórmula: mEq total x volumen total (mL) x peso molecular / 1000 (Schimidel et al., 2018). Se tomaron en cuenta los pesos moleculares de sodio y potasio (23.0 y 39.1, respectivamente) (Eyles et al., 2018). El índice Na:K se obtuvo dividiendo la cantidad estimada de sodio entre la de potasio, en g.

Análisis estadístico

La información sobre edad, género, pertenencia al contexto rural o urbano y el ingreso familiar se presentaron en frecuencias, porcentajes y medianas. Se utilizó la prueba ANOVA para la edad y el IMC. Las frecuencias y porcentajes del estado nutricional se obtuvieron categorizando el IMC en cada GA para observar las diferencias por contexto y género, mediante la prueba Ji-cuadrado.

Se compararon las medias y desviaciones estándar (DE) del consumo de energía (kcal), nutrimentos energéticos (g), fibra dietética (g), sodio y potasio (mg) entre GA.

La prueba ANOVA comparó la ingestión de todos los nutrimentos de cada nivel de procesamiento entre contextos, con énfasis en sodio y potasio, así como su excreción por orina y el índice Na:K. Se realizó un análisis de regresión lineal con los GA como variable independiente y la ingestión de componentes nutricionales, sodio y potasio urinario como variables dependientes.

Además, se realizaron modelos de ANCOVA con el consumo de alimentos como variable independiente y los componentes nutricionales como variables dependientes. Las medias se compararon entre GA y por contexto. Un primer modelo (M1) fue ajustado por contexto e ingreso familiar. Un segundo modelo (M2) se ajustó adicionalmente por sexo/género, edad, actividad física e IMC. Con el análisis de *odds ratio* (OR) con un intervalo de confianza (IC 95%), se buscó una relación entre los GA y la presencia de Sp-Ob.

Para todos los análisis, se consideró que los valores de p<0.05 indicaban significación estadística. Todos los análisis estadísticos se realizaron utilizando IBM SPSS Statistics (Versión 21.0).

Resultados

Características de los participantes por contexto

En la Tabla 1 se describen las características generales de la muestra estudiada. El 53% pertenecía al contexto urbano y el 57% eran mujeres. La edad promedio fue de 9.6 (±1.6) años. El IMC fue mayor en los escolares urbanos, la prevalencia de Sp-Ob fue de 26.8% sin diferencia estadísticamente significativa entre niñas y niños. Sin embargo, al comparar entre contextos, los escolares urbanos presentaron mayor prevalencia de 35.6% (p<0.05). No se identificaron niños con bajo peso.

Al respecto, es importante señalar que, al estar matriculados en escuelas primarias públicas de lugares con alta vulnerabilidad socioeconómica, todos los escolares se beneficiaron del Programa Social de Desayunos Escolares. En contextos de transición alimentaria nutricional, las dietas urbanas y rurales difieren, ya que la variabilidad, calidad y cantidad de alimentos disponibles y accesibles para la población local depende de diversos factores socioambientales, lo que puede explicar la introducción de alimentos ultraprocesados en la dieta de escolares en México (Marrón-Ponce et al., 2018).

Pocos estudios han relacionado los problemas de Sp-Ob de los niños con los Programas de Asistencia Alimentaria, aunque se sabe que los desayunos escolares incluyen por lo general alimentos procesados (leche envasada, verduras enlatadas, azúcar, arroz, avena, pasta, frijoles y aceite; Morales-Ruán et al., 2018).

El entorno escolar se clasificó como pobre, de bajos recursos y altamente vulnerable. Se incluyó la variable actividad física autorreferida, informando si la realizaban o no.

En cuanto al ingreso familiar mensual, se calculó con la ayuda del entrevistador, debido a que la mayoría de los padres entrevistados no quisieron dar esta información con precisión. Se constató que la pobreza es característica de esta población, ya que los ingresos familiares reportados se encontraban por debajo del nivel sugerido por las autoridades nacionales para alcanzar la seguridad alimentaria y los estándares básicos de bienestar.

De acuerdo con las estadísticas nacionales de México del Instituto Nacional de Estadística, Geografía e Informática (INEGI, 2020), se necesita una suma mensual de 300 dólares estadounidenses (USD) para cubrir los gastos de alimentación de una familia mexicana.

A pesar de estas condiciones, existe una gran variedad de alimentos, con 250 diferentes registrados en el consumo habitual —incluyendo bebidas— de los escolares: 111 (44.4%) mínimamente procesados, 47 (18.8%) procesados y 92 (36.8%) ultraprocesados.

Tabla 1. Características generales de los escolares por contexto

	Total		Rural		Urbano	
	n	%	n	%	n	%
Total	168	100.0	81	48.2	87	51.8
Sexo/género						
Niños	72	43.0	33	40.7	39	44.8
Niñas	96	57.0	48	59.3	48	55.2
Edad media (DE)	8.18 (1.3)		8.0 (1.2)		8.4 (1.4)	
IMC (kg/m^2) media (DE)	17.5 (2.8)		16.8(2.1)*		18.2(3.2)*	
Normal	123	73.2	67	82.7	56	64.4
Sp-Ob	45	26.8	14	17.3*	31	335.6*
Actividad física autoinformada (sí)	100	59.52	71	87.7	29	33.3
Ingreso familiar promedio** (RIC)	166.6 (91.6 – 238.9)		111.1 (83.0 – 172.2)		244.4 (144.4 – 361.1)	
Niños que se benefician del desayuno o almuerzo escolar	166	98.8	80	98.8	86	98.8

Fuente: Base de datos, elaboración propia. Sp-Ob: sobrepeso-obesidad. DE: desviación estándar. *Valores de p calculados con la prueba ANOVA (p<0.05) para variables numéricas o prueba Ji-cuadrado para variables categóricas (p<0.05). IMC: índice de masa corporal. **Ingreso familiar mensual en dólares: 1 dólar = 18.0 pesos mexicanos; RIC: rango intercuartílico, comparado con la prueba de Mann Whitney (p<0.05).

Características del consumo de alimentos de los escolares

Entre contextos, los alimentos más consumidos fueron los cereales y tubérculos por los escolares rurales; y los alimentos de origen animal —incluidos los lácteos— por los urbanos (p<0.05; Tabla 2). El 35.1% de los escolares se identificaron con GA ultraprocesado, mientras que el 30.4% se encontraba en GA mínimamente procesado.

En dos comunidades rurales de Chiapas, Olvera et al. (2016) observaron que crece el consumo de alimentos con alto grado de elaboración a medida que se reduce el consumo de alimentos producidos en los campos y huertas. Se ha incrementado la ingestión de alimentos hipercalóricos, grasas, azúcares y sodio, a pesar de que los programas gubernamentales de ayuda alimentaria (PAA) han mejorado el estado nutricional general de la población. Entre los factores que contribuyen a este desplazamiento se encuentran: la desinformación, el bajo nivel educativo, el analfabetismo nutricional y la disponibilidad de alimentos industrializados (Olvera et al., 2016).

Tabla 2. Grupos de alimentos según el SMAE consumidos habitualmente por los escolares por contexto

Grupos de alimentos (g/d)	Total				Rural				Urbano				
	Media	DE	Mediana	IQR	Media	DE	Mediana	IQR	Media	DE	Mediana	IQR	p
Verduras	63.1	36.4	59.0	[36–80]	60.7	34.8	55,6	[35–77]	65.2	37.9	61.7	[38–82]	0.422
Frutas	69.9	55.4	61.8	[28–104]	66.6	57.0	46.5	[104–24]	72.9	54.0	69.2	[29–109]	0.461
Cereales y tubérculos	172.4	72.3	167.1	[122–214]	183.8	78.0	175.3	[131–231]	161.9	65.4	152.2	[117–189]	**<0.05**
Leguminosas	16.9	20.9	14.4	[0–26]	19.5	23,9	16.4	[0–26]	14.5	17.5	10.9	[0–23]	0.128
Alimentos de origen animal	58.9	25.9	57.9	[41–75]	48.4	20.4	48.0	[63–32]	68.7	26,8	67.0	[50–81]	**<0.05**
Lácteos	172.2	100.2	166.3	[95–245]	135.1	87.6	128.1	[187–66]	206.8	99.2	210.5	[143–266]	**<0.05**
Aceites y grasas	10.8	17.6	7.9	[5–13]	8.8	5.8	7.4	[5–11]	12,6	23.7	8.6	[4–14]	0.168
Azúcares	36.5	50.8	16.5	[7–45]	33.5	33.7	20.1	[9–50]	39.2	62.7	11.2	[5–36]	0.466

Fuente: Base de datos, elaboración propia. SMAE: Sistema Mexicano de Equivalentes de Alimentos. DE: desviación estándar. IQR: rango intercuartílico. Valores de p calculados con la prueba de ANOVA (p<0.05), comparación del consumo medio entre contextos.

Consumo de alimentos por contexto

En la Tabla 3 se muestran los alimentos que lideran el consumo en cada GA por contexto, observándose que los lácteos y las bebidas densamente energéticas fueron los ultraprocesados más consumidos en ambos contextos, aunque el elevado consumo de refrescos fue mayor en los escolares urbanos. Las tortillas de maíz fueron el cereal procesado más consumido en ambos contextos. Sin embargo, al ser el alimento básico de la población campesina, los escolares rurales lo consumían en mayor cantidad, mientras que los urbanos preferían el consumo de pasta. Los escolares rurales pertenecientes al tercil superior del GA procesados obtienen el 72% del consumo total de energía, y los urbanos ubicados en el GA mínimamente procesados obtienen más energía de este grupo (53%) que del resto.

Los escolares urbanos reportaron el mayor consumo de alimentos de origen animal. Estas diferencias destacaron no solo el mayor poder adquisitivo de los hogares urbanos en comparación con los rurales, sino también las inequidades sociales que marcan algunas diferencias nutricionales entre los GA según los contextos, como ya lo informaron varios estudios (Zhang et al., 2017).

Tabla 3. Consumo de alimentos y bebidas por grupos de alimentos por contexto

CONTEXTO RURAL

Alimentos mínimamente procesados			Alimentos procesados			Alimentos ultraprocesados		
Alimentos	Media (DE)	Mediana (RIC)	Alimentos	Media (DE)	Mediana (RIC)	Alimentos	Media (DE)	Mediana (RIC)
Arroz	78.5 (58.2)	62.7 (37.5-125.3)	Tortillas de maíz	91.5 (57.7)	90.0 (42.5-130.1)	Leche semidescremada	363.0 (105.4)	340.0 (310.0-473.4)
Salsa de chile	44.3 (37.3)	38.3 (26.9-57.5)	Pasta de trigo	47.7 (43.8)	40.0 (17.3-80.0)	Bebidas sin alcohol	51.1 (55.8)	60.0 (23.1-80.0)
Frijoles	33.2 (47.3)	17.7 (0-46.6)	Pan blanco	56.6 (18.2)	40.0 (15.7-60.0)	Yogur natural	37.0 (73.3)	41.2 (0-37.8)
Papas	29.7 (32.5)	20.0 (10.3-41.3)	Tamales	25.5 (52.8)	0.0 (3.0-34.0)	Jugo de mango	34.8 (58.3)	36.3 (0-75.0)
Plátano Tabasco	27.1 (29.9)	22.4 (0-56.7)	Agua de fruta	20.6 (75.7)	12.5 (12.2-97.2)			
Jitomates	25.2 (22.9)	27.7 (0-43.2)	Azúcar de mesa	19.4 (10.6)	15.3 (12.0-22.4)			
Huevos	20.9 (20.0)	16.7 (4.0-31.8)	Masa maíz blanco	14.6 (16.9)	7.5 (0-26.7)			
Mango manila	19.4 (36.0)	0.0 (0-18.6)	Aceite de maíz	12.1 (11.1)	8.3 (4.2-15.5)			
Fruta picada	16.4 (29.2)	0.0 (0-43.3)	Pozole y atole	9.2 (4.5)	7.7 (1-27.0)			
Naranjas	14.7 (20.2)	5.3 (0-23.6)						
kcal*	16.0			72.0			12.0	

Tabla 3. Consumo de alimentos y bebidas por grupos de alimentos por contexto (Cont.)

CONTEXTO RURAL

Alimentos mínimamente procesados			Alimentos procesados			Alimentos ultraprocesados		
Alimentos	Media (DE)	Mediana (RIC)	Alimentos	Media (DE)	Mediana (RIC)	Alimentos	Media (DE)	Mediana (RIC)
Arroz	75.3 (86.6)	62.7 (0-125.3)	Aceite de canola	72.4 (128.5)	12.0 (0-170.0)	Leche semidescremada	388.2 (134.9)	406.7 (320.0-480.0)
Plátano Tabasco	41.9 (47.1)	36.0 (0-72.0)	Tortilla de maíz	67.8 (39.2)	65.0 (35.0-87.1)	Bebidas sin alcohol	62.4 (125.7)	67.0 (0-80.0)
Pollo cocido	38.4 (48.0)	25.0 (10.0-45.0)	Pasta de trigo	55.3 (47.3)	40.0 (30.0-83.3)	Yogur natural	26.0 (52.5)	36.0 (0-41.7)
Salsa de chile	34.1 (36.8)	37.5 (0-54.7)	Tamales	37.5 (69.0)	3.0 (0-76.5)	Pan dulce	16.8 (21.6)	5.3 (0-26.8)
Manzanas y fruta picada	52.2 (34.4)	35.3 (0-70.7)	Agua de fruta	36.0 (76.5)	8.0 (6-40.0)	Leche descremada	12.0 (75.9)	2.0 (0-78.0)
Papas	32.0 (27.2)	21.3 (10.0-60.0)	Pan blanco	38.6 (41.2)	20.0 (0-60.0)	Pan blanco de caja	11.3 (13.4)	9.9 (0-20.2)
Jitomates	31.1 (31.8)	28.0 (0-43.7)	Azúcar de mesa	12.5 (14.8)	8.7 (2-22.0)	Hojuelas de maíz	10.1 (13.3)	7.3 (0-13.0)
Frijoles	30.6 (35.1)	28.1 (0-56.3)	Pollo asado	7.8 (9.2)	1.5 (0-4.5)			
			Pechuga de pollo asada	7.2 (12.6)	1.0 (0-18.0)			
% kcal*	53.0			15.0			32.0	

Fuente: Base de datos, elaboración propia. Medias y medianas en gramos por día (g/d). IQR: Rango intercuartílico. *Contribución a la ingestión total de energía.

Ingestión de macronutrimentos y micronutrimentos e índice Na:K

Las diferencias se observan claramente en los componentes nutricionales de los GA (Tabla 4), donde los escolares urbanos de los GA alimentos mínimamente procesados y los ultraprocesados presentaron la mayor ingestión de energía, proteínas, lípidos y ácidos grasos monoinsaturados (AGM). Por otro lado, los escolares rurales del GA procesado ($p<0.05$) ingieren más energía, HCO, AGP, AGS y fibra dietética.

En los niños que se ubicaron en el tercil superior de este GA se encontraron diferencias estadísticamente significativas ($p<0.05$) entre los grupos, comparando el consumo por g/d de alimento en cada uno. Los escolares urbanos consumen más g de alimentos mínimamente procesados y ultraprocesados que los rurales entre los mismos grupos. Por el contrario, los escolares rurales consumen más alimentos procesados (12.9%) que los urbanos (9.1%).

Sin embargo, estas diferencias solo se destacan en el aporte de algunos componentes nutricionales en los GA mínimamente procesados y ultraprocesados, donde los escolares urbanos están por encima de los rurales. Estos componentes nutricionales incluyen energía, proteínas, grasas, AGM, sodio y potasio; HCO solo para el GA ultraprocesado.

La Tabla 4 también destaca que aunque los escolares urbanos de los GA mínimamente procesados y ultraprocesados registraron una mayor ingestión de sodio y potasio, la excreción urinaria de sodio fue mayor ($p<0.05$) solo en los escolares de los GA mínimamente procesados.

No hubo diferencia estadísticamente significativa en la excreción urinaria de potasio entre grupos por contexto y se encontró un índice Na:K >1.0 en todos los escolares, en todos los grupos y en ambos contextos, lo que apoya la ingestión excesiva de sodio descrita con anterioridad. Aunque los escolares urbanos también consumen más alimentos mínimamente procesados, se encontró que la excreción urinaria de sodio fue significativamente mayor en ellos. Esto significa que agregan ingredientes con alto contenido de sodio (sal) a los alimentos frescos.

La paradoja es que los escolares pobres de las zonas rurales que tienen acceso a la biodiversidad alimentaria para consumir más alimentos frescos, los consumen en menor proporción que los escolares de las zonas urbanas. Es más probable que los escolares de zonas rurales prefieran comer alimentos procesados. El consumo excesivo de sodio en edad escolar en todos los GA de procesamiento de alimentos analizados en este estudio fue alarmante, al parecer, este comportamiento se observa en muchos países donde se ha reconocido el consumo excesivo de sodio de los escolares, lo que, combinado con el bajo consumo de potasio y el exceso de HCO, explica una alta prevalencia de obesidad (Ahrens, 2015).

En realidad, la ingestión promedio de potasio estuvo por debajo del promedio recomendado; el procesamiento de los alimentos puede ser una de las razones por ello. Al aumentar el consumo de alimentos procesados y reducir las frutas y verduras, incluso los lácteos y otros alimentos que aportan potasio, como es el caso de las dietas de lugares como Nueva Zelanda (Iwahori et al., 2017), el aporte de este nutrimento se reduce, con repercusiones para la salud de por vida.

Aunque no aparecieron diferencias entre contextos en la ingestión de ambos componentes, sí hubo diferencia en el índice Na:K ($p < 0.05$) en el GA de alimentos procesados con base en los datos de excreción de orina, reflejando una mayor excreción de sodio en escolares rurales y urbanos.

Aunque había disponibilidad y asequibilidad de frutas y verduras locales en las escuelas rurales, su consumo no se vio afectado por este hecho. Junto con el exceso de sodio, la proporción fue superior a 2.5 en todos los GA. Es probable que haya exceso de sodio en los ingredientes procesados que están en línea con los gustos culinarios mexicanos, como las salsas industrializadas y los condimentos con alto contenido de sodio.

Tabla 4. Consumo de energía y macronutrimentos, excreción de sodio y potasio e índice Na:K por grupo de alimentos entre contextos

Grupos de alimentos	Mínimamente procesado			Procesado			Ultraprocesado		
	Rural	Urbano	p *	Rural	Urbano	p *	Rural	Urbano	p *
Niños en el tercil más alto n (%) 57 (100)	24 (42.1)	33 (57.9)	0.303	37 (64.9)	20 (35.1)	0.005	14 (24.6)	43 (75.4)	<0.05
	Media ± DE			Media ± DE			Media ± DE		
Cantidad consumida (g/d)	201.2 ± 87.4	231.3 ± 92.1	<0.05	160.5 ± 71.6	117.6 ± 63.3	<0.05	202.8 ± 104.0	302.0 ± 137.2	<0.05
Contribución al consumo total de alimentos (%)	15.6	17.9	<0.05	12.4	9.1	<0.05	15.7	23.4	<0.05
Componentes nutricionales									
Energía (kcal/día)	1036.9 ± 295.9	1323.0 ± 262.4	<0.05	1310.9 ± 194.0	1286.0 ± 116.8	0.204	1083.8 ± 297.2	1443.6 ± 496.7	<0.05
Hidratos de carbono (g/d)	149.1 ± 49.8	173.1 ± 29.1	0.061	221.7 ± 67.1	134.7 ± 47.0	0.142	157.8 ± 53.5	193.6 ± 69.0	<0.05

Tabla 4. Consumo de energía y macronutrimentos, excreción de sodio y potasio e índice Na:K por grupo de alimentos (Cont.)

Grupos de alimentos	Mínimamente procesado			Procesado			Ultraprocesado		
	Rural	Urbano	p *	Rural	Urbano	p *	Rural	Urbano	p *
Proteínas (g/d)	**39.1 ± 9.1**	**58.5 ± 10.6**	**<0.05**	46.9 ± 5.4	54.6 ± 5.5	0.112	**40.9 ± 11.4**	**58.8 ± 17.6**	**<0.05**
Grasas (g/d)	**31.6 ± 12.0**	**44.1 ± 14.2**	**<0.05**	45.1 ± 12.9	44.0 ± 9.9	0.869	**32.11 ± 7.7**	**48.2 ± 12.2**	**<0.05**
AGM (g/d)	**3.6 ± 2.1**	**7.1 ± 6.3**	**<0.05**	4.3 ± 2.1	4.2 ± 1.9	0.908	**4.0 ± 1.6**	**6.9 ± 5.3**	**<0.05**
AGP (g/d)	6.2 ± 3.8	6.3 ± 4.4	0.929	8.3 ± 2.6	2.6 ± 2.3	0.143	5.3 ± 3.2	5.1 ± 3.3	0.806
AGS (g/d)	2.2 ± 1.5	2.7 ± 2.2	0.365	2.5 ± 1.1	2.2 ± 1.4	0.912	2.2 ± 1.1	2.9 ± 3.0	0.271
Fibra (g/d)	11.6 ± 7.5	13.2 ± 6.2	0.430	14.6 ± 2.2	10.6 ± 2.9	0.150	10.9 ± 3.8	12.3 ± 5.4	0.314
Sodio dietético (mg/d)	**1691.4 ± 351.8**	**1960.2 ± 294.0**	**<0.05**	1638.1 ± 112.6	1632.6 ± 191.3	0.959	**1678.8 ± 400.4**	**2085.2 ± 539.4**	**<0.05**
Potasio dietético (mg/d)	**996.9 ± 577.2**	**1399.3± 431.0**	**<0.05**	1338.9 ± 204.5	1319.0 ± 190.8	0.935	**834.2 ± 315.9**	**1327.5 ± 503.2**	**<0.05**
Sodio urinario (mEq /d)	**77.1 ± 39.3**	**104.4 ± 31.3**	**<0.05**	91.9 ± 29.1	93.1 ± 29.0	0.973	111.2 ± 35.1	115.1 ± 41.3	0.319
Potasio urinario (mEq /d)	19.5 ± 11.3	23.5 ± 11.1	0.226	19.6 ± 3.9	16.1 ± 3.0	0.622	26.1 ± 14.3	23.5 ± 9.5	0.407
Índice Na/K	2.5 ± 1.3	2.9 ± 0.98	0.334	3.0 ± 1.4	3.4 ± 1.3	0.622	2.9 ± 1.1	2.9 ± 1.3	0.990

Fuente: Base de datos, elaboración propia. *Diferencias entre contextos por GA con la prueba de ANOVA (p<0.05). AGM: ácidos grasos monoinsaturados; AGP: ácidos grasos poliinsaturados; AGS: ácidos grasos saturados.

Tabla 5. Análisis de regresión multivariable entre grupo de alimentos y componentes nutricionales en escolares por contexto

Grupos de alimentos/		Mínimamente procesado		Procesado		Ultraprocesado	
Componentes nutricionales		β (95% IC)	p*	β (95% IC)	p*	β (95% IC)	p*
Energía kcal/d	M1	0,36 (−0.94;1.80)	**<0.05**	0.64 (−2.90;4.20)	**<0.05**	0.44 (−1.00;1.70)	**<0.05**
	M2	0,33 (−0.86;1.70)	**<0.05**	0.60 (−2.60;4.20)	**<0.05**	0.37 (−0.74;1.50)	**<0.05**
Hidratos de carbono	M1	0.44 (−0.22;0.35)	**<0.05**	0.62 (0.45;0.66)	**<0.05**	0.27 (0.08;0.18)	**<0.05**
	M2	0.45 (−0.22;0.34)	**<0.05**	0.66 (0.51;0.58)	**<0.05**	0.21 (0.05;0.15)	**<0.05**
Proteínas	M1	0.03 (−0.01;0.04)	**<0.05**	0.27 (0.02;0.08)	**<0.05**	0.62 (−0.50;0.80)	**<0.05**
	M2	0.04 (−0.01;0.40)	**<0.05**	0.28 (0.26;0.30)	**<0.05**	0.64 (−0.60;0.90)	**<0.05**
Grasas	M1	0.02(−0.01;0.04)	0.40	0.09 (0.05;0.13)	**<0.05**	0.06 (0.04;0.08)	**<0.05**
	M2	0.01(−0.02;0.05)	**<0.05**	0.07 (0.06;0.08)	**<0.05**	0.09 (−1.10;1.30)	<0.05
AGM	M1	0.14 (0.12;0.16)	0.120	0.15 (0.14;0.16)	0.141	0.16 (0.14;0.18)	0.106
	M2	0.13 (0.11;0.14)	0.110	0.14 (0.13;0.15)	0.123	0.15 (0.13;0.17)	0.103
AGP	M1	0.10(0.09;0.11)	0.250	3.8 (2.40;5.20)	**<0.05**	2.60 (2.30;3.80)	**<0.05**
	M2	0.09(0.08;0.10)	0.220	3.6 (2.20;5.20)	**<0.05**	2.20 (2.10;3.50)	**<0.05**
AGS	M1	0.05(0.03;0.08)	**<0.05**	0.06 (0.05;0.09)	**<0.05**	−0.07 (−.09;0.12)	**<0.05**
	M2	0.04(0.02;0.08)	**<0.05**	0.05 (0.04;0.08)	**<0.05**	−0.06 (−0.10;0.11)	**<0.05**

Tabla 5. Análisis de regresión multivariable entre grupo de alimentos y componentes nutricionales en escolares por contexto (Cont.)

Grupos de alimentos/		Mínimamente procesado		Procesado		Ultraprocesado	
Componentes nutricionales		β (95% IC)	p*	β (95% IC)	p*	β (95% IC)	p*
Fibra	M1	0.04(0.03;0.05)	**<0.05**	0.44 (0.34;0.56)	**<0.05**	-0.15 (-0.89;1.10)	**<0.05**
	M2	0.03(0.02;0.04)	**<0.05**	0.43 (0.32;0.54)	**<0.05**	-0.15 (-0.92;1.12)	**<0.05**
Sodio dietético	M1	-0.92 (-1.50;-0.38)	**<0.05**	1.28 (0.47;2.10)	**<0.05**	1.20 (0.80;1.70)	**<0.05**
	M2	-0.91(-1.40;-0.35)	**<0.05**	1.23 (0.44;1.90)	**<0.05**	1.10 (0.70;1.60)	<0.05
Potasio dietético	M1	3.70(3.10;4.20)	**<0.05**	1.11 (0.40;1.80)	**<0.05**	1.50 (1.00;1.90)	**<0.05**
	M2	3.60 (3.00;4.10)	**<0,05**	1.12 (0.30;1.90)	**<0.05**	1.40 (-0.90;2.00)	**<0.05**
Sodio urinario	M1	0.14 (0.11;0.17)	**<0.05**	0.15 (0.12;0.17)	**<0.05**	0.12 (0.09;0.14)	**<0.05**
	M2	0.05 (0.04;0.07)	**<0.05**	0.06 (0.04;0.07)	**<0.05**	-0.02 (-0.04;0.13)	**<0.05**
Potasio urinario	M1	0.08 (0.11;1.20)	**<0.05**	0.03 (0.05;0.98)	**<0.05**	0.06 (0.08;0.10)	**<0.05**
	M2	0.06 (0.09;1.30)	**<0.05**	0.02 (0.03;0.97)	**<0.05**	0.05 (0.06;0.30)	**<0.05**

Fuente: Base de datos, elaboración propia. *Diferencias entre contextos, grupos de alimentos con prueba de ANCOVA (p<0.05). AGM: ácidos grasos monoinsaturados. AGP: ácidos grasos poliinsaturados. AGS: ácidos grasos saturados. Valores de . basados en regresiones lineales, con grupos de alimentos como variable independiente continua y la ingestión de componentes nutricionales como variable dependiente. Los coeficientes β del consumo de alimentos procesados pueden interpretarse como un cambio en la ingesta de componentes nutricionales (% medio por aumento de 1 g/mg/d). El modelo 1 se ajustó por contexto e ingreso del hogar (M1), el modelo 2 se ajustó por contexto, ingreso del hogar, actividad física, sexo/género, edad e IMC.

Además, y ajustando los modelos, la Tabla 5 muestra los coeficientes β para el efecto del consumo de GA por nivel de procesamiento en la ingestión de nutrimentos en ambos contextos, con un IC del 95%, así como el valor de *p*. Entre los 168 escolares, el alto consumo de alimentos procesados explicaba mejor su ingestión de energía, HCO, AGS, AGP y fibra, mientras que el alto consumo de alimentos ultraprocesados explicaba su ingestión de proteínas y grasas.

Específicamente, se encontró que el consumo de alimentos procesados era más importante para la ingestión de sodio, mientras que el alto consumo de alimentos mínimamente procesados era el factor explicativo más importante para la ingestión de potasio. Para la excreción urinaria de sodio, el alto consumo de alimentos procesados tuvo el coeficiente β absoluto más alto, mientras que el alto consumo de alimentos mínimamente procesados tuvo el valor absoluto más alto para explicar la excreción urinaria de potasio.

Debido al pequeño tamaño de la muestra, algunos datos estadísticos no resultaron significativos, aunque fue posible ver la magnitud del impacto a partir de los coeficientes y sus IC por escenarios. El consumo de alimentos mínimamente procesados explicó la ingestión de energía, HCO, grasas, AGM y AGP de los escolares rurales. Mientras que el consumo de fibra se derivó del alto consumo de alimentos procesados por parte de los escolares urbanos.

La función renal —principal mecanismo que mantiene el equilibrio del potasio— se desarrolla en su totalidad durante la infancia. Por lo tanto, es probable que la ingestión adecuada de potasio tenga el mismo efecto sobre la presión arterial de los niños que se ha encontrado que tiene en los adultos (Aburto. et al., 2013). Las dietas caracterizadas por un alto consumo de AGS, sodio y azúcares añadidos se han relacionado con un aumento de la inflamación de bajo grado. Por el contrario, una dieta saludable reduce los marcadores proinflamatorios (proteína C reactiva, factor de necrosis tumoral alfa, interleucinas, entre otros) (Casas et al., 2018).

Sp-Ob y consumo de GA ultraprocesado

La relación de los GA con el estado nutricional se observa en la Tabla 6. La prevalencia de Sp-Ob fue mayor en escolares urbanos en el GA ultraprocesado (p<0.05). Sin embargo, la mayoría de los escolares que presentan Sp-Ob se ubican en los terciles inferiores al tercil superior.

Los hallazgos de un estudio transversal en diferentes países europeos (Ahrens, 2015) sugieren que cuando se analiza la relación de las características dietéticas y el Sp-Ob en escolares de varios contextos, se deben incluir otros factores socioambientales además de la preferencia por estos sabores añadidos a los alimentos procesados, como el gusto en el marco cultural dado, las prácticas sociales que determinan el uso de energía (horas frente al televisor), así como la disponibilidad, accesibilidad y déficit de nutrimentos y los desequilibrios resultantes. Uno de estos es el obtenido por la ingestión excesiva de sodio y la deficiencia de potasio, lo que revela la preferencia de los alimentos salados sobre las frutas y verduras.

El llamado secuestro de las papilas gustativas producido por el consumo de los tres principales ingredientes añadidos a los alimentos industrializados (azúcar, sal y grasa) ha sido identificado como una característica de las dietas poco saludables en poblaciones de escolares, asociándose al aumento de Sp-Ob (Ahrens, 2015).

Varios estudios indican que el papel del sodio en las características dietéticas de los niños no puede entenderse sin hablar de azúcares y grasas, ya que están relacionados con los componentes nutricionales de los alimentos ultraprocesados y con las preferencias culturales aprendidas desde la primera infancia hasta la adolescencia (Overberg et al., 2012).

Liem et al. (2002) señalan que el gusto por los alimentos dulces y salados se inicia antes del primer año de vida, lo que favorece que los alimentos que los contienen se conviertan en los más preferidos durante el desarrollo de la niñez. Así, por ejemplo, se ha estudiado cómo los niños de algunas culturas eligen alimentos procesados y extremadamente endulzados (Liem et al., 2002) o salados (Leshem et al., 1999) con conservantes frente a los mínimamente procesados.

Tabla 6. Estado nutricional por grupo de alimentos de escolares del tercil inferior y superior por contexto

Grupo de alimentos n = 168 (100)	Mínimamente procesado						Procesado						Ultraprocesado					
Terciles n (%)	<Tercil 3 111 (66.0)			≥Tercil 3 57 (34.0)			<Tercil 3 111 (66.0)			≥Tercil 3 57 (34.0)			<Tercil 3 111 (66.0)			≥Tercil 3 57 (34.0)		
Diagnóstico del estado nutricional** n (%)	Rural 57 (100)	Urbano 54 (100)	p *	Rural 24 (100)	Urbano 33 (100)	p *	Rural 44 (100)	Urbano 67 (100)	p *	Rural 37 (100)	Urbano 20 (100)	p *	Rural 67 (100)	Urbano 44 (100)	p *	Rural 14 (100)	Urbano 43 (100)	p *
Normal 123 (73.2)	46 (80.7)	32 (59.3)	**<0.05**	21 (87.5)	24 (72.7)	0.177	37 (84.1)	41 (61.2)	**<0.05**	30 (81.1)	15 (75.0)	0.591	55 (82.1)	24 (5.5)	**<0.05**	12 (85.7)	32 (74.4)	0.382
Sp-Ob 45 (26.8)	11 (19.3)	22 (40.7)		3 (12.5)	9 (27.3)		7 (15.9)	26 (38.8)		7 (18.9)	5 (25.0)		12 (17.9)	20 (45.5)		2 (14.3)	11 (25.6)	

Fuente: Base de datos, elaboración propia. Sp-Ob: sobrepeso-obesidad. *Diferencia entre contextos con prueba Ji-cuadrado (p<0.05). **Diagnóstico del estado nutricional según criterios de la OMS.

A pesar de que las OR obtenidas también son >1.0, es interesante analizar cómo se amplía el IC cuando se divide el análisis por contexto, y cómo el riesgo aparentemente aumenta con el consumo de bebidas densamente energéticas, aunque no se alcanza la significación estadística. En esta población, tener un índice Na:K >1 representa un 60% de riesgo de tener Sp-Ob (IC 1.44-1.83).

Considerando que los alimentos con un nivel mínimo de procesamiento incluyen únicamente ingredientes como azúcar, sal, etc., en esta población, el consumo de alimentos ultraprocesados aumenta significativamente el riesgo de Sp-Ob. El consumo de alimentos con altos niveles de procesamiento se relacionó con la mayor prevalencia de Sp-Ob, independientemente del contexto, ingreso económico y edad de los niños.

Tabla 7. Odds ratio e intervalos de confianza (95%) de asociación entre nivel de procesamiento de alimentos, índice Na:K y prevalencia de sobrepeso-obesidad en escolares del tercil inferior y superior

	Sp/Ob Rural		Sp/Ob Urbano	
	O	CI	O	CI
Grupos de alimentos				
Alimentos mínimamente procesados	1	-	1	-
Alimentos procesados	0.84	(0.33 – 2.18)	1.55	(0.69 – 3.51)
Alimentos ultraprocesados	1.25	(0.32 – 4.99)	1.78	(0.97 – 3.25)

Fuente: Base de datos, elaboración propia. Grupo de alimento mínimamente procesado como referencia considerando la prevalencia más baja de sobrepeso-obesidad.

Discusión y conclusiones

Se ha demostrado que el gusto por los alimentos salados adquirido a edades tempranas puede ser un factor que determine la preferencia por este tipo de alimentos en la edad adulta. Por ello, es importante realizar intervenciones oportunas durante la infancia (Liem et al., 2011).

Un estudio con niños menores de dos años mostró que preferían consumir alimentos salados varias veces al día en lugar de aquellos que contenían azúcares y grasas añadidas como la mantequilla; esta investigación concluye que es más fácil suprimir azúcares y grasas de la dieta al no ofrecer alimentos procesados con estos ingredientes añadidos. Asimismo, con el fin de estimular el consumo de frutas y leguminosas, se recomendó agregar cantidades controladas de sal y reducirlas gradualmente (Liem et al., 2011).

El índice Na:K urinario podría considerarse como un valor no solo en la prevención de enfermedades como Sp-Ob, sino también para promover dietas bajas en sodio y altas en potasio (Iwahori et al., 2017), por ejemplo, aumentando el consumo de alimentos mínimamente procesados sin añadir sal ni azúcares. La mayoría de los escolares detectados en los tres GA presentaron este índice >1, y la prevalencia de Sp-Ob en ambos contextos no superó el 26.8%, a pesar de que es alta en condiciones de pobreza y vulnerabilidad. Por lo tanto, las intervenciones oportunas pueden detener o revertir los problemas nutricionales en estas poblaciones.

El mayor consumo de alimentos ultraprocesados se correlacionó fuertemente con los aumentos de peso corporal de los escolares, lo que indica que estos productos son un importante impulsor de las tasas crecientes de Sp-Ob en el centro de México.

En este estudio, el consumo de alimentos ultraprocesados es el de mayor riesgo para Sp-Ob en escolares (OR). El etiquetado de advertencia frontal es una medida destinada a mejorar el entorno alimentario, ayudando a los consumidores a seleccionar alimentos industrializados más saludables y a reducir el consumo de alimentos ultraprocesados (Jáuregui et al., 2020), por lo que serán necesarios más estudios para evaluar la eficiencia de este etiquetado en comunidades rurales y urbanas. El mayor consumo de alimentos ultraprocesados se correlacionó fuertemente con el aumento de peso corporal de los escolares, lo que indica que estos productos son un importante impulsor de las tasas crecientes de Sp-Ob en el centro de México.

Si bien, no existen muchos estudios que muestren la relación entre los desequilibrios de la ingestión de sodio y potasio en el consumo de alimentos ultraprocesados de los escolares, no solo con su estado nutricional sino también con enfermedades infecciosas y crónico degenerativas, por lo que es importante que estudios multidisciplinarios consideren la detección precoz tanto de las características fisiológicas de una dieta cada vez más industrializada a esa edad, como de los factores socioambientales que intervienen en la definición de las dietas.

Literatura citada

Aburto, N. J., Hanson, S., Gutierrez, H., et al. (2013). Effect of increased potassium intake on cardiovascular risk factors and disease: systematic review and meta-analyses. BMJ, 346, 1–19.

Ahrens, W. (2015). Sensory taste preferences and taste sensitivity and the association of unhealthy food patterns with overweight and obesity in primary school children in Europe—a synthesis of data from the IDEFICS study. Flavour, 4(8), 1–9.

Araujo, M., Teixeira, A. K., Oliveira, S. I., et al. (2017). Processed and ultra-processed food consumption among children aged 13 to 35 months and associated factors. CSP, 33(11), 1–16.

Ávila-Curiel, A., Shamah-Levy, T., Galindo-Gómez, C., et al. (1998). La desnutrición infantil en el medio rural mexicano. Salud Publ Mex, 40(2), 150–60.

Casas, R., Castro-Barquero, S., Estruch, R., et al. (2018). Nutrition and Cardiovascular Health. Int J Mol Sci, 19(12), 1–31.

CENEVAL (Consejo Nacional de Evaluación de la Política de Desarrollo Social) (2018). Informe de pobreza en los municipios de México 2015. Disponible en: https://www.coneval.org.mx/InformesPublicaciones/InformesPublicaciones/Documents/Informe-pobreza-municipal-2015.pdf

Cornwell, B., Villamor, E., Mora-Plazas, M., et al. (2017). Processed and ultra-processed foods are associated with lower-quality nutrient profiles in children from Colombia. PHN, 21(1), 142–147.

Costa, C. S, Rauber, F., Leffa, P. S., et al. (2018). Ultra-processed food consumption and its effects on anthropometric and glucose profile: A longitudinal study during childhood. Nutr Metab Cardiovasc Dis, 29(2), 177–184.

De Onis, M., Onyango, A. W., Borghi, E., et al. (2007). Development of a WHO growth reference for school-aged children and adolescents. Bull World Health Organ, 85(9), 660–667.

Eyles, H., Bhana, N., Lee, S. E., et al. (2018). Measuring Children's Sodium and Potassium Intakes in NZ: A Pilot Study. Nutrients, 10(9), 1–17.

Filgueiras, A. R., Pires, V. B., Koch Nogueira, P. C., et al. (2019). Exploring the consumption of ultra-processed foods and its association with food addiction in overweight children. Appetite, 135, 137-145.

García, R. A., Vanelli, C. P., Pereira, O. D. S., et al. (2018). Comparative analysis for strength serum sodium and potassium in three different methods: Flame photometry, ion-selective electrode (ISE) and colorimetric enzymatic. J Clin Lab, 32(9), 1–8.

González-Castell, D., González-Cossío, T., Barquera, S., et al. (2007). Alimentos industrializados en la dieta de los preescolares mexicanos. Salud Pub Mex, 49(5), 345–56.

H. Ayuntamiento de Toluca (2019). Delegación Capultitlán. Disponible en: http://www.toluca.gob.mx/delegacion-capultitlan/

INEGI (Instituto Nacional de Estadística Geografía e Informática) (2020). Índices de precios al consumidor. Canasta Básica Mensual. INEGI. 2020. Disponible en: https://www.inegi.org.mx/app/indicesdeprecios/Estructura.aspx?idEstructura=112001300030&T=Índices de Precios al Consumidor&ST=Inflación Mensual

Iwahori, T., Miura, K. y Ueshima, H. (2017). Time to Consider Use of the Sodium-to-Potassium Ratio for Practical Sodium Reduction and Potassium Increase. Nutrients, 9(700), 1–11.

Jáuregui, A., Vargas-Meza, J., Nieto, C., et al. (2020). Impact of front-of-pack nutrition labels on consumer purchasing intentions: a randomized experiment in low- and middle-income Mexican adults. BMC Public Health, 20(1), 1–13.

Leshem, M., Abutbul, A., Eilon, R. (1999). Exercise Increases the Preference for Salt in Humans. Appetite, 32(2), 251–260.

Liem, D. G. y Mennella, J. A. (2002). Sweet and Sour Preferences During Childhood: Role of Early Experiences. Dev Psychobiol, 41(4), 388–395.

Liem, D. G., Miremadi, F. y Keast, R. S. J. (2011). Reducing Sodium in Foods: The Effect on Flavor. Nutrients, 3(6), 694–711.

Marrón-Ponce, J. A., Sánchez-Pimienta, T. G., Da Costa, M. L., et al. (2018). Energy contribution of NOVA food groups and sociodemographic determinants of ultra-processed food consumption in the Mexican population. Public Health Nutr, 21(1), 87–93.

Marrón, J. A., Tolentino, L., Hernández, M., et al. (2019). Trends in ultra-processed food purchases from 1984 to 2016 in Mexican households. Nutrients, 11(1), 1–15.

McCrickerd, K., Forde, C. G. (2016). Sensory influences on food intake control: moving beyond palatability. Obes Rev, 17(1), 18–29.

Monteiro, C. A., Cannon, G., Levy, R., et al. (2016). The star shines bright. World Nutr J, 7(7), 1–3.

Monteiro, C. A., Cannon, G., Moubarac, J. C., et al. (2018). The UN Decade of Nutrition, the NOVA food classification and the trouble with ultra-processing. Public Health Nutr, 21(1), 5–17.

Monteiro, C. A., Moubarac, J. C., Cannon, G., et al. (2013). Ultra-processed products are becoming dominant in the global food system. Obes Rev, 14(S2), 21–28.

Morales-Ruán, M. D. C., Shamah-Levy, T., Mundo-Rosas, V., et al. (2018). Evolución de los programas de ayuda alimentaria en México a través de información de la Ensanut MC 2016. Salud Pub Mex, 60(3), 319–27.

Olvera, B., Schmook, B., Nazar, D. A., et al. (2016). Efectos adversos de los programas de apoyo alimentario, en los hogares rurales de Calakmul, Campeche. Estudios sociales, revista de investigación científica, 27(49), 11–46.

OPS (Organización Panamericana de la Salud) (2015). Alimentos y bebidas ultraprocesados en América Latina: tendencias, efecto sobre la obesidad e implicaciones para las políticas públicas. NMH. Disponible en: http://iris.paho.org/xmlui/bitstream/handle/123456789/7698/9789275318645_esp.pdf?sequence=5

Overberg, J., Hummel, T., Krude, H., et al. (2012). Differences in taste sensitivity between obese and non-obese children and adolescents. ADC, 97(12), 1048–1052.

Pérez, A. B., Palacios, B., Castro, A. L., et al. (2014). Sistema Mexicano de Alimentos Equivalentes. 4ª ed. México: Fomento de Nutrición y Salud.

Popkin, B. M. y Gordon-Larsen, P. (2004). The nutrition transition: worldwide obesity dynamics and their determinants. Int J Obes Relat Metab Disord, 28(Suppl 3), S2-S9.

Rao, G. (2016). Diagnosis, Epidemiology and Management of Hypertension in Children. Pediatrics, 138(2), 1–15.

Schimidel, L., Schade, J., Herzog, J., et al. (2018). Relación sodio/potasio urinario y consumo de condimentos industrializados y alimentos ultraprocesados. Nutr Hosp, 36(1), 125–132.

Sparrenberger, K., Friedrich, R. R., Schiffner, M. D., et al. (2015). Ultra-processed food consumption in children from a Basic Health Unit. J Pediatr, 91(6), 535–542.

Subar, A. F., Kipnis, V., Troiano, R. P., et al. (2003). Using Intake Biomarkers to Evaluate the Extent of Dietary Misreporting in a Large Sample of Adults: The OPEN Study. AJE, 158(1), 1–13.

Willett, W. C. y Howe, R. (1997). Adjustment for total energy intake in epidemiologic studies. AJCN, 65(Suppl), 1220S-1228S.

Wong, M. M., Arcand, J., Leung, A. A., et al. (2017). The science of salt: A regularly updated systematic review of salt and health outcomes (December 2015 – March 2016). J Clin Hypertens (Greenwich, Conn.), 19(3), 322–32.

WHO (World Health Organization) (2012). Guideline: Sodium intake for adults and children. Disponible en: https://www.who.int/nutrition/publications/guidelines/sodium_intake_printversion.pdf

WHO (World Health Organization) (2012). Guideline: Potassium intake for adults and children. Disponible en: https://apps.who.int/iris/bitstream/handle/10665/77986/9789241504829_eng.pdf?sequence=1

Wu, F., Zhao, S., Yu, B., et al. (2020). A new coronavirus associated with human respiratory disease in China. Nature, 579(7798), 265–269.

Yamamoto, Y. S., Acosta, C. V., Pérez, M. D. C., et al. (2015). Una mirada hacia el proceso de identidad en el valle de Toluca precortesiano, México. Revista de Indias, 75(264), 289–321.

Zhang, J., Wang, D., Eldridge, A. L., et al. (2017). Urban–Rural Disparities in Energy Intake and Contribution of Fat and Animal Source Foods in Chinese Children Aged 4–17 Years. Nutrients, 9(5), 1–9.

Capítulo IX

Durante la pandemia de COVID-19: angustia emocional materna y calidad de la dieta en escolares del Estado de México

Jacqueline Hernández Ramírez,
Ivonne Vizcarra Bordi,
Alejandra Donají Benítez Arciniega,
María del Carmen Guzmán Márquez
y Katia Yetzani García Maldonado

Introducción

Una adecuada nutrición en la etapa escolar es fundamental para el óptimo crecimiento físico y desarrollo intelectual de niñas y niños (O'Neil et al., 2014). Se ha demostrado que la relación materno-infantil influye de forma directa en la calidad de la dieta (CD), convirtiéndose en un factor importante en el estudio de la alimentación adecuada de los escolares (Restrepo et al., 2005).

De ahí que el ejercicio de la maternidad sea un indicador social y nutricional, que refleja no solo las prácticas alimentarias en los hogares, sino que también está asociado con el estado nutricional de niñas y niños (Vizcarra y Marín, 2014). Sin embargo, cualquier circunstancia que afecte emocional o psicológicamente a las madres puede modificar la dieta de los escolares (Knuppel, 2021).

Por un lado, en un sistema de dominación patriarcal, las mujeres son las que viven mayores desventajas en tiempos de crisis, pues son las que cargan con las responsabilidades extradomésticas y las que más sacrifican su tiempo para cuidar de la familia y satisfacer las necesidades de educación, salud y alimentación (De Lamo, 2021). Por otro lado, cuando sus entornos son inestables debido a diversas crisis políticas, ambientales, económicas y de seguridad, se observan cambios en los comportamientos alimentarios de los hogares (Aguilar, 2014).

Antecedentes

En México, además de las madres, las escuelas también deben jugar un papel importante en la provisión de una alimentación adecuada a la población infantil, al menos durante los períodos escolares (Martínez et al., 2017). Sin embargo, debido a diversos factores asociados a la globalización alimentaria, la Encuesta Nacional de Salud y Nutrición (ENSANUT) del país en 2018, muestra que la población escolar presenta desnutrición y una alta prevalencia de sobrepeso y obesidad, mientras que la obesidad aumentó un 97% entre 2012 y 2018 (Shamah-Levy et al., 2019). Esta misma encuesta observó que el 88.5% de los niños, de 6 a 11 años, consumían bebidas azucaradas, mientras que el 34.5% no consumen frutas y verduras (INSP, 2018).

En este escenario, la pandemia por la COVID-19 llegó a México en marzo de 2020. Dentro de las medidas restrictivas que dictó el gobierno para contener los contagios y sus consecuencias, a finales de ese mismo mes, destaca el confinamiento de la población estudiantil en sus casas (Rojas et al., 2021), junto con gran parte de la población trabajadora, lo que implicó que algunas personas perdieran sus fuentes de ingresos (Esquivel, 2020). Cuando las escuelas cerraron, los sectores educativos, público y privado, se vieron obligados a implementar sistemas emergentes de comunicación virtual para cumplir con los programas educativos en todos los niveles académicos (Rojas et al., 2021).

Los hogares con menos recursos económicos fueron los más afectados y no solo por la falta de conectividad a las redes de internet, lo que aumentó las brechas digitales entre clases sociales, sino, sobre todo, porque se cancelaron las ayudas alimentarias y los comedores escolares (Fuentes et al., 2021). Además, estas medidas obligaron a madres y padres a convertirse en educadores para atender la demanda infantil lo que, unido al cierre de las guarderías, intensificó la carga laboral. La presión aumentó sobre todo en las mujeres que intentaban equilibrar su trabajo y el cuidado familiar (Heggeness, 2020), especialmente para el 40% de las madres que trabajaban fuera del hogar (García, 2020).

Sin duda, un elemento poco estudiado y que influye en la CD de hijas e hijos, es la salud mental de las madres, sobre todo el bienestar psicológico materno que puede verse mermado por la presencia de angustia emocional (AE) generada por crisis asociadas a la incertidumbre e inestabilidad (Trude et al., 2020).

En este sentido, el bienestar se entiende como la satisfacción de las necesidades de una persona, a nivel biológico, psicológico y espiritual (Dodge et al., 2012). Considerando la pandemia como una crisis de inestabilidad, este estudio tuvo como objetivo analizar la relación entre la AE de las madres y la CD de niños en edad escolar, precisamente durante la contingencia por la COVID-19.

Metodología

Descripción del estudio

Es un estudio transversal y exploratorio realizado en una población residente en el Estado de México (centro de México). Se obtuvieron datos de 267 madres con hijas e hijos en edad escolar, de 6 a 12 años de edad. Luego de realizar una prueba piloto en enero de 2021 del instrumento de investigación, se reestructuró y se aplicó de forma remota, de febrero a noviembre del mismo año, utilizando la plataforma Google Forms. El cuestionario se dividió en 3 partes: datos sociodemográficos, dieta y AE. Con los datos obtenidos, se realizaron las estimaciones correspondientes a:

1. **Evaluación de la CD de los escolares**: se obtuvo a través del cuestionario de frecuencia de consumo de alimentos, validado para la población mexicana de 6 a 12 años. Estaba compuesto por 51 alimentos, organizados en 9 grupos: (1) verduras; (2) frutas; (3) cereales; (4) leguminosas; (5) alimentos de origen animal; (6) leche; (7) aceites y grasas; (8) azúcares y (9) bebidas. También incluía 4 preguntas complementarias sobre hábitos

alimentarios. La frecuencia de consumo de alimentos se clasificó en 5 categorías, puntuando desde 0 veces por semana hasta más de 7 veces por semana. Para su análisis, se utilizó el *software* de composición de alimentos Nutrimind 15.0.

La ingestión media se calculó multiplicando cada alimento por su frecuencia de consumo y dividiéndolo entre 7. La CD se calculó mediante 2 índices: Índice de Alimentación Saludable 2015 (HEI-2015) e Índice de Calidad de la Dieta Mediterránea (Kidmed). De esta forma, es posible tener resultados comparables entre sí y, en relación con el estado emocional de las madres, obtener aproximaciones que explican la causalidad.

El HEI-2015 consta de 13 componentes dietéticos: fruta total, fruta entera; verduras totales; verduras y frijoles; cereales integrales; productos lácteos, carne y frijoles; alimentos con proteínas totales, mariscos y proteínas de origen vegetal; aceites y grasas; cereales refinados; sodio, azúcares añadidos y grasas saturadas. En total, suman 100 puntos. Una puntuación ≥ 80 refleja buena CD; las puntuaciones de 51 a 80 sugieren que puede haber una mejora en la dieta; una puntuación <51 indica mala CD.

Por su parte, KIDMED reagrupa las respuestas de frecuencia en 16 ítems, otorgando una calificación posible de 0 a 12 puntos. En esa escala, la puntuación se clasifica en 3 categorías: >8 puntos denotan una dieta mediterránea óptima; de 4 a 7 significa que la dieta debe mejorar y puntuaciones ≤ 3 dan como resultado una muy baja CD.

2. **Evaluación de bienestar y malestar emocional en las madres (AE)**: se obtuvo a través del Índice de Malestar Peritraumático COVID-19 (CPDI), diseñado por la Organización Mundial de la Salud (OMS). Este instrumento incluye 24 reactivos tipo Likert de 5 puntos (nunca, ocasionalmente, algunas veces, muchas veces y siempre). Abarca las emociones experimentadas dos semanas antes de la aplicación (ansiedad, depresión, fobias específicas, cambio cognitivo, conducta de evitación y compulsiva, síntomas físicos y pérdida del funcionamiento social). El cuestionario ha mostrado una buena fiabilidad con un alfa de Cronbach de 0.88. Las puntuaciones obtenidas van de 0 a 100 y se clasifican en 3 grupos en función del nivel de malestar psicológico de las personas: normal (≤ 28 puntos), leve/moderado (29 a 51 puntos) y grave (≥ 52 puntos).

Criterios de selección

Los criterios de inclusión de las madres fueron: tener al menos un hijo o hija en edad escolar, ser residente del Estado de México al momento del estudio, dar su consentimiento informado mediante la aceptación o no aceptación del formulario y responder el CPDI.

Los criterios de inclusión para los escolares, además de que sus madres hayan accedido a participar en el estudio y sean residentes del Estado de México, fueron los siguientes: estar en el rango de edad de 6 a 12 años, aparentemente sanos, de ambos sexos y dar su asentimiento informado.

Recopilación de datos y consideraciones éticas

Los datos se obtuvieron de forma remota con el apoyo de la plataforma en línea Google Forms. Para proceder a contestar los cuestionarios fue obligatorio obtener la aceptación del consentimiento informado de la madre al inicio del formulario. Cada cuestionario completado y enviado de forma anónima, se recopiló automáticamente en una base de datos de Excel.

Este estudio fue revisado y aprobado por el Comité de Ética de la Facultad de Medicina de la Universidad Autónoma del Estado de México.

Métodos

Las edades de las madres y de sus hijas e hijos, se calcularon a partir de la fecha de nacimiento y de la fecha en que la se contestó el cuestionario. Para los escolares, la edad se definió como variable continua y para las madres como variable categórica.

El nivel más alto de educación de las madres se categorizó en: a) sin escolaridad, b) educación básica y c) educación superior.

En cuanto al oficio, seleccionaron solo uno: comerciantes, empleadas, amas de casa y estudiantes. Por lo tanto, se clasificaron en a) ama de casa y b) trabajo.

Las madres reportaron su estado civil como casadas, unión libre, solteras, divorciadas y fueron categorizadas en a) con pareja y b) sin pareja.

Cabe mencionar que se obtuvo una muestra de 267 cuestionarios. Sin embargo, se eliminaron 44 cuestionarios de escolares por estar incompletos, quedando 223.

Para conocer el CPDI y AE de las madres que contestaron los cuestionarios, se conservaron los 267 registros.

Análisis de los datos

Todos los análisis estadísticos se realizaron con el *software* IBM SPSS Statistics v. 22.0 para Windows. La significancia estadística se definió con un valor de $p<0.05$.

Se utilizó la correlación de Spearman para analizar la relación entre la CD y la AE. La CD se incluyó como variable dependiente y el malestar emocional como variable independiente, con un análisis de Ji-cuadrado con una $p<0.05$.

Se examinaron las variables sociodemográficas, dietéticas y de AE para describir la población de estudio. Se estimaron promedios, desviación estándar (DE) y prevalencias para datos sociodemográficos.

Resultados

Sociodemográficos

La Tabla 1 presenta los datos generales que describen las condiciones sociodemográficas de las madres participantes. Destaca que la edad promedio de las madres fue de 33.7 años. La mayoría eran jefas de hogar (59.9%) y el 69.2% trabajaba fuera del hogar. La mitad de ellas alcanzó el nivel básico de escolaridad. Casi el 70% tiene entre 2 y 3 hijas/hijos. La mayoría informó no tener condiciones médicas que comprometan la salud física.

Calidad de la dieta de los escolares y sus madres

El nivel de escolaridad de las madres se asoció significativamente con la CD de sus hijas e hijos. Aquellos niños cuyas madres tenían el nivel más alto de educación básica tenían una mala CD, en comparación con aquellos cuyas madres tenían una educación superior (HEI n=122 vs HEI n=97). Por su parte, se observó que la presencia de alguna condición médica en el escolar no se asoció con la CD, independientemente del estado de salud del escolar, la CD es mala (p=0.037; Tabla 2).

Tabla 1. Información sociodemográfica de las madres y características de los escolares

Características	Media (DE; %)
Madres	**(n=267)**
Edad (años)	33.7 (±7.4)
15 a 20 años	0.4%
21 a 30 años	31.1%
31 a 40 años	50.2%
41 a 50 años	16.9%
Más de 50 años	1.5%
Escolaridad	
Sin escolaridad	0.7%
Básica	50.2%
Superior	49.0%
Ocupación	
Ama de casa	30.7%
Trabajo	69.2%
Estado civil	
Con pareja	76.8%
Sin pareja	23.1%
Número de hijos	
1	23.6%
2	41.6%

Tabla 1. Información sociodemográfica de las madres y características de los escolares (Cont.)	
Características	**Media (DE; %)**
Madres	**(n=267)**
3	27.0%
4	6.0%
Más de 5	1.9%
Jefa de familia	
Sí	59.9%
No	40.1%
Condición médica *	
Ninguno	83.1%
Hipertensión arterial	3.7%
Diabetes *mellitus*	3.4%
Hipo o hipertiroidismo	3.7%
Trastornos hormonales	4.5%
Varias enfermedades	1.5%
Escolares	**(n=267)**
Edad (años)	8.4 (±2.0)
Sexo/Género	
Niña	46.4%
Niño	53.6%
Condición médica *	
Sí	8.2%
No	91.8%
Posición	
Número 1	55.8%
Número 2	30.3%
Número 3	12.4%
Número 5	1.1%
6 en adelante	0.4%

Fuente: Base de datos, elaboración propia. *Actual enfermedad autoinformada. DE: Desviación Estándar.

Tabla 2. Asociación de las características sociodemográficas con la calidad de la dieta de escolares a través de los índices HEI-2015 y KIDMED

HEI-2015			KIDMED		Prueba Estadística
Características sociodemográficas	Necesita mejorar	Pobre calidad	Necesita mejorar	Pobre calidad	Ji-cuadrado
Madres					
Edad materna (años)					0.621
De 15 a 30	1	71	21	51	
De 31 a >50	3	148	49	102	
Jefa del hogar					0.592
Sí	1	129	39	91	
No	3	90	31	62	
Ocupación					0.605
Ama de casa	2	67	20	49	
Trabajo	2	152	50	104	
Escolaridad					≤0.05 ***
Básica	0	122	22	100	
Superior	4	97	48	53	
Estado Civil					0.535
Con pareja	4	172	57	119	
Sin pareja	0	47	13	34	
Condición médica materna[b]					0.881
Enfermedad Crónica	0	37	12	25	
Ninguna					
Número total de hijos	4	182	58	128	0.301
1	0	45	17	28	
≥2	4	174	53	125	

HEI-2015			KIDMED		Prueba Estadística
Características sociodemográficas	Necesita mejorar	Pobre calidad	Necesita mejorar	Pobre calidad	Ji-cuadrado
Escolares					
Presencia de alguna condición médica[b]					**0.037***
Sí	0	19	10	9	
No	4	200	60	144	
Sexo/Género					0.282
Niña	3	103	37	69	
Niño	1	116	33	84	
Hijos posición [a]					0.173
Primero	3	119	43	79	
Segundo adelante	1	100	27	74	

Fuente: Base de datos, elaboración propia. [a] Lugar ocupado por el niño entre la numero de hermanos. [b] Actual autoinformado enfermedad.

Angustia emocional (AE) de las madres y calidad de la dieta (CD) de los escolares

El 55.8% de las madres tenían AE leve a moderada (Tabla 3). Según los índices HEI-2015 y KIDMED, la mayoría de los escolares presentaban una mala CD (82% y 57.3% respectivamente; Tabla 4).

En la Tabla 5 se observa que a mayor AE de las madres, menor CD en los escolares, según HEI-2015. Por su parte, el índice KIDMED no mostró relación con la AE de las madres.

Tabla 3. Nivel de angustia emocional de las madres de acuerdo con el Índice de Malestar Peritraumático COVID-19 (CPDI)

Nivel de angustia emocional (AE)	n= 267 n (%)
Normal	3 (1.1%)
Leve a moderado	149 (55.8%)
Severo	115 (43.2%)

Fuente: Base de datos, elaboración propia.

Tabla 4. Calidad de la dieta de los escolares según el Índice de Alimentación Saludable (HEI-2015)y el Índice de Calidad de la Dieta Mediterránea (KIDMED)

Índices de Calidad de la Dieta	n = 223 n (%)
HEI-2015	
Dieta con necesidad de ser mejorada	4 (1.5%)
Mala calidad de la dieta	219 (82%)
KIDMED	
Dieta con necesidad de ser mejorada, ajustar al patrón de la dieta mediterránea	70 (26.2%)
Baja calidad de la dieta	153 (57.3%)

Fuente: Base de datos, elaboración propia.

Tabla 5. Correlación entre la angustia emocional de las madres y la calidad de la dieta de los escolares

	IES	KIDMED
r	-0.14 *	-0.074
Angustia emocional		
p	0.036	0.271

Fuente: Base de datos, elaboración propia. *p≤0.05. Correlación de Spearman.

Discusión

Son escasos los estudios que relacionan la CD con la AE materna ante distintas crisis que ponen en riesgo el bienestar de la familia. En este estudio, los resultados mostraron esa relación, teniendo en cuenta la crisis sanitaria provocada por la pandemia mundial por la COVID-19, que afectó a casi todos los hogares del mundo (OMS, 2022).

Entre los estudios previos a la pandemia, destaca el de Trude et al. (2020), quienes reportaron que en los hogares de bajos recursos hubo una asociación constante en el tiempo, entre la AE con la baja CD de los hijos. Si bien la presente investigación con hogares del centro de México no identificó la clase social ni el nivel de ingreso de los hogares de los escolares, es posible coincidir con Trude et al., ya que la mala CD de los escolares se relaciona con niveles más bajos de escolaridad de sus madres (F=7.00, p=0.008), y esto no cambia a pesar de la presencia de enfermedad en el escolar.

En países con marcadas desigualdades sociales como México, muchas mujeres y niños que viven en la pobreza son considerados poblaciones vulnerables. Con las desigualdades de género sumadas, la contingencia pandémica no hizo más que aumentar los riesgos de desequilibrar la salud mental —emocional y psicológica— de la población femenina que ya vivía con desventajas sociales (Street et al., 2018; Secretaría de Naciones Unidas, 2020).

Diferentes estudios coinciden en que las mujeres han sido más susceptibles al estrés ante la incertidumbre que dibuja la pandemia. Entre ellos, el estudio realizado en población china (n=1210) durante los primeros meses de la pandemia, en el que se aplicaron encuestas en línea para recopilar datos sobre preocupaciones sobre la COVID-19, encontró una asociación entre ser mujer con tener niveles más altos de estrés, ansiedad y depresión (Wang et al., 2020).

Asimismo, otro estudio en población adulta española (n=7053) mostró que el impacto del confinamiento estaba relacionado con el género, la edad y las condiciones socioeconómicas. Sus resultados revelaron que las mujeres y los jóvenes tenían un peor estado de salud mental durante el confinamiento. El 31.2% de las mujeres presentó mayor ansiedad (severa a moderada), mientras que en los hombres esa condición se presentó en el 17.7%. En cuanto a los síntomas, el 28.5% de las mujeres y el 16.5% de los hombres manifestaron depresión severa a moderada (Jacques-Aviñõ et al., 2020). En un estudio realizado en Canadá se observó que las madres con hijos entre 0 y 8 años, residentes en ese país (n=641), el 43.37% presentaba depresión y ansiedad al inicio de la pandemia (Cameron et al., 2020).

Las medidas de confinamiento de la pandemia también generaron nuevos cambios domésticos. En algunas sociedades, tanto los padres como las madres han intentado equilibrar las responsabilidades del trabajo con las de la familia pero no han podido controlar las consecuencias de pasar mucho tiempo en confinamiento (Baker, 2019).

En cuanto a los cambios en los comportamientos alimentarios durante el confinamiento a partir de 2020, diversos estudios han demostrado que la CD ha empeorado en poblaciones con menor acceso a recursos alimentarios saludables. Por ejemplo, hubo un aumento en el consumo de azúcares simples, grasas añadidas y alcohol (Cicero et al., 2021). Un estudio español realizado en niños de entre 3 y 16 años, mostró que durante el confinamiento esta población redujo el consumo diario de frutas y verduras (0.2±1.6; p≤0.001) (López-Bueno et al., 2020).

Por otro lado, la CD en niños con obesidad que viven en Verona no cambió sustancialmente. Pero a pesar de que se mantuvo la ingestión de verduras y aumentó la de frutas (p=0.055), también aumentó de forma muy leve el consumo de papas fritas, carnes rojas y bebidas azucaradas (p=0.005 y p≤0.001) (Pietrobelli et al., 2020).

En el estudio de Durán-Aguilar et al. (2020) realizado en poblaciones rurales de América Latina (n=10,552), evaluaron los factores psicológicos que afectaban la CD, encontrando que estaba inversamente asociada con la presencia de anhedonia y ansiedad, donde a mayor anhedonia menor CD (Durán Agüero et al., 2022).

Sin embargo, el uso del KIDMED para evaluar la alimentación en escolares, puede haber generado una importante limitación en los resultados de este estudio, principalmente debido a que la dieta mediterránea difiere culturalmente de la dieta mexicana. Sin embargo, la falta de datos antropométricos, que son determinantes para estimar el Índice de CD mexicana, llevó en este estudio a utilizar la prueba KIDMED que contrastada con el

HEI-2015, fue posible evaluar sin contradicciones de apreciación, la CD de los escolares.

Entre las fortalezas que ofrece la aplicación de encuestas nutricionales a distancia (*online*), destaca la facilidad para obtener datos dietéticos de forma rápida cuando existen restricciones para realizar el trabajo de campo presencial. Además, las plataformas y programas que ayudan a esta labor permiten, a bajo costo, diseñar encuestas con ilustraciones para atraer a los participantes a responder cuestionarios de forma lúdica. Sin embargo, esta técnica también tiene limitaciones metodológicas.

Por ejemplo, debido a la saturación de las encuestas. con fines de investigación durante la pandemia, las posibilidades de obtener una muestra representativa de poblaciones infinitas se han reducido, sobre todo si se restringen las regiones de estudio.

Por otro lado, aumentan las posibilidades de tener registros con sesgos de selección, ya que las madres que respondieron fueron solo aquellas que se ofrecieron como voluntarias y que tenían acceso a internet. Esto podría haber eliminado del estudio a gran parte de la población en condiciones de vulnerabilidad. Asimismo, los datos autorreportados por las madres sobre la frecuencia de consumo de alimentos de sus hijas e hijos pueden haber generado otro sesgo, ya que los datos pueden diferir de las estimaciones reales que reportaron sus madres (Thorn et al., 2013).

Finalmente, vale la pena mencionar que la falta de marcadores bioquímicos y antropométricos dificulta la comprensión completa del problema de estudio. Para futuras investigaciones se sugiere diseñar métodos para obtener estas variables en contextos de menor riesgo de contagio (COVID-19) o inseguridad por inestabilidad social o ambiental.

Conclusiones

Los resultados muestran que la mala CD en escolares mexicanos durante el confinamiento está estrechamente relacionada con niveles severos a moderados de AE de sus madres. Esto sugiere que la salud mental es un factor de riesgo que no debe ser ignorado en el diseño de intervenciones nutricionales post-COVID, con especial atención a poblaciones vulnerables: mujeres, pobres, jefas de hogar y con bajo nivel educativo.

La mala CD es reflejo de un importante problema epidemiológico relacionado con la desnutrición infantil y el aumento de la prevalencia de obesidad en México, que se manifiesta en las estadísticas nacionales desde hace dos décadas, un problema que probable se haya acentuado durante el confinamiento. De ahí que se recomiende implementar programas alimentarios que permitan a la población recuperarse y mantener un estado de vida saludable.

Este estudio se exploró la formulación de otras preguntas para orientar investigaciones que generen datos, que en tiempos de crisis sanitaria, apoyen la mejora de las condiciones de salud de poblaciones vulnerables. Por ejemplo, ¿el buen manejo del estrés materno-infantil fortalece el sistema inmunológico? ¿Qué estilo de vida y qué dieta saludable, culturalmente accesible y aceptable, disminuye los niveles de estrés?

Literatura citada

Aguilar, P. (2014). Cultura y Alimentación. Aspectos Fundamentales Para Una Visión Comprensiva de La Alimentación Humana en Anales de Antropología, 48(1):11–31. doi: https://doi.org/10.1016/S0185-1225(14)70487-4.

Baker, E. E. (2019). Motherhood, Homeschooling, and Mental Health. Sociol Compass, 13(9):1–10. doi: https://doi.org/10.1111/soc4.12725.

Cameron, E. E., Joyce, K. M., Delaquis, C. P., et al. (2020). Maternal Psychological Distress & Mental Health Service Use during the COVID-19 Pandemic. J Affect Disord, 276:765. doi: https://doi.org/10.1016/J.JAD.2020.07.081.

Cicero, F. G., Fogacci, F., Giovannini, M., et al. (2021). COVID-19-Related Quarantine Effect on Dietary Habits in a Northern Italian Rural Population: Data from the Brisighella Heart Study. Nutrients, 13(2):1–10. doi: https://doi.org/10.3390/NU13020309.

Dodge, R., Daly, A., Huyton, J., et al. (2012). The Challenge of Defining Wellbeing. I J Well 2(3):222–35. doi: https://doi.org/10.5502/ijw.v2i3.4.

Durán-Agüero, S., Vinueza-Veloz, M. F., González-Medina, G., et al. (2022). Psychological Factors of Diet Quality among Rural Populations of Latin America during the COVID-19 Pandemic: A Cross-Sectional Study. RRH, 22(1):6909. doi: https://doi.org/10.22605/RRH6909.

Heggeness, M. L. (2020). Estimating the Immediate Impact of the COVID-19 Shock on Parental Attachment to the Labor Market and the Double Bind of Mothers. Rev Econ Househ, 18(4):1053–78. doi: https://doi.org/10.1007/s11150-020-09514-x.

INSP (Instituto Nacional de Salud Pública) (2019). Encuesta Nacional de Salud y Nutrición 2018 Presentación de Resultados.

Jacques-Avinõ, C., López-Jiménez, T., Medina-Perucha, L., et al. (2020). Original Research: Gender-Based Approach on the Social Impact and Mental Health in Spain during COVID-19 Lockdown: A Cross-Sectional Study. BMJ Open, 10(11). doi: https://doi.org/10.1136/BMJOPEN-2020-044617.

Knuppel, A. (2021). Diet, Lifestyle, and Livelihoods during Coronavirus Disease 2019 (COVID-19)–Related Lockdowns and the Value of Web-Based Nutrition Studies. Am J Clin Nutr, 113(4):763. doi: https://doi.org/10.1093/AJCN/NQAA408.

López-Bueno, R., López-Sánchez, G. F., Casajús, J. A. (2020). Health-Related Behaviors Among School-Aged Children and Adolescents During the Spanish Covid-19 Confinement. Front Pediatr, 8:573. doi: https://doi.org/10.3389/FPED.2020.00573.

McLaren, H. J., Wong, K. R., Nguyen, K. N., et al. (2020). COVID-19 and Women's Triple Burden: Vignettes from Sri Lanka, Malaysia, Vietnam and Australia. Social Sciences, 9(5). doi: https://doi.org/10.3390/SOCSCI9050087.

O'Neil, A., Quirk, S. E., Housden, S., et al. (2014). Relationship Between Diet and Mental Health in Children and Adolescents: A Systematic Review. Am J Public Health, 104(10): e31. doi: https://doi.org/10.2105/AJPH.2014.302110.

Pietrobelli, A., Pecoraro, L., Ferruzzi, A., et al. (2020). Effects of COVID-19 Lockdown on Lifestyle Behaviors in Children with Obesity Living in Verona, Italy: A Longitudinal Study. Obesity (Silver Spring, Md.), 28(8):1382. doi: https://doi.org/10.1002/OBY.22861.

Restrepo, S. L. y Maya, M. (2005). La familia y su papel en la formación de los hábitos alimentarios en el escolar. Un acercamiento a la cotidianidad.

Street, A. E., Dardis, C. M. (2018). Using a Social Construction of Gender Lens to Understand Gender Differences in Posttraumatic Stress Disorder. Clin Psychol Rev, 66:97–105. doi: https://doi.org/10.1016/J.CPR.2018.03.001.

Thorn, J. E., Delellis, N., Chandler, J. P., et al. (2013). Parent and Child Self-Reports of Dietary Behaviors, Physical Activity, and Screen Time. J Pediatr, 162(3):557–61. doi: https://doi.org/10.1016/j.jpeds.2012.08.031.

Trude, A. C. B., Black, M. M., Surkan, P. J., et al. (2020). Maternal Anxiety and Diet Quality among Mothers and Toddlers from Low-Income Households. Matern Child Nutr, 16(4): e12992. doi: https://doi.org/10.1111/MCN.12992.

United Nations (2020). The Impact of COVID-19 on Women 9 APRIL 2020 The Year 2020, Marking the Twenty-Fifth Anniversary of the Beijing Platform For.

Vizcarra, I. y Marín, N. (2014) Maternidad y femineidad mazahua: un binomio en debate.

Wang, C., Riyu, P., Xiaoyang, W., et al. (2020). Immediate Psychological Responses and Associated Factors during the Initial Stage of the 2019 Coronavirus Disease (COVID-19) Epidemic among the General Population in China. IJERPH, 17(5). doi: https://doi.org/10.3390/IJERPH17051729.

Consideraciones finales
de esta obra colectiva

Diferentes problemáticas en torno a la alimentación, vista como un fenómeno complejo y global, condujeron a entablar un ejercicio interdisciplinario y femenino en esta obra. Complejo-global porque la alimentación, además del oxígeno en el aire y en el agua, representa la fuente más poderosa para mantener con vida a las poblaciones humanas y no humanas del planeta, pero también es el medio por el cual la salud encuentra la mayor causa de las enfermedades humanas, nutricionales, ambientales y sociales, si se consideran las desigualdades y el cambio climático como parte de esas enfermedades.

Raramente existen sociedades ausentes de esas enfermedades pues, tanto a escala mundial como individual, los problemas alimentarios atraviesan todos los escenarios factibles y hasta imaginables que pueden llegar a reflejar ambientes adversos e indeseables en la salud.

Por más que se deseen controlar todos los factores que ponen en riesgo la salud óptima, definida según cada cultura o por la Organización Mundial de la Salud (OMS), los sistemas alimentarios se desarrollan bajo otras lógicas que favorecen la acumulación de capitales a través de mecanismos como la desregularización económica y de mercados, la volatilidad en los precios y la mercantilización de los medios de producción y estandarización de estilos de vida.

En este sentido, la libertad de elegir comer de forma sana, sin tomar en cuenta todas aquellas condiciones que limitan el acto de alimentarse, puede traducirse en vulnerabilidades para cualquier población. Si a ello se le suman aquellas condiciones que agudizan y restringen las capacidades para salir adelante por razones de género, edad, clase, etnia o raza, asociadas a los fenómenos de las desigualdades sociales, no cabe duda de que los riesgos de sufrir hambre, malnutrición y enfermedades relacionadas con ellas aumentan, por lo que se justifica ampliamente la intervención estatal y de otros organismos para aminorar las consecuencias.

Los nueve estudios que aquí se presentan se realizaron con grupos de poblaciones que se categorizan como vulnerables, precisamente por esas condiciones, y aunque no fue parte de sus objetivos relacionar esas condiciones con las intencionalidades de los sistemas alimentarios mundiales, en estos estudios fue posible observar sus efectos en la disponibilidad de alimentos bioculturales, en el acceso a ellos, en la falta de garantías para tener el derecho a la alimentación saludable y adecuada, en el cambio de las preferencias alimentarias, en el desplazamiento de alimentos locales por ultraprocesados, en el secuestro del paladar y en el detrimento de la calidad de la dieta de las poblaciones infantiles y de mujeres indígenas, rurales, urbanas pobres, así como el estrés de madres jefas de hogar provocado por el confinamiento sanitario.

Desde un punto de vista interdisciplinario, estas problemáticas causalísticas ligadas a la pobreza, la inseguridad alimentaria y a la pérdida de la biodiversidad, donde se le atribuyen cualidades «sobredeterminantes» al fenómeno de la transición alimentaria y nutricional, exigen ser abordados por distintos lentes disciplinarios que, en un diálogo horizontal entre ellos, logren traspasar la miopía conceptual y metodológica, que a veces caracteriza a las ciencias.

Así se puede comprender que en la complejidad de cada problema donde se interceptan la alimentación, la nutrición y la salud, se comprometen otros campos de conocimientos y otras respuestas sociales. Si bien no necesariamente son «científicos», la interdisciplinariedad permite no jerarquizar por niveles de importancia esos conocimientos, tales como la cosmovisión, la cultura, la percepción, la conciencia, la espiritualidad, las emociones y otras formas de relacionarse con la alimentación.

Las dieciséis autoras participantes en esta obra, pese a que en dos capítulos aparecen autorías únicas, de alguna manera se involucraron en diálogos interdisciplinarios en todos los estudios. Para nosotras (nutriólogas, antropólogas, médicas, sociólogas, biólogas, economistas y politólogas), la incertidumbre sobre la alimentación en contextos de globalización, pandemia, calentamiento global, desequilibrios ecológicos y crisis mundiales constituye todo un aprendizaje que exige mirar y seguir mirando, no solo lo más banal de la cotidianidad, sino profundizar en lo más sensible de la vida.

Sabemos que aún lo peor está por venir ante escenarios catastróficos de penurias alimentarias, trastornos físicos y emocionales o posibles guerras desatadas por el control de los recursos que sostienen el planeta, pero como mujeres en las ciencias conjuramos con una ética femenina del cuidado del cuerpo, de la familia, de la comunidad, de lo humano y de la naturaleza, que buscaremos no solo evidencia empírica sobre el malestar de las poblaciones estudiadas, sino que una misión pendiente es y será construir alternativas pacíficas para mejorar y, eventualmente, recuperar la cercanía y armonía entre la naturaleza, la alimentación, la salud y el buen vivir de la humanidad.

Acerca de las autoras

Adriana Zambrano Moreno

Doctora en Filosofía con orientación en Trabajo Social y Políticas programadas de Bienestar Social, UANL. Nutrióloga certificada por el Colegio Mexicano de Nutriólogos Reg. CMN 06/319. Candidata investigadora del Sistema Nacional de Investigadores y miembro del Cuerpo Académico Consolidado SEP-UANL-CA-220 Salud y Nutrición Poblacional. Dedicada al estudio de la salud, alimentación y nutrición de diversas poblaciones en México.

ORCID: https://orcid.org/0000-0001-9618-2918

Alejandra Donají Benítez Arciniega

Doctora en Biomedicina. Profesora-investigadora en la Facultad de Medicina de la UAEMéx. Miembro de la Sociedad Latinoamericana de Nutrición (SLAN). Coautora de artículos científicos de alcance internacional, capítulos de libros y directora de tesis de licenciatura, especialidad y posgrado. Ponente en congresos científicos nacionales e internacionales, responsable y colaboradora de proyectos de investigación de epidemiología nutricional en grupos nacionales e internacionales.

ORCID: https://orcid.org/0000-0002-1051-7420

Alma Lili Cárdenas Marcelo

Originaria de la comunidad Mazahua-Jañitro. Licenciada en Ingeniería Agrícola por la Universidad Nacional Autónoma de México; maestra y doctora en Ciencias Agropecuarias y Recursos Naturales por la Universidad Autónoma del Estado de México. Ha trabajado por más de 12 años en la producción y conservación de los maíces nativos en comunidades mazahuas y otomíes del Estado de México. Disfruta mucho caminar descalza. Su intención con este libro es mostrar un poco de la grandeza de su pueblo.

ORCID: https://orcid.org/0000-0003-2513-960X

Ana Karen Vázquez Hernández

Estudiosa de la alimentación y la comida en México y maestra en Antropología Social, ha cursado diplomados y seminarios sobre las distintas cocinas en México y participado en coloquios nacionales e internacionales. Disfruta de una buena comida en compañía de amigos y familia, la lectura de novelas históricas y la caligrafía. Su participación en este libro reúne sus intereses académicos, culinarios y de escritura centradas en el escenario de sus indagaciones desde hace una década: la región mazahua del Estado de México.

ORCID: https://orcid.org/0009-0005-8443-9970

Ana Maria Cortez Hernández

Estudiante del doctorado en Ciencias Agropecuarias y Recursos Naturales. Encontró la fascinación por el estudio de la alimentación tradicional, tiene diplomados en Sistemas Agroalimentarios y Turismo, de ahí su gusto por viajar y conocer lugares típicos de México, así como interés de formar su propia empresa turística. Disfruta el tiempo con su familia y amigos. Participar en este libro significa un gran logro académico al proyectar el significado alimentario de la población otomí.

ORCID: https://orcid.org/0009-0005-6417-0388

Ana Paola Balcázar Quiñones

Doctora en Ciencias Agropecuarias y Recursos Naturales (ICAR-UAEMéx). Ha participado como ponente en congresos con temas como el uso y manejo de quelites, la milpa intercalada con árboles frutales y la resiliencia alimentaria en los pueblos originarios. Además, disfruta las caminatas en compañía de sus mascotas. Su objetivo con este libro es destacar la importancia de los alimentos provenientes de la milpa, monte y traspatio, así como de los pueblos originarios que los siguen conservando.

ORCID: https://orcid.org/0000-0003-0768-1665

Angélica Espinoza-Ortega

Doctora por la Universidad Nacional Autónoma de México. Ha publicado artículos científicos en revistas con reconocimiento nacional e internacional y diversos capítulos de libros. Forma parte del Sistema Nacional de Investigadores Nivel II y de la Academia Mexicana de Veterinaria. Su libro *Los quesos mexicanos genuinos* ganó el Gourmand World Cookbook Award 2009, París, Francia. Coordina la RedSIAL Americana. Estudia la agroindustria rural, alimentos locales y su consumo.
ORCID: https://orcid.org/0000-0002-5968-0587

Carmen Liliana Ceballos Juárez

Licenciada en Nutrición, maestra y doctora en Ciencias de la Salud por la UAEMéx; actual posdoctorante CONAHCyT. Ponente en eventos académicos nacionales e internacionales, publicación de artículos científicos y capítulos de libros. Investigadora con énfasis en epidemiología nutricional sobre el estado de nutrición y alimentación de poblaciones vulnerables. Docente, directora de tesis y consulta nutricional. Disfruta mucho a su familia y ser madre; colaborar con investigadoras brillantes le es muy gratificante y enriquecedor.
ORCID: https://orcid.org/0000-0003-4505-0426

Ivonne Vizcarra Bordi

Desatada del metate, pero amante de los tacos de quelites agroecológicos confeccionados por mujeres indígenas, ha dedicado su vida académica a estudiar la seguridad y soberanía alimentaria de pueblos indígenas en dimensiones que aportan a la justicia socioambiental y la igualdad de género. Doctora en Antropología Social. Fundadora del Instituto de Ciencias Agropecuarias y Rurales de la Universidad Autónoma del Estado de México e impulsora de programas universitarios relacionados con la defensa del maiz y estudios feministas.
ORCID: https://orcid.org/0000-0003-4456-8450

Jacqueline Hernández Ramírez

Maestra en Ciencias de la Salud por la Universidad Autónoma del Estado de México. Ha desarrollado trabajos de investigación en epidemiología nutricional con perspectiva de género. Estudia el doctorado en Ciencias de la Salud en su alma máter y es docente en la Universidad de la Salud del Estado de México. Apasionada del baile folclórico, disfruta ser mamá y formar parte de ls red de mujeres fuertes, inteligentes y admirables. Espera con este libro, vislumbrar la riqueza de la alimentación tradicional y de sus saberes.

ORCID: https://orcid.org/0000-0002-0868-9207

Katia Yetzani García Maldonado

Profesora investigadora de la Universidad Autónoma de la Ciudad de México, nutrióloga comunitaria con estudios de posgrado en Salud Pública y Salud Colectiva. Su investigación se enfoca en las políticas y programas de nutrición, los determinantes socioculturales de la alimentación y la lactancia materna. Disfruta del trabajo comunitario, de la divulgación de la ciencia, del activismo y de ser madre. En este libro pretende que la voz de las y los campesinos llegue a la comunidad académica y a tomadores de decisión.

ORCID: https://orcid.org/0000-0002-6243-2381

Lizbeth Morales González

Licenciada en Nutrición y maestra en Ciencias de la Salud por la Universidad Autónoma del Estado de México. Con un gusto particular por la fotografía y apasionada de capturar momentos. Me inspiran las mujeres trabajadoras, fuertes y resilientes, aquellas que educan y alimentan con el conocimiento. En estos capítulos se abordan temas nutricionales de las mujeres matlatzincas, quienes nos alimentaron con sabiduría y nos compartieron de sus platillos y de su vida.

ORCID: https://orcid.org/0000-0003-4046-1832

María del Carmen Guzmán Márquez

Licenciada en Nutrición, maestra y doctora en Ciencias de la Salud. Docente de pregrado y posgrado en la Facultad de Medicina UAEMéx. Diplomada en Apropiación Social de la Ciencia y en Gestión en Salud. Miembro del Sistema Nacional de Investigadores (SNI). Autora y coautora de artículos científicos, capítulos de libro. Colaboradora en proyectos de investigación con énfasis en epidemiología nutricional, dieta y enfermedades crónico-degenerativas. Actualmente; cursa el segundo año de estancia posdoctoral CONAHCyT.

ORCID: https://orcid.org/0000-0002-8700-8966

Raquel Escobar González

Maestra en Ciencias de la Salud por la Universidad Autónoma del Estado de México. Tiene actualizaciones académicas enfocadas a la nutrición infantil, su línea de investigación es la epidemiología nutricional con enfoque de género. Actualmente trabaja en el servicio de alimentos en una escuela primaria, en donde contribuye a la alimentación de escolares en condiciones vulnerables. Disfruta mucho su profesión, su trabajo como mamá y formar parte de un gran equipo de mujeres, como el que hizo posible este libro.

ORCID: https://orcid.org/0000-0002-8738-6449

Tanya Marcela González Martínez

Realizó el doctorado en Ciencias Agropecuarias y Recursos Naturales de la UAEMéx. Profesora universitaria y concientizadora de la relación entre la naturaleza y la gente. Ha trabajado en proyectos sobre la conservación de la biodiversidad y la alimentación, en particular en zonas rurales boscosas del Estado de México y Ciudad de México. Le interesa entender los procesos que relacionan la biodiversidad con el paisaje y las formas de alimentarnos y desarrollarnos.

ORCID: https://orcid.org/0000-0002-4593-9586

Teresa Ochoa Rivera

Doctora en Antropología Social, Universidad Iberoamericana, México. Tiene una maestría en Nutrición y Alimentación Para los Países en Vías de Desarrollo, Universidad de Montpellier, Francia; y una especialidad en Nutrición y Salud Comunitaria IAC, Wageningen, Holanda. En este libro enfatiza su interés por la difusión de resultados de investigación sobre nutrición y alimentación en comunidades rurales indígenas e inspirar nuevos estudios que vislumbren el bienestar de estas poblaciones, interés que siempre la ha acompañado de manera personal y académica. ORCID: https://orcid.org/0000/0002-6014-3957

Lecturas recomendadas

Manual de toma de muestras en truchas arcoíris
(Jeansen Anibal Montesinos López
y Abel Eleazar Quispe Quispe)

Recetario de innovación gastronómica
para la salvaguarda del patrimonio agroalimentario
de la provincia de Napo, Día de Muertos Día de Muertos Ecuador.
Proyecto de saberes e innovación
en sabores del patrimonio agroalimentario
del pueblo Kichwa de Rukullakta
(Varios autores)